专利信息利用与专利分析

张佰鹏　主编　　　▷　▷　▷　▷

知识产权出版社
全国百佳图书出版单位
—北京—

图书在版编目（CIP）数据

专利信息利用与专利分析／张佰鹏主编. —北京：知识产权出版社，2023.4
ISBN 978 - 7 - 5130 - 8691 - 2

Ⅰ. ①专⋯ Ⅱ. ①张⋯ Ⅲ. ①专利—信息利用 Ⅳ. ①G252.7

中国国家版本馆 CIP 数据核字（2023）第 039580 号

内容提要

本书基于专利文献的特点，系统描述了中国、美国、欧洲、日本专利文献的编码体系和分类体系，同时针对专利信息资源，详细介绍了专利信息检索和专利信息分析的类型和实务，并对目前主要国家和地区的专利信息资源进行了介绍，可作为我国中小型企业知识产权管理的参考工具书。

责任编辑：卢海鹰　王玉茂		责任校对：王　岩
封面设计：杨杨工作室·张　冀		责任印制：刘译文

专利信息利用与专利分析

张佰鹏　主编

出版发行：知识产权出版社有限责任公司	网　址：http：//www.ipph.cn
社　址：北京市海淀区气象路 50 号院	邮　编：100081
责编电话：010 - 82000860 转 8541	责编邮箱：wangyumao@ cnipr.com
发行电话：010 - 82000860 转 8101/8102	发行传真：010 - 82000893/82005070/82000270
印　刷：三河市国英印务有限公司	经　销：新华书店、各大网上书店及相关专业书店
开　本：787mm×1092mm　1/16	印　张：22.75
版　次：2023 年 4 月第 1 版	印　次：2023 年 4 月第 1 次印刷
字　数：400 千字	定　价：118.00 元

ISBN 978 - 7 - 5130 - 8691 - 2

本书编委会

主　编：张佰鹏

副主编：邵延军　薛芳芳

编　委（按姓氏笔画排序）：

王　雨　　王　梅　　尤学颖　　方义锋　　付　婷

刘　柳　　张保彦　　张效源　　陈晓思　　陈凌男

周艳霞　　赵　静　　夏立鹏　　高艳炫　　韩旭东

目　　录

第1章　专利信息概述 ……………………………………………… 1

1.1　专利信息的概念 ……………………………………………… 1

1.1.1　专利文献 ……………………………………………… 1

1.1.2　专利加工信息 ………………………………………… 1

1.2　专利信息的特点 ……………………………………………… 3

1.3　专利信息的价值 ……………………………………………… 4

第2章　专利文献基础 ……………………………………………… 7

2.1　主要国家/地区专利编码体系 ………………………………… 7

2.1.1　中国专利文献编号 …………………………………… 7

2.1.2　美国专利文献编号 …………………………………… 26

2.1.3　欧洲专利文献编号 …………………………………… 35

2.1.4　日本专利文献编号 …………………………………… 39

2.2　专利文献分类体系 …………………………………………… 49

2.2.1　IPC 分类 ……………………………………………… 49

2.2.2　ECLA 分类 …………………………………………… 53

2.2.3　FI/F – term 分类 ……………………………………… 55

2.2.4　USPC 分类 …………………………………………… 58

2.2.5　CPC 分类 ……………………………………………… 66

2.2.6　外观设计专利分类体系 ……………………………… 68

2.3　专利文献衍生信息 …………………………………………… 74

2.3.1　专利族 ………………………………………………… 74

2.3.2　专利引义 ……………………………………………… 77

第3章　专利信息利用 ……………………………………………… 80

3.1　专利信息检索概论 …………………………………………… 80

3.1.1　专利信息检索的概念 ………………………………… 83

3.1.2　专利信息检索的意义 ………………………………… 84

3.2　专利检索类型 ………………………………………………… 85

3.2.1　查新检索 ……………………………………………… 85

3.2.2　防侵权检索 …………………………………………… 88

　　　3.2.3　法律状态检索 ·················· 98
　　　3.2.4　技术主题检索 ·················· 105
　　　3.2.5　法律状态检索 ·················· 109
　　3.3　专利检索实务 ···················· 112
　　　3.3.1　专利信息检索原则 ············· 112
　　　3.3.2　专利信息检索策略 ············· 113
　　　3.3.3　专利信息检索技巧 ············· 115
　　3.4　常用专利文献检索资源 ·············· 119
　　　3.4.1　主要国家/地区的专利文献数据库 ····· 119
　　　3.4.2　主要商业机构提供的专利文献数据库 ···· 225
第4章　专利分析实务 ······················ 318
　　4.1　专利分析概述 ···················· 318
　　4.2　专利分析的价值 ·················· 319
　　4.3　专利分析方法 ···················· 322
　　　4.3.1　国内外专利分析方法介绍 ········· 322
　　　4.3.2　专利分析模型 ················· 324
附录1　专利分析基本流程 ·················· 336
附录2　常见专利分析类型和分析模块 ········· 337
附录3　检索报告示例——特定主题专利检索报告 ··· 340
图索引 ································· 344
表索引 ································· 352
参考文献 ······························ 355

第1章　专利信息概述

1.1　专利信息的概念

专利信息是指以专利文献作为主要内容或以专利文献为依据，经分解、加工、标引、统计、分析、整合和转化等信息化手段处理，并通过各种信息化方式传播而形成的与专利有关的各种信息的总称。专利信息主要分为专利文献和专利加工信息。

1.1.1　专利文献

专利文献是记载发明创造内容的科学技术文献，是各国专利主管机关及国际性专利组织在审批专利过程中产生的官方文件及其出版物的总称。一般包括专利公报、专利申请文件、专利说明书、专利索引、专利分类表等有关专利和专利权人的已出版或未出版的资料。专利文献信息含量较高，一般包括以下两个方面的内容：①专利技术信息特征。专利技术信息是指有关申请专利的发明创造技术内容的信息。②专利法律信息特征。专利法律信息，又称专利权利信息，是有关专利技术的法律内容的信息。

1.1.2　专利加工信息

专利加工信息主要包括各种专利数据库、专利专题信息资料、专利分析统计图表以及专利被引数据和专利引文数据等。专利数据库是最主要的专利加工信息。利用专利数据库能快速地从大量的专利文献中找到所需要的专利信息、编制专利专题信息资料、进行专利信息分析统计并绘制专利地图等。根据专利分析统计图表和专利地图，可以分析技术发展趋势、某一技术体系的结构以及不同技术之间的关系，评估企业的研发效率，对员工进行培训，也可以作为企业员工之间进行交流沟通的工具。专利被引数据是指某一专利被后续专利引用的次数，它可以反映专利的重要程度。专利引文数据是某一专利所引用的参考专利数量，与参考专利比较可反映该专利的新颖性，它往往比一般科技文献的引文数据更加真实可靠。

专利信息主要包括以下几个方面。

（1）技术信息。

专利权利要求、摘要、说明书、附图等公开的与该发明内容有关的技术信息，不单是专利所记载的技术信息，通过检索分析也能发现一项技术的发展脉络，以便掌握这项技术的未来走向。另外，由于大多数国家使用统一的国际专利分类法，同一类别的专利文献高度集中，基本上展现了某一技术领域里最先进的技术情报的全貌。专利的技术情报工作者通过参考已经开发的技术，可以掌握技术发展水平、增长技术知识、收集新技术开发的思路，有助于选择开发课题；以国际专利分类法为线索，集聚相互关联的技术，了解特定领域的动向。

（2）法律信息。

法律信息是指权利要求书、专利公报及专利登记簿等专利文献中记载的与权利保护范围和权利有效性有关的信息。专利是一种法律文件，它所公开的权利要求和著录信息具有法律效力，对于产品生产国和目标输出国具有非凡的意义。

权利要求书是专利最核心的法律信息，用于说明发明创造的技术特征，清楚、简要地表述请求保护的范围。专利申请的流程中也会产生相应的法律信息，如审查、复审、异议和无效等审批确权程序有关的信息。最后，当所申请的专利被授权以后，会有授予、转让、许可、继承、变更、放弃、终止和恢复等与法律状态有关的信息。

（3）经济信息。

在专利文献中存在一些与国家、行业或企业经济活动密切相关的信息，这些信息反映出专利申请人或专利权人的经济利益趋向和市场占有欲。其中的专利运营相关的质押、评估信息，专利的许可、转让、受让和申请区域等信息都是极有价值的经济信息。这些信息可以明确企业在市场的地位和竞争对手的情况。通过对同族专利的技术专利申请量和分布情况的定量分析，可以明确该领域内活跃企业的生产占有情况、专利技术生产覆盖面以及企业在产品和市场上的战略意图。

（4）著录信息。

著录信息是指与专利文献中的著录项目有关的信息。它包含了专利相关人的信息，如申请人、专利权人、发明人和设计人的信息；日期相关信息，如申请日、公开日和授权日等信息；专利的编号信息，如申请号、公开号和国别代码等信息；名称、摘要等相关的信息。专利文献著录项目既反映专利的技术信息，又传达专利的法律信息和经济信息。

（5）战略信息。

战略信息是指经过对上述 4 种信息进行检索、统计、分析、整合而产生的具有战略性特征的技术信息和/或经济信息。例如，通过对专利文献的基础信息进行统计、分析和研究所给出的技术评估与预测报告和"专利图"等。美国专利商标局于 1971 年成立的技术评估与预测办公室（Office of Technology Assessment and Forecast，OTAF）就是专门从事专利战略信息研究的专业机构。该机构在过去的几十年间，陆续对通信、微电子、超导、能源、机器人、生物技术和遗传工程等几十个重点领域的专利活动进行研究，推出了一系列技术统计报告和专题技术报告。这些报告指明了正在迅速崛起的技术领域和发展态势，以及在这些领域中处于领先地位的国家和公司。这些报告是最重要的专利战略信息之一，它是制定国家宏观经济、科技发展战略的重要保障，也是企业制定技术研发计划的可靠依据。

1.2　专利信息的特点

专利信息有如下 5 个方面的特点。

（1）内容新颖，公开迅速。

据世界知识产权组织报道，全球每年发明成果的 90% ~ 95% 都可在专利文献中查到，而其他科技资料中只能反映 5% ~ 10%。这就意味着专利大多是本行业内最先进的技术。例如，电视机的相关技术专利在 1929 年公开，而 19 年后的 1948 年才在其他刊物上发表。

（2）涉及广泛，连续系统。

据调查，只有 5.77% 的技术游离于专利之外，这部分以商业秘密的形式进行保护，其他均以专利的形式进行保护。如今全球专利有近亿条，且以每年至少 200 万条的数量不断增加。专利数量巨大、涵盖广泛，国际 IPC 分类有 7 万细分项，日本的 F - term 更是达到了 38 万项之多。如此细致的分类不单把相似的技术聚合到一起，而且通过时间排序也能很轻松地发现该技术的发展脉络。

（3）准确详尽，实用可靠。

准确：形式审查和实质审查是保证专利信息准确性的关键法宝。发明人、代理人等的相关信息又进一步加强了专利信息的准确性。

详尽：发明或实用新型专利，会在说明书中对其发明创造作出清楚、完整的说明，并以所属技术领域技术人员能够实现为准。专利中的具体实施方式和附图会对专利所承载的技术信息作进一步说明。

实用：专利在审查时不单会对新颖性和创造性进行审查，也会对实用性进行审查。另外，维持专利需要花费不少资金，为保障资金回收，权利人往往选择最具实用价值的专利缴费。

可靠：发明专利在授权之前会经过实质审查，这样权利的稳定性会有保障。

（4）格式统一，分类科学。

各国的专利文献形式高度相似，都包含著录信息、分类号、国别代码等信息。每项内容都有具体的撰写要求和固定的顺序，并严格限定已有技术与发明内容之间的界限，为不同语言的相互翻译降低了门槛，特别是国际 IPC 分类的广泛运用使得检索成本大大降低。

（5）利用信息技术手段建立专利数据库成为主流。

信息技术的迅猛发展，给知识产权行业带来了前所未有的便利，在线专利数据库已成为行业主流。网络与大数据使得专利广泛来源得到保证，各国和地区知识产权主管机构也纷纷建立在线专利数据库来给公众提供免费检索。

1.3　专利信息的价值

专利信息是企业收集竞争情报的重要信息源之一，也是政府引导产业发展和进行产业决策的重要依据。通过专利信息分析可以提高创新效率和水平，防范和规避侵权风险，对于推进在新形势下加快知识产权强国建设具有非常重要的意义。专利信息的价值具体体现如下。

（1）专利是一种具有很强的情报价值的科技情报，其情报价值体现在商业战略等方面。

通过分类途径，获取某行业的专利情报，再对专利权人进行聚类排序后即能确定竞争对手。隔一段时间后，用已确定的专利权人再聚类一次，可形成有关竞争对手的时间序列和专利群。通过对这些序列和专利群的分析，即可掌握竞争对手的动态。

专利申请的地域不断暴露竞争对手公司的区域战略意图。在一些重要的市场，竞争对手会重点构建专利网，那么这个市场可能就是已经被竞争对手占领的市场或者是下一步的目标市场，而该公司在这些目标市场上是和竞争对手合作还是竞争，决定着其应对起来是否会游刃有余。

如果竞争对手专利很多但是实施得较少，其可能选择转让、储备的战略；若竞争对手专利很多并且独自实施，那么可以确定其选择了开拓市场的战略，处在市场领导者的位置。若专利较少但实施较多，这时候该公司很可能处在一个市场跟随者的位置。公司可以根据自己的市场定位选择最优的经营策略。

专利的商业价值不单在以上几点有所体现，其在评估分析竞争环境、产业总体发展趋势、产业结构（包括产业内原有竞争者和潜在的竞争者等）、产业竞争激烈程度、产业的市场发展潜力及趋势、企业参与竞争的产业风险与机会方面都有体现。

（2）专利在提高创新起点、节约创新成本、寻找合作伙伴方面有着巨大的作用。

据统计，世界范围内因为重复研发每年要浪费 30% 的资金和人力成本，充分利用专利文献进行技术创新能够节约 60% 的研发时间和 40% 的研发投入。而且，利用专利文献的优势还在于可以在前人的研发成果上进行再创新，获得较高的研发起点，省去很多重复性的工作。不单如此，找到合适的战略合作伙伴，进行技术交流与专利交叉授权，都是专利能够带来的益处。

通过对本领域处于领导地位公司专利的监控能获得最新的技术动态，进而预测该技术未来的发展方向。一项技术要经历萌芽、发展、成熟和衰退几个阶段，不同阶段的技术价值不同，运营手段也各有差异。

（3）专利对于人才的引进具有指导作用。

专利，尤其是发明专利是对一个研发人员的肯定，而政府或企业在引进人才的时候，专利申请数量无疑是一个很好的研发能力和创新实力的参考指标。而且这些人才有很强的创新意识和知识产权保护意识——通过发明人分析可以很快找到合乎标准的人才。

（4）专利信息对于规避知识产权风险有着决定性作用。

专利信息对于企业具有非常重要的价值。无论在技术交易、产品出口还是新品上市时，企业都有可能侵犯别人的权益。利用专利信息可以规避这些法律陷阱，或者针对竞争对手的关键专利提出无效宣告请求。

例如，在联合研发等相关合作中可能面临如下 4 种风险。

①执行风险：合作研发中的知识共享可能导致企业核心知识泄露，增加其他企业对该企业技术知识的模仿与复制的可能性，使企业难以充分执行其知识产权权利，或者执行成本大大增加。

②权属风险：合作中的纠纷和冲突可能使企业丧失应属于（或部分属于）企业的知识产权的所有权。

③侵权风险：企业研发人员有可能在内部研发中有意或无意地使用由合作所获取的其他企业的知识，从而侵犯他人知识产权，使企业可能遭到巨额索赔。

④评估风险：在合作研发中，企业原有的背景知识产权和合作产生的前景知识产权都会涉及评估问题，如果背景知识产权被低估或前景知识产权被高估，都会给企业带来损失。

有效地运用专利信息就可以避免以上风险。可见，专利信息对于风险评估与规避具有独到之处。

（5）专利对于政府制定政策有参考作用。

政府在制定工业发展计划时，可以使用各国专利局和世界知识产权组织公布的统计数字，对特定技术领域的专利活动进行深入研究，使人们了解世界工业发展情况。通过对所拥有的专利文献的分析研究，不仅可以了解技术战略的发展和变化，而且可以对各种技术方案进行比较，为制定本国的发展计划提供依据。规划部门通过对本国专利文献的考察，可以确定哪些技术适合扩大生产、哪些技术符合节能减排、哪些技术可以在农村推广使用，以制定出可行的科技、经济发展规划。

第2章 专利文献基础

2.1 主要国家/地区专利编码体系

专利文献的编号包括申请号和文献号。从形式上看，专利文献的编号是一些阿拉伯数字的排列组合，但是，这些阿拉伯数字排列组合有严格的使用场合和各自不同的作用。因此，在专利文献的查阅和使用过程中，注意专利文献的编号，能给我们提供很多有用的信息。

2.1.1 中国专利文献编号

2.1.1.1　中国专利文献种类

中国专利文献种类主要包括发明专利申请公开说明书、发明专利申请审定说明书、实用新型专利申请说明书、外观设计专利申请公告、发明专利单行本、实用新型专利单行本、外观设计专利授权公告和外观设计专利单行本。因此，中国专利编号主要有申请号、专利号以及公开号、审定号、公告号、授权公告号等在不同公布/公告阶段出版的专利文献号。如表2-1-1所示，其中：

申请号：在提交专利申请时给出的编号。

专利号：在授予专利权时给出的编号。

申请公布号：也称申请公开号，简称公开号或公布号，是对发明专利申请公开说明书的编号。

审定公告号：简称审定号，是对发明专利申请审定说明书单行本的编号。

申请公告号：简称公告号，是对实用新型专利申请说明书单行本和外观设计专利申请公告的编号。

授权公告号：是对发明专利单行本、实用新型专利单行本、外观设计专利授权公告和外观设计专利单行本的编号。

注：专利单行本（曾被称为专利说明书），是指含有扉页、权利要求书、说明书等组成部分的用以描述发明创造内容和限定专利保护范围的一种官方文件或出版物。其包括发明专利申请单行本、发明专利单行本、实

用新型专利单行本、外观设计专利单行本。

表2-1-1 中国专利编号规则

专利编号	申请号			
	文献号	申请公布号		
		公告号	申请公告号	
			审定公告号	
			授权公告号	
		专利号		

（1）第一阶段（1985.4.1~1992.12.31）产生的专利文献（见图2-1-1）。

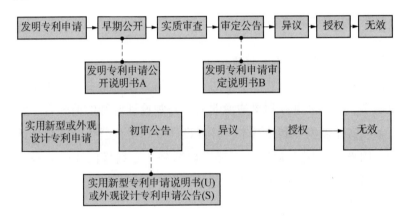

图2-1-1 第一阶段（1985.4.1~1992.12.31）产生的专利文献

（2）第二阶段（1993.1.1~2001.6.30）（取消异议，改为授权后的撤销）、第三阶段（2001.7.1~2010.3）（取消撤销，全部改为无效）产生的专利文献（见图2-1-2）。

（3）第四阶段（2010年4月至今）产生的专利文献（见图2-1-3）。

2.1.1.2 中国专利文献标识代码的变迁

1）发明专利

（1）发明专利申请公布（见表2-1-2）。

表2-1-2 发明专利申请公布标识代码变迁

A	1985~2006	发明专利申请公开说明书	未经实审，尚未授权
A	2007~2010.3	发明专利申请公开说明书	未经实审，尚未授权
A	2010.4~	发明专利申请（单行本）	未经实审，尚未授权

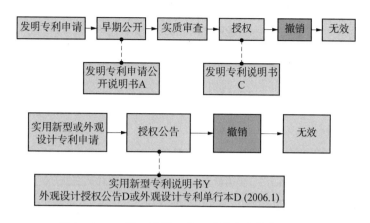

图 2 - 1 - 2 第二阶段、第三阶段产生的专利文献

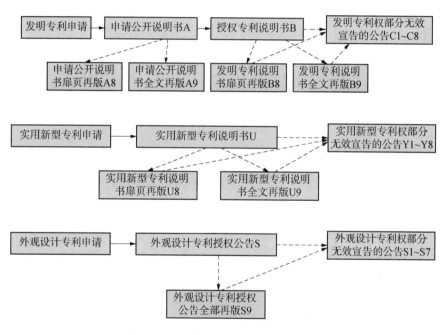

图 2 - 1 - 3 第四阶段产生的专利文献

（2）发明专利审定公告（见表 2 - 1 - 3）。

表 2 - 1 - 3 发明专利审定公告标识代码变迁

B	1985 ~ 1992	发明专利申请审定说明书	经实审，尚未授权

（3）发明专利授权公告（见表 2-1-4）。

表 2-1-4　发明专利授权公告标识代码变迁

C	1993~2010.3	发明专利说明书	经实审，授权
B	2010.4~	发明专利（单行本）	经实审，授权

2）实用新型

（1）实用新型专利申请公布（见表 2-1-5）。

表 2-1-5　实用新型专利申请公布标识代码变迁

U	1985~1992	实用新型专利申请说明书	不经实审，尚未授权

（2）实用新型专利授权公告（见表 2-1-6）。

表 2-1-6　实用新型专利授权公告标识代码变迁

Y	1993~2010.3	实用新型专利说明书	不经实审，授权
U	2010.4~	实用新型专利（单行本）	不经实审，授权

3）外观设计

（1）外观设计专利申请公布（见表 2-1-7）。

表 2-1-7　外观设计专利申请公布标识代码变迁

S	1985~1992	外观设计专利申请公告（公报）	不经实审，尚未授权

（2）外观设计专利授权公告（见表 2-1-8）。

表 2-1-8　外观设计专利授权公告标识代码变迁

D	1993~	外观设计专利授权公告（公报）	不经实审，授权
D	2006~2010.3	外观设计专利（单行本）	不经实审，授权
S	2010.4~	外观设计专利（单行本）	不经实审，授权

2.1.1.3　中国专利申请编号

中国专利申请编号主要有以下特点。

（1）1985~1988 年。

该时间段的发明、实用新型和外观设计 3 种专利申请号均由 8 位数字组成，按年编排，如 85100001。其中，前 2 位数字表示受理专利申请的年份；第 3 位数字表示专利申请的种类：1——发明，2——实用新型，3——

外观设计；后 5 位数字表示当年申请的顺序号。1985～1988 年公开、公告的专利申请没有使用校验位，即 1985～1988 年公开、公告的专利申请或申请公告的专利申请号不带圆点（.）和圆点后面的校验位。

（2）1989～2003 年 9 月。

该时间段的 3 种专利申请号由 9 位数字组成，包括 8 位数字、1 个圆点（.）和 1 个校验位，按年编排，如 89100002. X，小数点后面的数字为计算机校验码。申请号的其他含义不变，即申请号的前两位数字表示受理专利申请的年份；第 3 位数字表示专利申请的种类：1——发明，2——实用新型，3——外观设计；后 5 位数字表示当年申请的顺序号。

1994 年，中国加入《专利合作条约》（PCT）。自 1994 年 4 月 1 日起，原中国专利局开始受理 PCT 国际申请。进入中国国家阶段的国际申请均给予国家申请号，仍由 9 位数字组成。前 2 位数字表示受理专利申请的年份，第 3 位数字表示国际申请的种类：1——发明，2——实用新型。为了把 PCT 国际申请和国家申请加以区分，指定中国的发明的 PCT 国际申请进入中国国家阶段的申请号的第 4 位用数字 9 表示，指定中国的实用新型的 PCT 国际申请进入中国国家阶段的申请号的第 4 位也用数字 9 表示，如 94190008. 8、94290001. 4。由于指定中国的发明的 PCT 国际申请进入中国国家阶段的数量急剧增长，容量为 1 万件的流水号已不能满足需求，1996 年和 1997 年的发明的 PCT 国际申请进入中国国家阶段的申请号除了第 4 位用数字 9 表示以外，还用数字 8 表示，如 96180555. 2。

从 1998 年开始，为了从根本上解决指定中国的 PCT 国际申请进入中国国家阶段的申请号的容量不足的问题，进入中国国家阶段的发明和实用新型国际申请的申请号重新作了调整，申请号仍由 9 位数字组成，第 3 位数字 8 表示进入中国国家阶段的发明专利的国际申请，第 3 位数字 9 表示进入中国国家阶段的实用新型专利的国际申请，后 5 位数字表示进入中国国家阶段的顺序编号，其他含义不变，如 98805245. 8、98900001. X。进入中国国家阶段的国际申请出版时的公开号、授权公告号、专利号不另行编号，即与发明或实用新型的申请号的编号方法一致。PCT 国际申请无外观设计专利申请。

（3）2003 年 10 月至今。

为了满足专利申请急剧增长的需要，国家知识产权局于 2003 年 10 月对专利申请号进行升位调整。3 种专利申请号由 13 位数字组成，包括 12 位数字、1 个圆点（.）和 1 个校验位，按年编排，如 200410000001. 4。其中，前4位数字表示受理专利申请的年份；第5位数字表示专利申请的种类：1——发明，2——实用新型，3——外观设计，8——进入中国国家阶段的发明专利的国际申请，9——进入中国国家阶段的实用新型专利的国际申请；第6~12位数字（共7位数字）表示当年申请的顺序号，然后用一个圆点（.）分隔，最后一位是校验位。

（4）中国专利申请编号举例（见表2-1-9）。

表2-1-9　中国专利申请编号

时间段	申请号	申请种类
1985~1988	85106472	发明
	85204952	实用新型
	85300601	外观设计
1989~2003.9	89107039.7 03140178.3	发明
	89214364.9 03223582.8	实用新型
	89301984.4 03339571.3	外观设计
	94193477.2 96180392.4 98807185.1	进入中国国家阶段的PCT发明
	03817827.3 94290001.4 98900002.8 03900010.9	进入中国国家阶段的PCT实用新型
2003年10月至今	200310115028.1	发明
	200320117113.7	实用新型
	200330107395.8	外观设计
	200380100381.0	进入中国国家阶段的PCT发明
	200390100003.8	进入中国国家阶段的PCT实用新型

2.1.1.4　中国专利文献编号

（1）1985~1988年。

该时间段的中国专利文献编号沿用申请号，即发明专利申请公开号、发明专利审定公告号、实用新型申请公告号、外观设计申请公告号以及发明、实用新型、外观设计的专利号均沿用申请号。专利号的前2位冠以字母串"ZL","ZL"为"专利"的汉语拼音的首字母组合,表明该专利申请已经获得了专利权。公开号、公告号、审定号前面的字母"CN"为中国的国别代码,表示由中国国家知识产权局(或原中国专利局)出版。公开号、公告号、审定号后面的字母是文献种类标识(见表 2 - 1 - 10)。

表 2 - 1 - 10　1985 ~ 1988 年中国专利文献编号

文献种类标识	文献种类标识释义
A	发明专利申请说明书
B	发明专利申请审定说明书
U	实用新型专利申请说明书
S	外观设计申请公告

文献编号举例如表 2 - 1 - 11 所示。

表 2 - 1 - 11　1985 ~ 1988 年中国专利文献编号样例

申请种类	申请号	申请公开号	申请公告号	审定公告号	专利号
发明	85102198	CN85102198A	—	CN85102198B	ZL85102198
实用新型	85204952	—	CN85204952U	—	ZL85204952
外观设计	85300601	—	CN85300601S	—	ZL85300601

(2) 1989 ~ 1992 年。

该时间段的中国专利文献编号采用"三号制"的编号体系。由于"一号制"造成出版文献的缺号和跳号(号码不连贯),为了克服这一现象,方便专利文献的查找和专利文献的管理和使用,从 1989 年起,采用"三号制"的编号体系。在专利公报和专利说明书中新增按流水顺序编排的公开号、公告号和审定号,即公开号(发明)、审定号(发明)、公告号(实用新型和外观设计)各用一套编码,专利号沿用申请号。异议程序以后的授权公告不再另行出版专利文献。

自 1989 年开始,出版的所有专利文献号均由 7 位数字组成,首位数字表示专利权种类:1——发明,2——实用新型,3——外观设计。专利文献号按各自流水号序列顺序编排。发明专利申请公开号编以 7 位数字号码,前面冠以国别代码 CN,后面标注文献种类字母 A,按流水顺序编号;实用新型专利申请公告号编以 7 位数字号码,前面冠以国别代码 CN,后面标注文献种类字母 U,按流水顺序编号;外观设计申请公告号编以 7 位数字号码,前面冠以国别代码 CN,后面标注文献种类字母 S,按流水顺序编号;发明专利申请审定公告号编以 7 位数字号码,前面冠以国别代码 CN,后面标注文献种类字母 B，按流水顺序编号（见表 2 - 1 - 12）。

初始号分别为：①发明专利申请公开号自 CN1030001A；②发明专利申请审定公告号自 CN1003001B；③实用新型申请公告号自 CN2030001U；④外观设计申请公告号自 CN3003001S。

表 2 - 1 - 12　1989 ~ 1992 年中国专利文献编号

文献种类标识	文献种类标识释义
A	发明专利申请说明书
B	发明专利申请审定说明书
U	实用新型专利申请说明书
S	外观设计申请公告

中国专利文献编号如表 2 - 1 - 13 所示。

表 2 - 1 - 13　1989 ~ 1992 年中国专利文献编号样例

申请种类	申请号	申请公开号	申请公告号	审定公告号	专利号
发明	89100934.5	CN1036209A	—	CN1010098B	ZL89100934.5
实用新型	89214364.9	—	CN2055271U		ZL89214364.9
外观设计	89302137.7	—	CN3006457S	—	ZL89302137.7

（3）1993 ~ 2010 年 3 月。

由于 1993 年 1 月 1 日开始实施第一次修改的《专利法》，取消了 3 种专利授权前的异议程序，即取消了发明专利申请的审定公告、实用新型和外观设计申请的公告，因此，发明专利申请的审定公告、实用新型和外观设计申请的公告均用授权公告代替，中国专利文献编号体系有了新的变化。

1993 年出版的发明专利说明书单行本、实用新型专利说明书单行本、外观设计专利授权公告的编号都称为授权公告号，分别延续原审定公告号或原申请公告号序列，文献种类标识代码相应改为 C、Y、D。进入中国国家阶段的国际申请出版时的说明书名称以及文献编号均纳入相应的说明书及文献编号系列，不再另行编排（见表 2 - 1 - 14）。

表 2 - 1 - 14　1993 ~ 2010 年 3 月中国专利文献编号

文献种类标识	文献种类标识释义
A	发明专利申请说明书
C	发明专利说明书
Y	实用新型专利说明书
D	外观设计专利授权公告

对确定为保密的发明专利申请和实用新型专利申请，授权后解密的，出版解密的发明或实用新型专利说明书，同时在专利公报上予以公告。解密专利说明书的编号，对发明专利申请公开号的表示，如解密"CN1×××××C"；对实用新型专利申请公告号的表示，如"解密CN2×××××Y"。

为了满足专利申请急剧增长的需要，国家知识产权局于 2007 年 7 月 18 日第 23 卷第 29 期开始对公开号进行升位，于 2007 年 8 月 29 日第 23 卷第 35 期开始对授权公告号进行升位。文献号码由 7 位升至 9 位。

中国专利文献编号如表 2 - 1 - 15 所示。

表 2 - 1 - 15　1993 ~ 2010 年 3 月中国专利文献编号样例

申请种类	申请号	申请公布号	授权公告号	专利号
发明	93104658.0 03107664.5 200710099797.5	CN1076474A CN1449121A CN101073774A	CN1025436C CN100352167C CN100435946C	ZL93104658.0 ZL03107664.5 ZL200710099797.5
进入中国国家阶段的PCT 发明	94191359.7 96180470.X 98803848.X 200780000926.9	CN1118641A CN1234849A CN1251496A CN101346469A	CN1033547C CN1080375C CN1074912C CN100506994C	ZL94191359.7 ZL96180470.X ZL98803848.X ZL200780000926.9
实用新型	93242800.2 200720187077.X	— 	CN2285763Y CN201264105Y	ZL93242800.2 ZL200720187077.X
进入中国国家阶段的 PCT实用新型	94290001.4 98900003.6 200790000067.9	— 	CN2402101Y CN2565242Y CN201302605Y	ZL94290001.4 ZL98900003.6 ZL200790000067.9
外观设计	93309066.8 200730088392.2	— 	CN3031352D CN300904920D	ZL93309066.8 ZL200730088392.2

（4）2010 年 4 月至今。

2010 年 4 月，出版的专利单行本文献编号启用国家知识产权局于 2004 年 1 月 7 日制定的《专利文献号标准》（ZC0007—2004）。此标准规定，专利文献号的编排规则遵守的原则是"基于一件专利申请形成的专利文献只能获得一个专利文献号"，该专利申请在后续程序中公布或公告（如该专利申请的修正版，专利部分无效宣告的公告）时被赋予的专利文献号与首

次获得的专利文献号相同，不再另行编号。因此，该专利申请公布或公告
而产生的专利文献种类由相应的专利文献种类标识代码确定。

文献号均由表示中国国别代码的字母串 CN 和 9 位数字以及 1 个字母
或 1 个字母加 1 个数字组成。其中，字母串 CN 以后的第 1 位数字表示要
求保护的专利申请类型：1——发明，2——实用新型，3——外观设计。
"指定中国的发明专利的 PCT 国际申请"和"指定中国的实用新型专利的
PCT 国际申请"的文献号不再另行编排，而是分别归入发明或实用新型一
起编排；第 2 位至第 9 位为流水号，3 种专利按各自的流水号序列顺排，
逐年累计；最后一个字母或 1 个字母加 1 个数字表示专利文献种类标识代
码。文献种类标识代码相应进行修改：发明专利授权公告使用的专利文献
种类代码改为 B，实用新型专利授权公告使用的专利文献种类代码改为 U，
外观设计专利授权公告使用的专利文献种类代码改为 S（见表 2 - 1 - 16）。

表 2 - 1 - 16 2010 年 4 月至今的中国专利文献编号

文献编号	中国专利文献名称
A	发明专利申请公布说明书
A8	发明专利申请公布说明书（扉页再版）
A9	发明专利申请公布说明书（全文再版）
B	发明专利说明书
B8	发明专利说明书（扉页再版）
B9	发明专利说明书（全文再版）
C1 ~ C7	发明专利权部分无效宣告的公告
U	实用新型专利说明书
U8	实用新型专利说明书（扉页再版）
U9	实用新型专利说明书（全文再版）
Y1 ~ Y7	实用新型专利权部分无效宣告的公告
S	外观设计专利授权公告
S9	外观设计专利授权公告（全文再版）
S1 ~ S7	外观设计专利权部分无效宣告的公告
S8	预留给外观设计专利授权公告单行本的扉页再版

中国专利文献编号样例如表 2 – 1 – 17 至表 2 – 1 – 19 所示。

表 2 – 1 – 17　2010 年 4 月至今的中国发明专利文献编号样例

专利文献名称	专利文献号名称	专利文献标识 中国国家代码、专利文献号、文献种类标识代码联合使用	说明
发明专利申请	申请公布号	CN102102675A	不同专利申请应顺序编号
发明专利申请	申请公布号	CN101960299A	不同专利申请应顺序编号
发明专利申请（扉页更正）	申请公布号	CN102102675A8	同一专利申请沿用首次赋予的专利文献号（9 位或 7 位）
发明专利申请（全文更正）	申请公布号	CN101960299A9	同一专利申请沿用首次赋予的专利文献号（9 位或 7 位）
发明专利	授权公告号	CN1399818B	同一专利申请的授权公告号沿用首次赋予的专利文献号（9 位或 7 位）
发明专利	授权公告号	CN101184265B	同一专利申请的授权公告号沿用首次赋予的专利文献号（9 位或 7 位）
发明专利（扉页更正）	授权公告号	CN1399818B8	同一专利申请的授权公告号沿用首次赋予的专利文献号（9 位或 7 位）
发明专利（全文更正）	授权公告号	CN101184265B9	同一专利申请的授权公告号沿用首次赋予的专利文献号（9 位或 7 位）
发明专利（宣告专利权部分无效）（第 1 次）	授权公告号	CN100378905C1	同一专利申请的授权公告号沿用首次赋予的专利文献号（9 位或 7 位）
发明专利（宣告专利权部分无效）（第 2 次）	授权公告号	CN100378905C2	同一专利申请的授权公告号沿用首次赋予的专利文献号（9 位或 7 位）

表 2 – 1 – 18　2010 年 4 月至今的中国实用新型专利文献编号样例

专利文献名称	专利文献号名称	专利文献标识 中国国家代码、专利文献号、文献种类标识代码联合使用	说　明
实用新型专利	授权公告号	CN201908404U	不同专利申请应顺序编号
实用新型专利	授权公告号	CN201529462U	不同专利申请应顺序编号
实用新型专利（扉页更正）	授权公告号	CN201908404U8	同一专利申请的授权公告号沿用首次赋予的专利文献号（9 位或 7 位）
实用新型专利（全文更正）	授权公告号	CN201529462U9	同一专利申请的授权公告号沿用首次赋予的专利文献号（9 位或 7 位）
实用新型专利（宣告专利权部分无效）（第 1 次）	授权公告号	CN200364512Y1	同一专利申请的授权公告号沿用首次赋予的专利文献号（9 位或 7 位）
实用新型专利（宣告专利权部分无效）（第 2 次）	授权公告号	CN200364512Y2	同一专利申请的授权公告号沿用首次赋予的专利文献号（9 位或 7 位）

表 2 - 1 - 19　2010 年 4 月至今的中国外观设计专利文献编号样例

专利文献名称	专利文献号名称	专利文献标识 中国国家代码、专利文献号、文献种类标识代码联合使用	说　明
外观设计专利	授权公告号	CN301558470S	不同专利申请应顺序编号
		CN301471528S	
外观设计专利（扉页更正）		CN301558470S8	同一专利申请的授权公告号沿用首次赋予的专利文献号（9 位或 7 位）
外观设计专利（全文更正）		CN301471528S9	
外观设计专利（宣告专利权部分无效）（第 1 次）		CN300123456S1	
外观设计专利（宣告专利权部分无效）（第 2 次）		CN300123456S2	

2.1.1.5　中国香港特别行政区专利文献的编号体系

1）中国香港特别行政区专利文献编号的主要特点（见表 2 - 1 - 20）

表 2 - 1 - 20　中国香港特别行政区专利文献编号体系

文献名称	申请号	文献号
指定专利	07 101597.8	HK1094409A
标准专利	05 105421.3	HK1072897B（经过修订或更正后，文献种类标识代码为 C）
短期专利	06 102264.9	HK1081051A（经过修订或更正后，文献种类标识代码为 B）
外观设计	05 01224.0	—

（1）指定专利、标准专利、短期专利 3 种专利申请号均由 9 位数字组成，按年编排。前 2 位数字表示受理专利申请的年号，圆点后数字为计算机校验码。

（2）3 种专利文献号按照统一编号系列混合编排。

（3）外观设计文献号由 8 位数字组成，前 2 位数字表示受理申请的年号；后 5 位数字为当年顺序号；圆点后的数字为计算机校验码。

（4）外观设计为系列申请时，文献号后标注 M。如 0410185.7M001、0410185.7M002、0410185.7M003，表示该外观设计有 3 个系列申请。

（5）专利文献标识代码：①指定专利申请的记录请求，文献种类标识代码为 A；②标准专利说明书，文献种类标识代码为 B；③经过修订或更正的标准专利说明书，文献种类标识代码为 C；④短期专利说明书，文献种类标识代码为 A；⑤经过修订或更正的短期专利说明书，文献种类标识代码为 B。

2）注册编号的转换

1997 年 6 月 27 日前注册的专利，其注册编号编排方式为"'注册编号'of'注册年份'"，例如 321 of 1994。如以注册编号检索，须将注册编号转换成香港发表编号，然后使用转换后的发表编号作为检索的项目。

注册编号转换成发表编号的转换方式：0 + 年份（两位数字）+ 注册编号（四位数字）。例如：

321 of 1994 → 0940321

2 of 1992 → 0920002

56 of 1989 → 0890056

1234 of 1996 → 0961234

1995 年以前提交的专利申请，申请/ 档案编号的编排方式为申请或档案编号/ 年份，如 233/84。如以申请编号检索，须将申请/ 档案编号转换成：年份（两位数字）+ 0 + 申请或档案编号（五位数字）。例如：

233/84 → 84000233

5/93 → 93000005

12/90 → 90000012

1026/97 → 97001026

2.1.1.6　中国澳门特别行政区专利文献的编号体系

中国澳门特别行政区经济局对每种类型的专利分别顺序编号，同一专利的申请公告文献与授权文献均采用同一编号（见表 2 – 1 21 和表 2 – 1 –22）。

表 2 – 1 –21　中国澳门特别行政区专利文献种类

文献种类	工业产权类型代码
发明专利申请公告	发明专利——I
发明专利批给	
实用新型专利申请公告	实用新型专利——U
实用新型专利批给	
外观设计及实用新型申请公告	外观设计及新型——D

续表

文献种类	工业产权类型代码
国家知识产权局发明专利申请之延伸	国家知识产权局发明专利之延伸——J
国家知识产权局授权的发明专利之延伸	

表 2 - 1 - 22　中国澳门特别行政区专利文献编号样例

类型	编号形式	样式
发明专利	申请种类代码/顺序编号	I/1，I/2，…
实用新型		U/1，U/2，…
外观设计及新型		D/1，D/2，…
国家知识产权局发明专利延伸专利编号		J/1，J/2，…

2.1.1.7　中国台湾地区专利文献的编号体系

我国台湾地区专利文献的编号体系以 2003 年 5 月为界大体上经历了两个阶段。

（1）2003 年 5 月以前。

此阶段我国台湾地区专利文献编号（见表 2 - 1 - 23）的特点如下。

①3 种专利申请号由 8 位数字组成，按年编排，表示形式为 YYXNNNNN。其中前 2 位数字是"民国年号"，与公元年的换算关系为："民国年号" + 1911 = 公元年号，75 即为 1986 年。第 3 位数字表示专利种类：1——发明，2——新型，3——新式样，第 4 ~ 8 位数字（共 5 位）表示当年的申请顺序号。

②2004 年 8 月 1 日前，中国台湾"智慧财产局"出版发明、新型和新式样 3 种说明书的公告文本。3 种专利公告号遵循一次公布、号码连排的原则，即按发明、新型、新式样次序顺序连续编排，专利公告号的形式为 NNNNNN。例如，1980 年第 1 期公报的公告号是 28063 ~ 28149。其中，发明专利申请公告号为 28063 ~ 28214，新型专利申请公告号为 28215 ~ 28389，新式样专利申请公告号为 28390 ~ 28419。1980 年第 2 期公报自 28420 起，继续按此规律编排。

③专利号即专利证书号，3 种专利号依各自编号序列，均从 1 号开始顺排。

表 2 - 1 - 23　中国台湾地区 2003 年 5 月以前的专利编号

类型	申请号	公告号	专利号（专利证书号）
发明	75 1 02826	467915	11765
新型	80 2 10143	182900	10486
新式样	80 3 00676	157844	2388

（2）2003 年 5 月以后。

此阶段专利文献编号（见表 2 - 1 - 24）的特点如下。

表 2 - 1 - 24　中国台湾地区 2003 年 5 月以后的专利编号

类型	申请号	公开号 （2004.8.1 起公布）	公告号 （2004.8.1 起公布）	专利号
发明	91 1 34545	200300001	—	—
发明	92 1 26515	—	—	I220001
新型	92 2 01581	—	M240001	M240001
新式样	92 3 05576	—	D100001	D100001

①3 种专利申请号由 8 位数字组成，按年编排，表示形式为 YYXNNNNN。前 3 位数字意义同前，第 4 ~ 8 位数字（共 5 位）表示当年申请顺序号。

从 2011 年之后，申请号升级为 9 位数字组成，按年编排，表示的形式为 YYYXNNNNN。前 3 位为"民国年号"。第 4 位数字表示专利种类：1——发明，2——新型，3——新式样，第 5~9 位数字（共 5 位）表示当年申请顺序号，如 TW100149356、TW100221220、TW100302612。

②发明专利公开号自 2003 年 5 月 1 日起使用。公开号由 9 位数字组成，格式为 YYYYNNNNN，前 4 位数字表示发明专利申请公布的年号，后 5 位数字表示当年申请公布的顺序号，顺序号不足 5 位数字的以零补位。

③3 种专利公告号自 2004 年 8 月 1 日起增加文献种类代码：I——发明，M——新型，d——新式样。3 种专利公告号不再遵循一次公布、号码连排的原则，不再按发明、新型、新式样顺序连续编排，而是依各自文献编号序列编排。起始号分别为：发明 I220001，新型 M240001，新式样 D100001。

④专利号即专利证书号，自 2004 年 8 月 1 日起专利号等同于公告号。

2.1.1.8 中国专利文献号检索实例（见表2-1-25）

表2-1-25 中国专利文献号检索实例

专利文献号	专利检索与服务系统 https://pss-system.cponline.cnipa.gov.cn/conventionalSearch	官网网址	欧洲专利局网站 http://worldwide.espacenet.com/	incoPat 科技创新情报平台 https://www.incopat.com
发明专利申请号: CN85106922.3	申请号=（CN85106922）	—	输入:CN85106922 或 输入:CN1985106922	AN =（CN85106922.3） AN =（CN85106922）
发明专利申请号: CN89107039.7	申请号=（CN89107039）	—	输入:CN1989107039 规则:CN+4位年份+类型码+5位顺序号	AN =（CN89107039.7） AN =（CN89107039）
发明专利申请号: CN201010000505.X	申请号=（CN201010000505）	—	输入:CN2010000505 规则:CN+4位年份+类型码+6位顺序号:去掉丁专利类型后面的0,以及校验码	AN =（CN201010000505.X） AN =（CN201010000505）
发明专利审定公告号.:CN85102198B	公开（公告）号=（CN85102198B）	—	输入:CN85102198B	PN =（CN85102198B）
实用新型专利申请号: CN89214364.9	公开（公告）号=（CN89214364）	—	CN1989214364U 规则:CN+4位年份+文献类型码 位顺序号+文献类型码	AN =（CN89214364.9） AN =（CN89214364）
实用新型专利申请号: CN201020114954.2	申请号=（CN201020114954）	—	CN201021149454U 规则:CN+4位年份+类型码+6位顺序号+文献类型码(去掉丁专利类型后面的0,以及校验码)	AN =（CN201020114954.2） AN =（CN201020114954）

续表

专利文献号	专利检索与服务系统 https://pss－system. cponline. cnipa. gov. cn/conventionalSearch	官网网址	欧洲专利局网站 http://worldwide. espacenet. com/	incoPat 科技创新情报平台 https://www. incopat. com
实用新型专利申请公告号:CN2055271U	公开(公告)号=(CN2055271U)	—	输入:CN2055271U	PN=(CN2055271U)
外观设计专利公告号:CN85300601S	格式:CN－序号,不带文献标识代码公开(公告)号=(CN85300601)	—	—	PN=(CN85300601S)
外观设计专利公告号:CN301165450D	格式:CN＋序号,不带文献标识代码公开(公告)号=(CN301165450)	—	—	PN=(CN301165450D)
香港专利注册编号:99101234	申请号=(HK99101234)	知识产权署 http://ipsearch. ipd. gov. hk/patent/main. jsp? LANG=zh_TW 输入:99101234	输入:HK19990101234 规则:HK＋4位年份＋0＋6位顺序号	AN=(HK99101234)
香港专利发表编号:1081051A	公开(公告)号=(HK1081051A＋)	知识产权署 http://ipsearch. ipd. gov. hk/patent/main. jsp? LANG=zh_TW 输入:1081051	输入:HK1081051A	PN=(HK1081051A)

续表

专利文献号	专利检索与服务系统 https://pss-system.cponline.cnipa. gov.cn/conventionalSearch	官网网址	欧洲专利局网站 http://worldwide.espacenet.com	incoPat 科技创新情报平台 https://www.incopat.com
香港外观设计注册编号：9911234	—	知识产权署 http://ipsearch.ipd.gov.hk/design/main.jsp? LANG=zh_TW 输入:9911234	—	AN=（HK9911234）
澳门发明专利编号:I/395	公开(公告)号=(MOI000395) 规则:MO+I+6 位顺序号	http://www.economia.gov.mo/zh_CN/web/public/Pg_ES_AE_QE_PATENT? _refresh=true 输入:395	—	PN=（MOI395）
澳门实用新型编号:U/109	公开(公告)号=(MOU000109) 规则:MO+U+6 位顺序号	http://www.economia.gov.mo/zh_CN/web/public/pg_es_ae_qe_util_patent? _refresh=true 输入:109	—	PN=（MOU109）
澳门设计及新型编号:D/72	公开(公告)号=(MOD000072) 规则:MO+D+6 位顺序号	http://www.economia.gov.mo/zh_CN/web/public/pg_es_ae_qe_design? _refresh=true 输入:72	—	PN=（MOD72）

续表

专利文献号	专利检索与服务系统 https://pss-system.cponline.cnipa.gov.cn/conventionalSearch	官网网址	欧洲专利局网站 http://worldwide.espacenet.com/	incoPat 科技创新情报平台 https://www.incopat.com
澳门国家知识产权局发明专利之延伸 J/10	—	http://www.economia.gov.mo/zh_CN/web/public/pg_es_ae_qe_patent_ext?_refresh=true 输入：10	—	—
台湾专利申请号：TW80107709	申请号=(TW80107709)	—	TW19910107709 规则：TW+4 位公元年份+0+6 位顺序号	AN=(TW080107709)(TW+3 位民国纪年申请日年份+6 位顺序号)
台湾专利公告号：TW423200	公开(公告)号=(TW423200)	—	TW423200	PN=(TW423200)
台湾专利公开号：TW200300217	公开(公告)号=(TW200300217)	—	TW200300217	PN=(TW200300217)
台湾专利公告号：TWI220001	公开(公告)号=(TWI220001)	—	TWI220001	PN=(TWI220001)
台湾专利公告号：TWM240001	公开(公告)号=(TWM240001)	—	TWM240001	PN=(TWM240001)
台湾专利公告号：TWD135636	公开(公告)号=(TWD135636)	—	TWD135636	PN=(TWD135636)

2.1.2 美国专利文献编号

2.1.2.1 美国专利文献种类

美国专利商标局出版的主要专利单行本包括：美国专利、专利申请公布、美国植物专利、植物专利申请公布、再颁专利、外观设计专利、依法登记的发明（1985 年以前称为防卫性公告）等单行本（见图 2 - 1 - 4）。

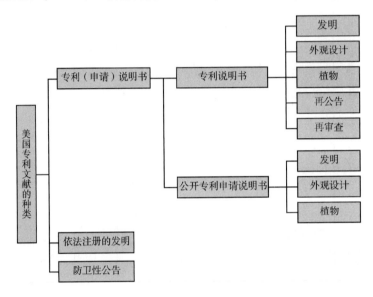

图 2 - 1 - 4　美国专利文献种类

（1）发明专利申请。

2001 年 1 月 1 日之前，发明专利申请产生的文献如图 2 - 1 - 5 所示。

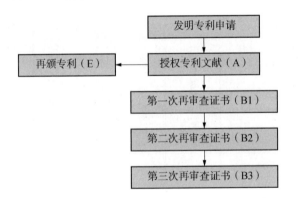

图 2 - 1 - 5　2001 年 1 月 1 日前美国发明专利申请产生的文献

2001 年 1 月 1 日之后，发明专利申请产生的文献如图 2 - 1 - 6 所示。

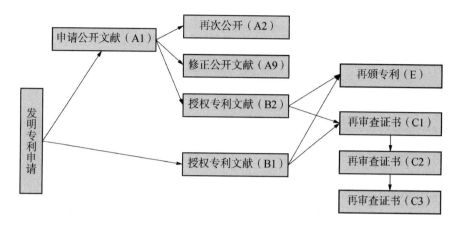

图 2 - 1 - 6　2001 年 1 月 1 日后美国发明专利申请产生的文献

（2）植物专利申请。

2001 年 1 月 1 日之前，植物专利申请产生的文献如图 2 - 1 - 7 所示。

图 2 - 1 - 7　2001 年 1 月 1 日前美国植物专利申请产生的文献

2001 年 1 月 1 日之后，植物专利申请产生的文献如图 2 - 1 - 8 所示。

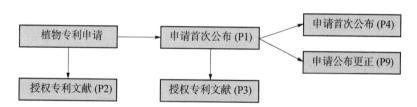

图 2 - 1 - 8　2001 年 1 月 1 日后美国植物专利申请产生的文献

2.1.2.2　美国专利文献类型标识（见表 2 - 1 - 26）

表 2 - 1 - 26　美国专利文献类型标识

文献类型标识	文献类型标识释义
A	2001 年 1 月之前，经审查的授权专利
A1	自 2001 年 1 月 2 日起，未经审查的专利申请公布说明书
A2	自 2001 年起，专利申请的第二次公布
A9	自 2001 年起，专利修正说明书
B	2001 年 1 月 2 日之前，再审查证书

文献类型标识	文献类型标识释义
B1	2001 年之前，第一次再审查证书
	自 2001 年起，未经过申请公布的经审查的授权专利说明书
B2	2001 年之前，第二次再审查证书
	自 2001 年起，经申请公布的经审查的授权专利说明书
B3	2001 年之前，第三次再审查证书
C1	自 2001 年起，第一次再审查证书
C2	自 2001 年起，第二次再审查证书
C3	自 2001 年起，第三次再审查证书
E	再颁专利
H	依法登记的发明（1985 年以前称为防卫性公告）
P	2001 年前，经审查授予专利权的植物专利说明书（从 1 到 11727）
P1	自 2001 年 3 月 15 日起，首次公布的植物专利申请
P2	自 2001 年 1 月 1 日起，未经申请公布的植物专利说明书（11728 之后）
P3	自 2001 年 1 月 1 日起，经申请公布的植物专利说明书
P4	自 2001 年 3 月 15 日起，再次公布的植物专利申请
P9	自 2001 年 3 月 15 日起，植物专利申请公布的更正
S	外观设计

2.1.2.3 美国专利申请编号

（1）美国专利申请编号的特点。

美国的专利申请号为多年循环编号，由 2 位数字的申请号序列码（Application Number Series Code）和 6 位数字申请顺序号组成，格式为：××／NNNNNN。美国专利申请种类包括发明专利申请、植物申请、指定美国的 PCT 申请、外观设计专利申请、临时专利申请、单方再审查请求（Exprte Reexamination Requests）、双方再审查请求（Inter Partes Reexamination Requests）等，各类申请各自循环编号。循环期的年代跨度大小不同，由申请量决定。一般来说，各类专利申请号每轮循环均从 1～999 连续编排，周而复始。申请号系列码用于区别不同循环周期。

申请号系列码同时用于表示申请种类。01～28 用于专利申请、植物专利申请、再颁专利申请、依法登记的发明请求，混合编排。例如，08／101840 为一件植物专利申请的申请号，08／101841 为一件专利申请的申请号，08／101894 为一件再颁专利申请的申请号，08／109014 为一件依法登记的发明请求的申请号。29 用于外观设计专利申请，60～61 用于临时专利申请，90 用于单方再审查请求，95 用于双方再审查请求。

注意：在美国专利说明书的扉页中常见到的是 1～6 位数的申请顺序号，如 Appl. No.：1、Appl. No.：600，000。近几年，美国专利商标局才开始在专利说明书的扉页中刊登申请号系列码，并规定专利申请号由 2 位数字的申请号系列码和 6 位数字的申请顺序号两部分组成，申请顺序号不足 6 位数的，以 0 补位，如 Appl. No.：09/000001。

（2）美国专利申请编号系列码（见表 2 - 1 - 27）。

表 2 - 1 - 27　美国专利申请编号系列码及对应年份

申请种类	系列码/申请顺序号	申请提交年份
专利申请 植物专利申请 再颁专利申请 依法登记的发明请求	01/000001～	1915～1934
	02/000001～	1935～1947.12
	03/000001～	1948.1～1959.12
	04/000001～	1960.1～1969.12
	05/000001～	1970.1～1978.12
	06/000001～	1979.1～1986.12
	07/000001～	1987.1～1992.12
	08/000001～	1993.1～1997.12.29
	09/000001～	1997.12.30～2001.12
	10/000001～	2002.1～2004.12
	11/000001～	2005.1～2007.12
	12/000001～	2008.1～2011.12
	13/000001～	2012.1～
外观设计专利申请	××/000001～	1915.1～1921.12
	000001～	1922.1-1948.12
	000001～	1949.1-1965.12
	000001～	1966.1-1969.12
	05/000001～（参照实用专利的系列码）	1971.1～1978.12
	06/000001～（参照实用专利的系列码）	1979.1～1986.12
	07/000001～（参照实用专利的系列码）	1987.1～1992.9
	29/000001～	1992.10.1～
临时专利申请	60/000001～	1995.6.8～2007.12
	61/000001～	2008.1～
单方再审查请求	90/000001～	1981.7.1～
双方再审查请求	95/000001～	2001.7.27～

（3）美国专利申请号举例（见表2-1-28）。

表2-1-28　美国专利申请编号系列码

申请种类	申请号
发明申请	3，230 191，278 07/052，111
植物申请	801，528 11/267，900
外观设计申请	477，109 29/213，915
临时申请	60/580，979
单方再审查请求	90/002，889
依法登记的发明请求	08/028，481
再颁专利申请	11/483，380

2.1.2.4　美国专利文献编号（见表2-1-29）

自2001年起，美国专利商标局开始出版专利申请公布和植物专利申请公布的单行本。公布号由4位数字的公布年份和7位数字的文献公布顺序号两部分组成，顺序号不足7位数的，以0补位。需要注意的是，专利申请公布和植物专利申请公布中包括申请的再公布单行本（A2、P4），以及申请的更正（A9、P9），所有申请公布单行本均按流水号顺序编排，如US2006/0070159P1、US2006/0070160A1。

其他专利文献按各自的文献编号系列顺序编排，如US6198606B1、US-PP12345P2。

2001年前，美国专利商标局对其出版的专利文献常采取文献号前使用的英文缩写表示文献种类，如Des. 456789、RE12345。自2001年起，美国专利商标局在其出版的专利文献上全面采用WIPO标准ST. 16《用于标识不同种类专利文献的推荐标准代码》中规定的专利文献种类标识代码。

表 2 - 1 - 29　美国专利文献编号

文献种类		2000 年 12 月 31 日之前	2001 年 1 月 1 日之后
专利	专利申请公布	无	US2001/0001111A1
	专利申请再公布	无	US2002/0042300A2
	专利申请公布的更正	无	US2002/0090260A9
	美国专利（无专利申请公布）	5123456	US6198606B1
	美国专利（有专利申请公布）	无	US 6654321B2
植物专利	植物专利申请公布	无	US 2001/0004444P1
	美国植物专利 （无植物专利申请公布）	Plant 11000 Plant 7931	US PP17734P2 US PP17806P2 US PP11730P2
	美国植物专利 （有植物专利申请公布）	无	USPP12345P3
	植物专利申请再公布	无	US2001/0005555P4
	植物专利申请的更正	无	US2001/0006666P9
设计专利		Des. 303467	USD654321S USD435925S
再颁专利		RX1 ~ RX125 RE1 ~ RE29094 RE. 29183	USRE12345E
再审查证书	发明专利、植物专利、外观设计 或再颁专利的第一次再审查	B1 5588800 B1 Plant 11000 B1 Des. 123456 B1 RE 34139	US5508282C1 USPP12345C1 USD654321C1 USRE12345C1
	发明专利、植物专利、外观设计 或再颁专利的第二次再审查	B2 5123456	US6654321C2
	发明专利、植物专利、外观设计 或再颁专利的第三次再审查	B3 5123456	US6654321C3
	防卫性公告	T109201，T855019， T100001	—
	依法登记的发明	H1234 H001523 H001234 H000001	USH2096H
	改进专利		AI00007

2.1.3 欧洲专利文献编号

2.1.3.1 欧洲专利文献种类

《欧洲专利公约》仅对发明提供保护，其审批过程包括申请—公开—授权，在该过程中产生的专利文献种类包括申请说明书和专利说明书。欧洲专利文献种类如图 2 - 1 - 9 所示。

2.1.3.2 欧洲专利文献类型标识

欧洲专利文献类型标识如表 2 - 1 - 31 所示。

表 2 - 1 - 31 欧洲专利文献类型标识

文献种类	文献类型标识	文献类型标识释义
申请说明书	A1	附有检索报告的欧洲专利申请说明书
申请说明书	A2	未附有检索报告的欧洲专利申请说明书
检索报告	A3	单独出版的检索报告
补充检索报告	A4	对国际申请检索报告所作的补充检索报告
修改的申请说明书扉页	A8	欧洲专利申请说明书的更正扉页
修改的申请说明书	A9	欧洲专利申请说明书的全文再版
专利说明书	B1	经实质性审查授予专利权的说明书
修改后的专利说明书	B2	经修改后再次公告出版的欧洲专利说明书
修改后的专利说明书	B3	经过实质性审查授予专利权的，后经限制性修改程序修改后再次公告出版的欧洲专利说明书
修改的专利说明书扉页	B8	欧洲专利说明书的更正扉页
修改的专利说明书	B9	欧洲专利说明书的全文再版

2.1.3.3 欧洲专利申请编号

（1）2002 年 1 月 1 日之前。

欧洲专利申请号编号方式为申请年号 + 申请地 + 申请序号 + 小数点 + 校验位，格式为 YYANNNNN. N 或 YYAANNNN. N。前 2 位数字表示申请年号（由公元年后两位表示），第 3 位或第 3 ~ 4 位表示申请地（来源于 PCT 国际局的申请第 3 位为 9 或第 3 ~ 4 位为 27），第 4 位或第 5 位起，按年编号，每年自 1 号起，小数点后数字为计算机校验位，如 78200018. 6、01904251. 1、01273236. 8。

2.1.2.5 美国专利文献号检索实例(见表 2 - 1 - 30)

表 2 - 1 - 30 美国专利文献号检索实例

专利文献号	美国专利商标局网站 http://www.uspto.gov/patents/process/search/index.jsp	欧洲专利局网站 http://worldwide.espacenet.com/	incoPat 科技创新情报平台 https://www.incopat.com	专利检索与服务系统 https://pss - system.cponline.cnipa.gov.cn/conventionalSearch
发明专利申请号:1991 年申请号为 700165	https://ppubs.uspto.gov/pubwebapp/ 输入:700165	输入:US19910700165 (US + 4 位年份 + 0 + 申请号)	AN = (US07700165) (1991 年的申请号前的系列码是 07) 系统规则:①1899 年及以前的申请,格式为 US + × × + 6 位顺序码,如 US × ×030857 ②1900 年及以后的申请,格式为 US + 申请号系列码 + 6 位顺序码,如 US12903127	申请号 = (US19910700165) (US + 4 位年份 + 0 + 申请号)
植物专利申请号:578473	https://ppubs.uspto.gov/pubwebapp/ 输入:578473	输入:US19900578473 (US + 4 位年份 + 0 + 申请号)	AN = (US07578473) (1990 年的申请号的系列码是 07) 系统规则:①1931 年及以后的申请,格式为 US + 申请号系列码 + 6 位顺序码,如 US07578473	申请号 = (US19900578473) (US + 4 位年份 + 0 + 申请号)
再版专利申请号:1993 年申请号为 101894	https://ppubs.uspto.gov/pubwebapp/ 输入:101894	US19930101894 (US + 4 位年份 + 0 + 申请号)	AN = (US08101894) (1993 年的申请号前的系列码是 08)	申请号 = (US19930101894) (US + 4 位年份 + 0 + 申请号)

续表

专利文献号	美国专利商标局网站 http://www.uspto.gov/patents/process/search/index.jsp	欧洲专利局网站 http://worldwide.espacenet.com/	incoPat 科技创新情报平台 https://www.incopat.com	专利检索与服务系统 https://pss-system.cponline.cnipa.gov.cn/conventionalSearch
外观设计申请号：为213915	https://ppubs.uspto.gov/pubwebapp/ 输入:213915	不能检索美国外观设计	AN=(US29213915) 系统规则:①1915～1969年的申请，格式为 US+××+6位顺序码，如US××123218 ②1970～1992年9月间的申请，格式为 US+申请号系列码+6位顺序码，如 US0747109 ③1992年10月之后的申请，格式为US+ 29+6位顺序码，如US29000791	申请号=(US20040213915) (US+4位年份+0+申请号)
美国专利申请公开号：US20010001020A1	https://ppubs.uspto.gov/pubwebapp/ 输入:20010001020 (年份+7位顺序号)	输入: US20010001020A1 (US+4位年份+7位顺序号)	PN=(US20010001020A1) (US+年份+7位顺序号)	公开(公告)号=(US20010001020A1) (US+4位年份+6位顺序号)
美国专利：US8496439B2	https://ppubs.uspto.gov/pubwebapp/ 输入:8496439	输入:US8496439B2	PN=(US8496439B2)	公开(公告)号=(US8496439B2)
美国植物专利号：US-PP17734P2	https://ppubs.uspto.gov/pubwebapp/ 输入:PP17734	输入:US17734P2	PN=(USPP017734P2) 系统规则:1932年及以后的专利,格式为 US+PP+6位顺序号	公开(公告)号=(US17734P2)

续表

专利文献号	美国专利商标局网站 http://www.uspto.gov/patents/process/search/index.jsp	欧洲专利局网站 http://worldwide.espacenet.com/	incoPat 科技创新情报平台 https://www.incopat.com	专利检索与服务系统 https://pss-system.cponline.cnipa.gov.cn/conventionalSearch
再颁专利:专利号 USRE9702E	https://ppubs.uspto.gov/pubwebapp/ 输入:RE9702	输入:USRE9702E	PN=(USRE009702E) 系统规则:1867 年及以后的专利,格式为 US+RE+6 位顺序号	公开(公告)号=(USRE9702E)
外观设计专利号: USD529801S	https://ppubs.uspto.gov/pubwebapp/ D529801	USD529801S	PN=(USD0529801S)(US+D+0+专利号)	公开(公告)号=(USD529801S)
再审查证书: US5508282C1	5508282	US5508282C1	PN=(US5508282C1)	公开(公告)号=(US5508282C1)
再审查证书: US5260097C2	5260097	US5260097C2	PN=(US5260097C2)	公开(公告)号=(US5260097C2)
再审查证书: US4787938B3	4787938	US4787938B3	PN=(US4787938B3)	公开(公告)号=(US4787938B3)
防卫性公告: UST10540314	T105403	UST10540314	PN=(UST10540314)(US+T+0+专利号)	公开(公告)号=(UST10540314)

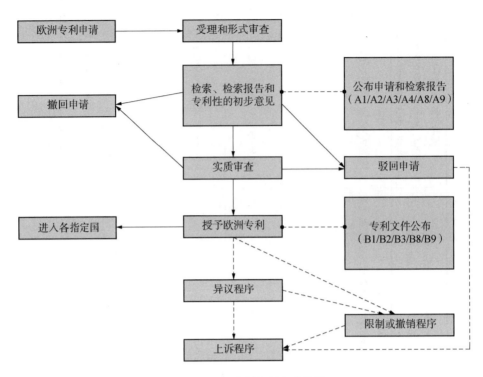

图 2 - 1 - 9　欧洲专利文献种类

（2）2002 年 1 月 1 日之后。

欧洲专利申请号编号方式为申请年号 + 分配给各申请地的序号 + 小数点 + 校验位，格式为 YYNNNNNN. N，如 02000011. 3、02700294. 3。前 2位数字表示申请年号（由公元年后两位表示），第 3 ~ 8 位为分配给各申请地的序号：6 位数字。纸件申请和联机申请分别配给号段，如欧洲专利局慕尼黑分局纸件申请为 000001 ~ 075000，欧洲专利局联机纸件申请为100000 ~ 250000，PCT 国际局纸件申请为 700001 ~ 999999。

2. 1. 3. 4　欧洲专利文献编号

（1）欧洲专利申请公开编号。

欧洲专利申请公开号的编号方式为：国别代码 + 申请公开序号 + 文献种类代码。

国别代码：EP。

申请公开序号：连续独立编号，自 1 号起；同一申请再次公布沿用原申请公开序号。

文献种类代码：A1、A2、A3、A4、A8、A9。

（2）欧洲专利编号。

欧洲专利号的编号方式为：国别代码 + 原申请公开序号 + 文献种类代码。

国别代码：EP。

原申请公开序号：专利授权公布沿用原申请公开序号；同一专利再次公布沿用原申请公开序号。

文献种类代码：B1、B2、B3、B8、B9。

（3）欧洲专利文献编号。

欧洲专利文献编号如表 2 – 1 – 32 所示。

表 2 – 1 – 32　欧洲专利文献编号

文献种类	例1	例2	例3	例4	例5
附有检索报告的欧洲专利申请单行本 A1	EP79A1	EP1268263A1	EP1360357A1	—	—
未附检索报告的欧洲专利申请单行本 A2	—	—	—	EP1219534A2	EP1409641A2
单独出版的检索报告 A3	—	—	—	EP1219534A3	—
对国际申请检索报告所作的补充检索报告 A4	—	—	EP1360357A4	—	—
欧洲专利申请单行本的扉页更正 A8	—	—	—	—	—
欧洲专利申请单行本的全文再版 A9	—	—	—	—	—
欧洲专利说明书单行本 B1	EP79B1	EP1268263B1	EP1360357B1	EP1219534B1	EP1409641B1
新的欧洲专利说明书单行本（部分无效）B2	—	—	EP1360357B2	—	—
根据限制性程序修改的欧洲专利说明书单行本 B3	—	—	—	—	—
欧洲专利说明书单行本的扉页更正 B8	—	EP1268263B8	—	—	—
欧洲专利说明书单行本的全文再版 B9	—	—	—	—	—

2.1.3.5 欧洲专利检索实例

欧洲专利检索实例如表 2-1-33 所示。

表 2-1-33　欧洲专利检索实例

专利文献号	专利检索与服务系统 https://pss-system.cponline.cnipa.gov.cn/conventionalSearch	欧洲专利局网站 http://worldwide.espacenet.com/	incoPat 科技 创新情报平台 https://www.incopat.com
欧洲专利申请号： EP78200018.6	申请号＝(EP78200018)	EP78200018	AN＝(EP78200018.6) AN＝(EP78200018)
欧洲专利申请号： EP01904251.1	申请号＝(EP01904251)	EP01904251	AN＝(EP01904251.1) AN＝(EP01904251)
欧洲专利申请号： EP02000011.3	申请号＝(EP02000011)	EP02000011	AN＝(EP02000011.3) AN＝(EP02000011)
发明专利 EP79B1	公开(公告)号＝(EP0000079B1) (EP+7 位顺序号)	EP79 或 EP0000079B1	PN＝(EP79B1)
EP1268263A1	公开(公告)号＝(EP1268263A1)	EP1268263A1	PN＝(EP1268263A1)
EP1360357A4	公开(公告)号＝(EP1360357A4)	EP1360357A4	PN＝(EP1360357A4)
EP1219534B1	公开(公告)号＝(EP1219534B1)	EP1219534B1	PN＝(EP1219534B1)

2.1.4 日本专利文献编号

2.1.4.1 日本专利文献种类

日本专利单行本种类繁多，为叙述简便，现将不同审批阶段出版的各种专利单行本介绍如下。

（1）发明专利单行本的演变。

①1971 年以前，日本发明专利单行本的产生和变更（见图 2 -1 -10）。

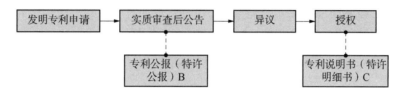

图 2 -1 -10 1971 年前日本发明专利单行本的演变

②1971 年之后，日本发明专利单行本的产生和变更（见图 2 -1 -11）。

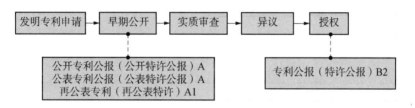

图 2 -1 -11 1971 年后日本发明专利单行本的演变

（2）实用新型专利单行本的产生及变更。

①1971 年以前，日本实用新型专利单行本的产生和变更（见图 2 -1 -12）。

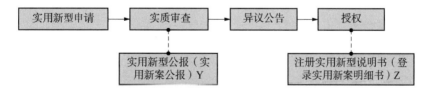

图 2 -1 -12 1971 年前日本实用新型专利单行本的演变

②1971 ~ 1993 年，日本实用新型专利单行本的产生和变更（见图 2 -1 -13）。

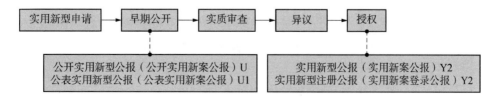

图 2 -1 -13 1971 ~ 1993 年日本实用新型专利单行本的演变

③1994 年，日本实用新型专利单行本的产生和变更（见图 2 – 1 – 14）。

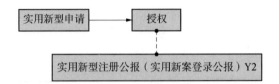

图 2 – 1 – 14　1994 年日本实用新型专利单行本的演变

（3）外观设计单行本（见图 2 – 1 – 15）。

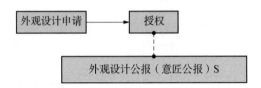

图 2 – 1 – 15　日本外观设计专利单行本的演变

2.1.4.2　日本专利文献类型标识（见表 2 – 1 – 34）

表 2 – 1 – 34　日本专利文献类型标识

文献种类	文献类型标识	性质	说明
公开专利公报 （公开特許公报）	A	未实审，未授权	—
公表专利公报 （公表特許公报）	A	未实审，未授权	以日本为指定国的国际申请说明书
再公表专利 （再公表特許）	A1	未实审，未授权	日本人通过 PCT 提交的国际申请在 WIPO 国际局公开后，再次在日本国内公开
专利公报 （特許公报）	B	经实审，未授权	—
专利公报 （特許公报）	B2	1996 年前：经实审，未授权 1996 年后：经实审，已授权	专利申请公告号 专利号
专利说明书 （特許明细书）	C	经实审，已授权	—

续表

文献种类	文献类型标识	性质	说明
公开实用新型公报 （公開実用案公報）	U	未实审，未授注册证书	—
公表实用新型公报 （公表実用案公報）	U1	未实审，未授注册证书	外国人 PCT 国际申请在 WIPO 国际局公开后，由日本译成日文在国内公开
实用新型公报 （実用案公報）	Y2	经实审，未授注册证书	注明实用新型申请公告号，1996 年结束
实用新型注册公报 （実用案登録公報）	Y2	经实审，未授注册证书	1996 年开始
注册实用新型公报 （登録実用案公報）	U	经形审，授注册证书	1994 年后，扉页上注明是否提出技术评价请求
实用新型公报 （実用案公報）	Y	经实审，未授注册证书	1971 年前
注册实用新型说明书 （登録実用案明細書）	Z	经实审，授注册证书	1905 ～ 1950 年
外观设计公报 （意匠公報）	S	注册	—

2.1.4.3　日本专利申请编号

（1）申请号格式。

3 种申请号均采用固定格式，按年编排。格式：种类 + 申请 + 年代 + 当年序号。其中，第 1 个字表示申请种类，特——专利，实——实用新型，意——外观设计。第 2 个字愿——申请。第 3 个字和破折号前的数字组合是表示申请年代，2000 年前申请年代用日本纪年，自 2000 年起申请年代改为公元年。日本纪年与公元年换算关系如表 2 – 1 – 35 所示。

表 2 – 1 – 35　日本纪年与公元年换算关系

日本纪年	公元年
明——明治年（代码 M）	明——明治年（代码 M）＋1867
大——大正年（代码 T）	大——大正年（代码 T）＋1911
昭——昭和年（代码 S）	昭——昭和年（代码 S）＋1925
平——平成年（代码 H）	平——平成年（代码 H）＋1988

（2）日本专利申请编号样例（见表 2 – 1 – 36）。

表 2 – 1 – 36　日本专利申请编号样例

类型	申请号格式	2000 年前	2000 年后
专利申请	类＋申请＋年代＋当年序号	特願平 11 – 377363	特願 2008 – 335863（P2008 – 335863）
实用新型申请		实願平 8 – 524	实願 2000 – 5（U2000 – 5）
外观设计申请		意願平 5 – 2365	意願 2004 – 5627（D2004 – 5627）

2.1.4.4　日本专利文献编号

（1）日本专利文献编号特点。

①公开、公告号与申请号一样，按年编排。固定格式：种类＋公布方式＋年代＋当年序号。其中，公布方式分别有：開——公开，表——再公开，公——公告。2000 年后，按公元年编排，字母 P 表示专利。

②国际申请日文译本（公表特許公報）的公开号每年从 500001 开始编排。

③日本国际申请的再公开（再公表特許）的再公开号沿用国际申请公开号。

④专利说明书（特許明細書）的专利号从 1 号开始按流水号顺排。1950 年以后停止出版这种专利单行本，但授予专利权时给予专利号，并继续沿此序列接排，直到 1996 年 5 月 29 日开始出版的专利公报（特許公报），专利号又从 2500001 开始顺排。

（2）日本实用新型文献编号特点。

①公开、公告号是按年编排，固定格式：种类＋公布方式＋年代＋当

年序号。种类中第 1 个字实——实用新型。

②国际申请日文译本（公表实用新案公报）公开号每年自 500001 开始编排。2000 年后按公元年编排，字母 U 表示实用新型。

③注册实用新型说明书的注册号从 1 号开始按流水号顺排。1950 年停止出版这种单行本，但授予注册证书时给予注册号，并继续沿此序列接排，直到 1994 年实用新型改以登记制，对于 1994 年 1 月 1 日以后提出的新申请，形式审查合格即授予注册证书，因而自 1994 年 7 月 26 日开始出版的注册实用新型公报，注册号另从 3000001 开始顺排。同时，对于 1994 年前的老申请继续按照早期公开延迟审查程序出版。由于取消公告程序，实审合格即授予注册证书，因而自 1996 年 6 月 5 日开始出版的实用新型注册公报，注册号从 2500001 开始顺排。由此，实用新型注册号分为 3 段。

（3）日本专利文献编号样例（见表 2 - 1 - 37 和表 2 - 1 - 38）。

表 2 - 1 - 37　日本发明专利文献编号样例

单行本名称	文献号		
	编号名称	2000 年以前	2000 年以后
公开专利公报 （公开特許公报 A）	专利申请公开号 （特許出願公开番号）	特開平 9 - 230957	特開 2000 - 123456 （P2000 - 123456A）
公表专利公报 （公表特許公报 A）	专利申请公表号 （特許出願公表番号）	特表平 9 - 500002	特表 2000 - 500002 （P2000 - 500002A）
再公表专利 （再公表特許 A1）	国际申请公布号 （國際公开番号）	WO98/23896	WO00/01406
专利公报 （特許公报 B2）	专利申请公告号 （特許出願公告番号）	特公平 8 - 34772 特公平 11 - 171834 （1996 年 3 月 29 日止）	无
专利公报 （特許公报 B2）	专利号 （特許番号）	第 2500001 ~ （1996 年 5 月 29 日起）	特許第 2996501 号 （P2996501）
专利说明书 （特許明細書 C， 1885 ~ 1950 年）	专利号 （特許番号）	1 - 216017，1950 年以后的专利号继续沿此序列接排。1996 年改法后从 2500001 号开始顺排	

表 2 - 1 - 38   日本实用新型文献编号样例

单行本名称	文献号		
	编号名称	2000 年以前	2000 年以后
实用新型公开公报 （公开实用新 案公报 U）	实用新型申请公开号 （実用新案出願 公開番号）	实開平 5 - 95359	実開 2000 - 1 （U2000 - 1A）
注册实用新型公报 （登録实用新 案公报 U）	实用新型注册号 （实用新案 登録番号）	第 3000001 号 ~ （1994 年 7 月 26 日起）	实用新案登録 第 3070139 号 （U3070139）3113678 （U3113678）
公表实用新型公报 （公表实用 新案公报 U1）	实用新型申请公表号 （实用新案出 願公表番号）	实表平 8 - 500003	无
实用新型公报 （实用新案公报 Y2）	实用新型申请公告号 （实用新案出 願公告番号）	1996 年 3 月 29 日为止 实公平 6 - 17908	无
实用新型注册公报 （实用新案登 録公报 Y2）	实用新型注册号 （实用新案登録番号）	1996 年 6 月 5 日开始 第 2500001 号 ~	实用新案登録 第 2602201 号 （U2602201U）
注册实用新型说明书 （登録实用新案 明细书 Z， 1905 ~ 1950 年）	实用新型注册号 （实用新案登録番号）	1 - 406203，1950 年以后的注册号继续 沿此序列编排。1994 年新申请的注册号 从 3000001 号开始，1994 年前旧申请的 注册号从 2500001 号开始	
外观设计公报 （意匠公报 S）	外观设计注册号 （意匠登録番号）	自 1 号开始顺排 登録意匠番号 1056878	

2.1.4.5　日本专利检索实例（见表 2-1-39）

表 2-1-39　日本专利检索实例

专利文献号	专利检索与服务系统 https://pss-system.cponline.cnipa.gov.cn/conventionalSearch	官网网址（日文版）http://www.ipdl.inpit.go.jp/Tokujitu/tjsogodb.ipdl?N0000=101	官网网址（英文版）http://www19.ipdl.inpit.go.jp/PA1/cgi-bin/PA1INDEX	欧洲专利局网站 http://worldwide.espacenet.com/	incoPat 科技 创新情报平台 https://www.incopat.com
发明专利申请号:特愿平 11-377363	申请号=（JP1999377363）申请号=（JP37736399）规则:JP+4 位公元年份+6 位顺序码（2000 年前）或:JP+6 位顺序码+2 位公元年份（2000 年前）	—	Application number:11-377363	JP1999377363 （JP+4 位公元年份+7 位顺序号）	AN=（JP11377363）规则:JP+2 位日本纪年年份+6 位顺序码（2000 年前）
发明专利申请号:特愿 2008-335863	申请号=（JP2008335863）	—	Application number:2008-335863	JP20080335863 （JP+4 位公元年份+7 位顺序号）	AN=（JP2008335863）规则:JP+4 位公元年份+6 位顺序码（2000 年后）
实愿平 8-524	申请号=（JPS2496）（JP+顺序号+2 位公元年份）	—	Application number:8-524	JP19960000524U （JP+4 位公元年份+7 位顺序号+类型码）	AN=（JP08000524U）规则:JP+2 位日本纪年年份+6 位顺序码+类型码（2000 年前）

续表

专利文献号	专利检索与服务系统 https://pss-system.cponline.cnipa.gov.cn/conventionalSearch	官网网址(日文版) http://www.ipdl.inpit.go.jp/Tokujitu/tjsogodb.ipdl? N0000 = 101	官网网址(英文版) http://www19.ipdl.inpit.go.jp/PA1/cgi-bin/PA1INDEX	欧洲专利局网站 http://worldwide.espacenet.com/	incoPat科技创新情报平台 https://www.incopat.com
实愿2000-5	申请号=(JP2000000005)(JP+4位公元年年份+6位顺序号)	—	Application number:2000-5	JP20000000005U (JP+4位公元年年份+7位顺序号+类型码)	AN=(JP20000000005U) 规则:JP+4位公元年年份+6位顺序码+类型码(2000年后)
意愿 2008-31336 D2008-31336	—	—	—	—	AN=(JPD2008031336)
发明专利公开号:特开平09-123456	JPH09123456A 平—平成年(代码H)	A,H09-123456 平—平成年(代码H)	—	JPH09123456A 平—平成年(代码H)	PN=(JP09123456A) 规则:JP+2位日本纪年年份+6位顺序码+类型码(2000年前)
发明专利公开号:特开2000-123456	JP2000123456A	A2000-123456	—	JP2000123456A 规则:JP+4位公元年年份+6位顺序码+类型码(2000年后)	PN=(JP2000123456A) 规则:JP+4位公元年年份+6位顺序码+类型码(2000年后)

续表

专利文献号	专利检索与服务系统 https://pss-system.cponline.cnipa.gov.cn/conventionalSearch	官网网址(日文版) http://www.ipdl.inpit.go.jp/Tokujitu/tjsogodb.ipdl? N0000 =101	官网网址(英文版) http://www19.ipdl.inpit.go.jp/PA1/cgi-bin/PA1INDEX	欧洲专利局网站 http://worldwide.espacenet.com/	incoPat 科技创新情报平台 https://www.incopat.com
发明公表:特表 09-500002	JPH09500002A 平—平成年(代码 H)	A, H09-500002 平—平成年(代码 H)	—	JPH09500002A 平—平成年(代码 H)	PN = (JP09500002A)
特表 2001-500002	JP2001500002A	A, 2001-500002	—	JP2001500002A	PN = (JP2001500002A)
WO00/01406	WO0001406A1	A1, 2000-001406	—	WO0001406A1	PN = (WO0001406A1)
WO98/02175	WO9802175A1	A1, 098-002175	—	WO9802175A1	PN = (WO9802175A1)
特公平 8-34772	JPH0834772B	B, H08-34772	—	JPH0834772B	PN = (JP08034772B)
特許 2500001	JP2500001B	B, 2500001	—	JP2500001B2	PN = (JP2500001B2)
实開平 5-95359	JPH0595359U	U, H05-95359	—	JPH0595359U	PN = (JP05095359U)

续表

专利文献号	专利检索与服务系统 https://pss-system.cponline.cnipa.gov.cn/conventionalSearch	官网网址（日文版）http://www.ipdl.inpit.go.jp/Tokujitu/tjsogodb.ipdl? N0000 =101	官网网址（英文版）http://www19.ipdl.inpit.go.jp/PA1/cgi-bin/PA1INDEX	欧洲专利局网站 http://worldwide.espacenet.com/	incoPat 科技创新情报平台 https://www.incopat.com
实用 2000-1（U2000-1A）	JP20000000001U（JP+4位公元年年份+6位顺序号）	U,2000-1	—	JP20001U	PN =（JP20001U）
实登 3000001	JP3000001U	U,3000001	—	JP3000001U	PN =（JP3000001U）
U3070139	JP3070139U	U,3070139	—	JP3070139U	PN =（JP3070139U）
实表平 8-500003	JPH08500003U	U,H08-500003	—	—	PN =（JP08500003U）
实公平 6-17908	JPH0617908Y	Y,H06-17908	—	—	PN =（JP0617908U）
实明 406203	—	Z,406203	—	—	—
意匠登錄 1371160（D1371160）	—	S,1371160	—	—	PN =（JPD1371160S）

2.2　专利文献分类体系

由于各国专利主管机构每年要受理大量的专利申请和出版大量的专利文献，为了管理和再次利用这些专利文献，需要制定一种专利文献的管理办法，即按规定的方案将文献进行归档，以后又可以采用一个合理的程序将它们查找出来，这一方案就是专利文献的分类系统。

对于发明专利和实用新型申请（包括发明专利单行本、发明人证书、实用新型单行本和实用新型证书等），大多数知识产权局采用国际专利分类，而一些国家也同时使用自己的专利分类系统，如美国使用美国专利分类系统（USPC）、日本使用日本专利分类系统（FI/FT－term）、欧洲使用欧洲专利分类系统（ECLA）等，且各局同时在其文献中标有各自的专利分类号。

对于工业产品外观设计申请，大多数知识产权局采用工业品外观设计国际分类（也称洛迦诺分类），一些专利主管机构则采用自己的外观设计分类，同时标注工业品外观设计国际分类，如日本、美国等局。

2.2.1　IPC 分类

2.2.1.1　概　　述

IPC（International Patent Classification）是根据 1971 年签订的《国际专利分类斯特拉斯堡协定》编制的，并于 1975 年 10 月 7 日生效，是目前国际通用的专利文献分类和检索工具。截至 2023 年，该协定已有 65 个成员国。1996 年 6 月 17 日，中国政府向世界知识产权组织递交加入书，1997 年 6 月 19 日中国成为该协定成员国。

2.2.1.2　历　　史

1954 年 12 月 19 日，欧洲理事会主要国家——法国、德国、英国、意大利、瑞士、荷兰、瑞典等签订了《关于发明专利国际分类法欧洲公约》，根据该公约制定了《发明的国际（欧洲）分类表》，并于 1968 年 9 月 1 日出版生效。1971 年 3 月 24 日《巴黎公约》联盟成员国在法国斯特拉斯堡召开全体会议，通过了《国际专利分类斯特拉斯堡协定》；而 1968 年 9 月 1 日出版的《发明的国际（欧洲）分类表》被认为是第一版国际专利分类表。

IPC 分类表从建立至 2006 年，国际专利分类表各版次使用时间为：

第 1 版：1968 年 9 月 1 日至 1974 年 6 月 30 日。

第 2 版：1974 年 7 月 1 日至 1979 年 12 月 31 日。

第 3 版：1980 年 1 月 1 日至 1984 年 12 月 31 日。

第 4 版：1985 年 1 月 1 日至 1989 年 12 月 31 日。

第 5 版：1990 年 1 月 1 日至 1994 年 12 月 31 日。

第 6 版：1995 年 1 月 1 日至 1999 年 12 月 31 日。

第 7 版：2000 年 1 月 1 日至 2005 年 12 月 31 日。

第 8 版：2006 年 1 月 1 日至 2010 年。

从 2010 年开始每年修订一次，新版本的生效日期均为 1 月 1 日。IPC 从设计和公布开始，已经发展了多年。最初，IPC 设计的目的是基于纸面信息处理的用途，如今为了在电子环境中更加高效、有效地使用 IPC 进行专利文献的分类和管理，修改 IPC 的分类结构和应用方法是十分有必要的。

出于这个原因，IPC 联盟的成员国在 1999 年推出了 IPC 的改革。改革于 1999 年启动，于 2005 年结束。改革的结果即为 2006 年发布至今的第 8 版 IPC，改革的主要结果如下。

①将 IPC 分为基本版和高级版，以供不同需求的人群使用。

②引入了不同的修订方法，基本版每 3 年修订一次，而高级版则随时保持更新。

③当 IPC 进行修订之后，专利文献都要根据 IPC 的基本版和高级版重新分类。

④利用额外的数据，如分类定义、化学结构公式、图形插图等对分类条目进行说明。

⑤分类和分类规则的一般原则，在适当的时候会重新考虑和修改。

2.2.1.3　分类号的编排

国际专利分类表由高至低依次排列分类号，设置的顺序是：部、分部、大类、小类、大组、小组。

（1）部。

国际专利分类表将专利文献根据所在的技术领域分为 8 个部，以大写字母 A ~ H 表示，分别为：

①A 人类生活必需。

②B 作业；运输。

③C 化学；冶金。

④D 纺织；造纸。

⑤E 固定建筑物。

⑥F 机械工程；照明；加热；武器；爆破。

⑦G 物理。

⑧H 电学。

（2）分部。

部内有由信息性标题构成的分部，分部有类名，没有类号。例如，A部（人类生活必需）包含以下分部：农业，食品和烟草，个人或家庭物品，医学，保健和娱乐。

（3）大类。

每个部分被细分成大类，它们是 IPC 的第二层级分类。每个大类的类号由部的类号及其后的两位数字组成。每个大类的类名表明该大类包括的内容，例如，H01 基本电气元件。某些大类带有一个索引，该索引只是对该大类内容的概括性描述。

（4）小类。

每个大类分为一个或者多个小类，是 IPC 的第三层级分类。小类的类号是由大类号加一个字母组成。例如，H01S 是利用受激发射的器件。

小类的类名尽可能确切地表明该小类的内容。大多数小类都有一个索引，该索引是对该小类内容的总括信息性概要。在小类中，大部分涉及共同技术主题的位置设置了指示该技术主题的导引标题。

（5）组。

每一个小类被细分成若干组，可以是大组（分类表的第四等级），也可以是小组（依赖于分类表大组等级的更低等级）。每个组的类号由小类类号加上用斜线分开的两个数组成。

①大组。每个大组的类号由小类类号、1 位到 3 位数字、斜线及 00 组成。人组类名在其小类范围内，确切限定了某一技术主题领域。大组的类号和类名在分类表中用黑体字印刷。例如，H04L 25/00 基带系统。

②小组。小组是大组的细分类。每个小组的类号由其小类类号、大组类号的 1 位到 3 位数字、斜线及除 00 以外的至少 2 位数字组成。任何斜线后面的第 3 位或随后数字应该理解为其前面数字的十进位细分数字。小组类名在其大组范围内，确切限定了某一技术主题领域。该类名前加一个或几个圆点指明该小组的等级位置，即指明每一个小组是其上面离它最近的又比它少一个圆点的小组的细分类。

H04L 25/30 ·非同步系统

H04L 25/32 ··以所用电码为特征的

H04L 25/34 ···应用 3 个或 3 个以上不同幅度的，例如电缆码

在解读时，小组类名必须依赖于其上位的小组类名，如 H04L 25/32 应解读为以所用电码为特征的非同步系统。

2.2.1.4 分类号的结构

（1）完整的分类号。

一个完整的分类号由代表部、大类、小类、大组或小组的类符号结合构成（见图 2 - 2 - 1），例如 H04L 25/00，H04L 25/32。

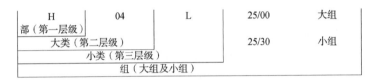

图 2 - 2 - 1 完整分类号

（2）分类表的层次结构。

国际专利分类表是一种等级分类系统。较低等级的内容是其所属较高等级内容的细分。

国际专利分类表按部、大类、小类、大组、小组由大到小的递降次序排列类目。但在小组间的等级结构是由各小组类名之前的圆点数来确定的，而不是根据小组的编号确定。根据此等级原则，小组的技术主题范围是由其前面级别比它高的组共同确定的。例如：

G01N 33/483 ··生物物质的物理分析

G01N 33/487 ···液态生物物质〔4〕

G01N 33/49 ····血液〔4〕

G01N 33/50 ··生物物质（例如血、尿）的化学分析

例子中，三点组 33/487 的等级高于四点组 33/49，而二点组 33/483 与 33/50 同级。

在分类表的设置中，为了避免小组类名的重复，圆点也用来替代那些等级直接比它高一级的组的类名。例如：

H01S 3/00 激光器

H01S 3/02 ·结构零部件

H01S 3/04 ··冷却装置

H01S 3/041 ···用于气体激光器的

H01S 3/042　··· 用于固体激光器的

（3）分类方法的演示。

为了方便使用专利分类，向各级分类标题添加了各类元素补充内容，以帮助专利分类的易用性。

（4）组的排序。

每个小类中的组被排列成一定的次序来辅助用户使用。对于较新的小类，其下级的大组按照从最复杂和高度专业化的主题到较简单和低专业化主题的原则排序，如果需要的话，剩余的组（如 99/00 不在本小类其他的大组包含的任何主题）被放在该小类分类的最后。

2.2.2　ECLA 分类

2.2.2.1　概　　述

欧洲专利局（EPO）内部用于检索的分类系统有：

①CPC（Cooperative Patent Classification）联合专利分类系统。

②ECLA（EPO Classification）分类系统，基于 IPC 分类系统下细分的系统。

③IdT（Indeling der Techniek）分类系统，即前荷兰专利局的分类系统。

④ICO 引得码（Indexing Codes）系统，仅用于计算机检索。

此节仅对 ECLA 进行着重介绍。

2.2.2.2　历　　史

欧洲专利局的 DG1 部，即第一管理总局，设在海牙和柏林，主要负责检索和文献工作。该局除保管系统检索文档之外，还对 EP 的公开文献进行正式分类，并履行 EPO 作为 PCT 国际检索单位的职能，对 WO 公开文献进行正式分类。除使用 IPC 进行分类之外，该局还使用一种以 IPC 为基础的、所谓欧洲专利分类法 ECLA 进行内部细分类，以适应不同技术领域的需求。新的专利文献在进入系统检索文档之前，要对它们进行内部分类。为了维护与提高检索文档的质量，分类审查员们不断调整与重组内部分类系统，以提高其使用效率。

1968 年以前，前国际专利研究所 IIB（Institut International des Brevets，后被 EPO 接收）采用荷兰专利局的 IdT 分类系统。IdT 分类系统主要是根据德国专利局的分类系统建立的。

1968 年 9 月 1 日，当 IPC 第 1 版生效后，IIB 决定将其检索文档的分类系统从 IdT 系统转入 IPC 系统之下继续细分，建立了 ECLA 系统。

由于 IdT 系统与 IPC 系统有很大的不同，为了保证检索文档的分类质量，EPO 决定在一定时间内，对不同的技术领域逐步关闭 IdT 系统。即逐步将 IdT 系统的文献按 ECLA 系统重新分类。从那时起，新专利文献就根据 ECLA 进行分类（除 IdT 未关闭部分的技术领域）。多年来，EPO 已组织审查员对大量的文献重新分类，或者在检索工作中逐步对文献重新分类，现 90% 以上的 IdT 文献都已经根据 ECLA 分类。从 1991 年起，全部新专利文献只根据 ECLA 系统分类（意味着 IdT 系统全部关闭）。

ECLA 是国际专利分类系统的延伸，其涵盖了 134000 个组，比 IPC 多了近 64000 个。所以这个系统更加精确，分类也更加均一、更加系统。

2013 年 1 月 1 日之后，EPO 将对其组织的专利文献使用联合专利分类（CPC）进行分类，以此替代 ECLA。ECLA 不再使用，而 IPC 将继续使用。

2.2.2.3　ECLA 分类号的结构

ECLA 的分类原则以国际专利分类（IPC）为基础，分类位置的编排设置与 IPC 基本相同，ECLA 的 8 个部与 IPC 一样，ECLA 的类名、类号、参见、附注、分类规则、分类方法等都可引用 IPC 的相关定义。例如：

①部：A

②大类：A47

③小类：A01L

④大组：A01L5/00

⑤小组：A01L5/04

EPO 根据分类经验认为，需要一个动态的分类体系，迅速与分类需求相适应。因此，ECLA 不断被修订，以适应作为高效检索工具的需要。ECLA 在以下两方面与 IPC 不同。首先，IPC 的分类条目较宽，因此在某些很活跃的技术领域中包含过多的文献，在这种情况下，要对 IPC 分类条目进一步细分。其次，对于那些对技术概念定义不清或定义过时、不适于有效检索的分类条目，须经调整后再使用或者完全不使用。

为了区分 ECLA 分类中 IPC 类型的组和内部扩展组，表 2-2-1 中采用了下述的符号结构，即 IPC 型的组保留其原来的 IPC 分类号，而扩展组（细分组）在其分类号后面加上字母数字序列来表示。

表 2-2-1 不仅体现了 IPC 与 ECLA 之间的区别，ECLA 分类号结构的限定也显而易见。

内部小组分类号在其 IPC 类型组的 IPC 分类号后面包含字母或字母一

数字系列；IPC 小组分类号不包含任何有关等级的信息，而只包含有关分类表中分类位置的信息。可是 ECLA 小组却在分类号结构中包含等级信息。

表 2 – 2 – 1　ECLA 分类

IPC	ECLA	
1/00IPC 大组	1/00	IPC 大组
	1/00B	·内部第一级小组
	1/00B2	··内部第二级小组
1/02 · IPC 第一级小组	1/02	· IPC 第一级小组
	1/02B	··内部第二级小组
1/04 ·· IPC 第二级小组	1/04	··内部第二级小组
	1/04B	···内部第三级小组
	1/04B2	····内部第四级小组
	1/04B2B	·····内部第五级小组
1/06 · IPC 第一级小组	1/06	· IPC 第一级小组

从字母向数字或数字向字母的变化，代表着向下进一步细分或进入另一个平级类别。

ECLA 中不再派生出新的大组；与 IPC 小组同级的 ECLA 小组，在分类表中总是置于这些 IPC 组的前面。

ECLA 分类表中，内部增设部分有一个更清楚的标志是使用方括号，其对 IPC 正文中增加的部分作出说明。

1/04 · IPC 小组的正文［N：内部增加的内容］

1/04B ··［N：内部小组的内容］

虽然 ECLA 是完全独立的分类工具，但仍注重 ECLA 与 IPC 之间的区别。为此，在 ECLA 中用适当的方式来表示上述特殊类型的 IPC 组。

通过导引标识［N：IPCn］加入各组的文字中，来表示在新版 IPC 已删除但仍在内部系统中使用的 IPC 类组。N 表示相应组在其中仍然有效的上个 IPC 版本。然而，对最新版本 IPC 则不用这种指示。将内部未被使用的 IPC 组用广义说明的方式列在有关小类类名后面，提示这些 IPC 组所包括的文献将由 EPO 进行内部分类。

2.2.3　FI/F – term 分类

首先，日本专利情报的首要特征是数据量大。从 1885 年至 2007 年，日本专利情报系统已经累积了 3500 万条记录，目前每年的申请量超过了

40 万件，涵盖所有的技术领域。其次，日本专利情报中具有大量独特的前沿技术。技术创新需要有效地检索、利用日本专利情报，同时，国际专利分类法 IPC 无法覆盖日本独特的前沿技术。

1984 年，日本特许厅（JPO）基于日本特有的技术经验，将 IPC 分类作进一步扩充，称为 FI（File Index）分类。此外，JPO 亦采用另一种分类符号，称为 F – term（File forming term），它是透过不同的技术观点，如目的、用途或是功能等方面，来给予专利文献 F – term 分类号，以提高专利检索的精确性与效率。

2.2.3.1　FI

FI 系统是基于 IPC 分类下的继续细分类系统，FI 系统共计有超过 19 万个细分类（其中包括 IPC 小组约 6.9 万个，在 IPC 下的内部细分类 12 万多个）。

FI 是对 IPC 的细分，用于日本特许厅内部系统 JPO 和 IPDL。它将 IPC 现行的 7 万个项目细化为 19 万个，并涵盖所有技术领域和所有专利文献。FI 一年更新两次以保持和技术发展的同步。FI 的编码组有如下几种模式：

①IPC 分类号，如 G01N33/02

②IPC 分类号 + 文件识别符，如 G01N 33/48 A

③IPC 分类号 + IPC 细分号，如 G01N 33/543 501

④IPC 分类号 + IPC 细分号 + 文档细分号，如 G01N 33/543 501A

文件识别符（file discrimination symbol）是由 JPO 对 IPC 或 IPC 细分类符号进一步细分的表示符号，由 1 位英文字母构成。

细分号是在 IPC 小组下的细分类，由 3 位数字组成。

IPC 细分类号和文件识别符并不是 FI 所必须包括的部分。其中，文件识别符采用罗马字母 A ~ Z 中除了 I、O 之外的任意一个。其中字母 Z 代表其他，用于表示那些不属于已出现的文件识别符表示的小组中的主题，或者涉及一个以上文件识别符表示的小组中的主题都分为识别符 Z 表示的小组。

在某些 FI 小类中，根据技术主题的不同技术特征设置了分类号，与该小类中的若干组联用，该类分类号称为方面分类号，它由 3 个英文字母组成，其中第 1 个字母与其适用的部的分类号一致。

G01N 是有关"借助于测定材料的化学或物理性质来测试或分析材料"的小类，在 FI 中指出了与 G01N30/00 至 G01N31/22 各组联用的方面分类号，包括：

①GAA 无机物质的检测

②GAB 有机物质的检测

③GAD　　·碳的

④GAE　　·氮的

⑤GAF　　··氨

⑥GAG　　··氧化氮

⑦GAH　　·硫黄的

⑧GAJ　　·氧、臭氧、过氧化物

⑨GAK　　·金属离子

⑩GAL　　·卤素

有些方面分类号可以适用于所有部，将这种分类号称为广泛方面分类号（broad - facet）。这种分类号以字母 Z 开头，例如：

①ZAA 超导性。

②ZAB 环境保护技术。

日本专利文献中的 FI 分类如图 2 - 2 - 2 所示。

(19)日本国特许厅（JP）	(12)公开特许公报（A）	(11)特许出顾公开番号 特开2007-94667 （P2007-94667A） (43)公开日 平成19年4月12日 (2007.4.12)

(51) Int.C1.			F1			テーマコード (参考)
GO6Q	40/00	(2006.01)	GO6F	17/60	234E	
GO6Q	50/00	(2006.01)	GO6F	17/60	118	

图 2 - 2 - 2　日本专利文献中的 FI 分类

FI 分类表中还提供了一些与部分 FI 分类号对应的附表，它们是与分类号最相关的专利文献的附表，以此来说明其技术内容的构成。通过查看这些附表，用户可以更直观地理解该分类号的技术主题。

2.2.3.2　F - term

F - term 是日本特许厅为计算机检索而设立的。F - term 借助特殊的技术术语，根据不同的技术主题，例如目的、用途、结构、材料、制造方法、使用或运行方法、控制装置等，在 IPC 和 FI 的基础上进行再分类或细分类，如表 2 - 2 - 2 所示。其目的是在专利审查过程中提高检索效率。

至今，F - term 已归类约有 2900 个技术主题范围。这些技术主题对应于 IPC 分类中相同的技术领域，并设置一个主题属于 F - term 的一个组，称为 F - term 主题表。

F - term 是从专利文献中取出有关的词语输入计算机系统中，检索时，再用 F – term 的检索词进行检索，得到命中的所需文献信息。

表 2 – 2 – 2　F – term 分类

4J004 主题：黏合带	（对应于 IPC C09J7/00 – 7/04 的范围）			
AA00 黏合成分	AA01 ·有不饱和 C＝C 黏合体 的化合物	AA02 ·共混 聚合物	AA03 ·聚合物	
AB00 黏合类型	AB01 ·压敏黏合	AB02 ·水溶黏合	AB03 ·热熔	
BB00 载体材料	BB01 ·纤维	BB02 ··纸	BB03 聚合物膜	
CC00 产品形状	CC01 ·绕带	CC02 ·黏合双层 涂带	CC03 ·薄片	CC04 ··多于 两层的
DD00 用途	DD01 ·保护表面	DD02 ·用于电方面 （胶布）	DD03 ·标牌	

2.2.4　USPC 分类

美国专利分类系统（USPC）始建于 1831 年。当年，美国首次颁布了专利分类法，其将不同的技术领域分成 16 个组，将所有的专利文献按 16 组分类，并在文献上标记分类号。直到 1837 年，美国才制定了新的分类表，设置 22 个大类。自 1969 年起，美国专利文献开始同时列出 USPC 及其相对应的 IPC 分类号。美国专利分类法是世界上建立最早、使用时间最长的分类法。目前，美国专利商标局已转用 CPC。

美国专利分类体系虽然较完整，类目详细，但十分复杂，为了便于准确地确定分类号，除分类表以外，美国专利商标局（USPTO）还编制了《专利分类表定义》《分类表索引》《分类表修正页》。

2.2.4.1　专利分类表

专利分类表的设置在实践中得到了不断的发展，形成按技术主题功能分类的分类系统。以前，美国曾经根据应用技术行业和设备的用途划分技术主题的分类位置，将一定技术领域的全部相关设备分类到一个合适的分类位置。一些最早的大类就基于这个原理；那些大类号一直沿用至今，例如养蜂业、屠宰业等。

随着技术的发展、技术内容的增加，美国的分类原则逐渐改为优先考虑"最接近的功能"的分类原则。"最接近的"表示基本的、直接的或必要的功能。因此"最接近的功能"意味着通过类似的自然法则，作用于类似的物质或物体，可以获得类似的效果的工艺方法、产品装置等集中在同一类目中。也就是说，这种分类原则不管被分类的对象的用法如何，只要能得到一个相似结果的装置或工艺过程，都分在同一类中。例如，将热交换装置设置成一个分类位置，牛奶冷却器、啤酒冷却器等都在这个类目中。在这个热交换技术范围内，再根据热交换的其他技术特征再进行进一步的细分类。在这样的功能分类位置中就可对该技术主题本身进行完整的检索。

目前的分类表有 450 个大类，设定大类序号从 002 至 987，其中有许多空缺号码。全部小类约 15 万个（可通过 http：//www. uspto. gov/web/patents/classification 获取全部分类信息及资料），是目前世界上较详细的分类系统之一。

分类系统共分两个等级：大类和小类。

1）大类

大类：将类似的技术范围设置成大类，有大类类名和类目。

（1）大类特性。

尽管各大类所包含的技术主题有所不同，但各大类仍然有一些共同的特性或属性。区别大类的唯一性特性如下。

①每个大类具有一个类名，用来描述在该大类分类的技术主题。

②每个大类有 1~3 个识别该大类的唯一字符标识符。植物大类的标识符为 PLT；发明专利分类的标识符为 1~3 位整数数字（如 002、714）；外观设计专利用后面缀有 1~2 位整数数字的 D 标识（如 D02、D13）。

③所有大类都用定义详细说明可以分为此大类的技术主题类型，每个大类定义必须包括：大类标识符和相应的大类类名；大类基本技术主题说明。

每一个大类定义可以包括以下内容。

①区别本大类与其他大类之间、本大类中的各小类之间技术主题的界限附注（line）。

②指明其他大类中的相似技术主题或其他相关信息的参见或大类检索附注（see or search class）。

③针对本大类中相似技术主题或其他相关信息的参见或本大类、小类检索附注（see or search this class，subclass）。

④对其他分类体系的参考（references to other classification systems）。

⑤专用于该大类技术领域的术语表（glossary）。

⑥表示或定义该大类中技术主题的图形或图示（drawings or figures）。

大类的互斥性是指大类的技术主题不能与其他大类的技术主题重叠。制定这个原则是为了保证可以使用 USPC 一致性地分类。但实际上新兴技术并不能准确分入某一个大类，所以可能同时创建一个以上的大类。

每个大类必须全部涵盖该大类所定义的技术主题。为了符合该条件，多数大类表设置了剩余小类，它包括不能分入该大类中任何其他小类的所有技术主题。该剩余小类一般的类名为"杂类"，并且通常出现在大类表的尾部。

（2）大类类型。

所有美国专利文献必须采用 USPC 来分类，因此，该体系中的各个大类包括了美国专利文献的全部种类。为了提高检索能力，USPC 创建了与各种类型的美国专利文献相应的大类类型。目前 USPC 中的大类类型如下：

①外观设计分类。依据美国法典第 35 卷第 171 部分（35U.S.C.171），外观设计专利所保护的是装饰性外观设计。外观设计专利可以通过其专利号识别，通常以"D"开始。目前 USPC 有 33 个外观设计大类。

②植物专利。依据美国法典第 35 卷第 161 部分（35U.S.C.161），植物专利所保护的是新的无性繁殖植物品种。USPC 只有一个以 PLT 标识的植物大类，所有植物专利在该大类中分类。植物专利是唯一用彩图发行的美国专利。

③发明分类。依据美国法典第 35 卷第 101 部分（35U.S.C.101），发明专利所保护的是新颖实用的方法、设备、加工制造或材料成分，以及发明主体新颖实用的改进。发明大类从 1 至 999 编号。目前，USPC 有约 400 个发明大类。一些发明大类只有单一范畴。例如，除组合物和化合物大类以外的物品制造、方法、制造物品的设备等范畴。而一些发明大类包括组合体类型的技术主题。例如，化合物分类也包括制造化合物的多种方法。

USPC 中有以下类型的发明大类：

①最接近功能的大类。这种发明大类试图从应用的宽泛区域为技术主题提供相似方式的操作。例如，一个黄油搅乳器和一个混合器（摇动而不是搅动）用"搅动"表达这两种功能并分类到大类 366（搅动）。

②产业大类。产业大类包括的所有技术主题可以在某产业中应用，如果这些技术主题不准备应用在该产业，则将分类在其他位置。例如，大类 128（外科手术）是产业分类，几乎包括与外科手术有关的所有发明；手术刀也可以分类到大类 30（刀剪），前提是它不应用于外科。有时，产业大类作为希望应用的大类来使用。

③交叉参考技术文献大类。交叉参考技术文献大类为检索提供了另外一种选择。一些交叉参考技术文献大类反映了 EPO 使用的欧洲专利分类系统（ECLA）。目前，所有交叉参考技术文献大类只用于授权专利。用于审查的专利申请一般不指定交叉参考技术文献大类。交叉参考技术文献大类不能指定为 OR 分类。

2）小类

小类：在大类下的继续细分，即根据不同的技术主题又划分成不同级别的小类，并以缩位点表示。在每一个大类中，小类的排列由大类表确定。在其下的任何小类的类目和定义进一步地被大类标题和定义所限定。

（1）小类特性。

与大类相同，小类及其技术主题类型也有其自身特征，也有可区别的特征。以下所列的是小类特性。

①所有小类都有指明小类技术主题类型的描述性类名。

②小类（不包括字母小类）和交叉参考技术文献小类用定义进一步限定所包含的技术主题（但外观设计大类中并非所有小类都有定义）。小类定义包括：类名和基本技术主题陈述。

小类定义可以包括以下内容：

①对其他大类的参见或大类检索附注。

②对该大类中其他小类的参见或本大类、小类检索附注。

③对其他分类体系的参考。

④术语表和附图说明。

所有小类都有缩排等级。缩排是为了说明从属情况的简写符号。一个小类的缩排等级用零个或多个圆点表示，并置于大类表中的小类类名之前。

没有圆点的缩排小类被称为二级小类。二级小类没有上位小类。二级小类直接隶属于大类并且继承了大类所有特征。二级小类类名的描述要包括该大类类名；二级小类定义包括其所属大类定义的所有限定。为了在大类表中易于识别，二级小类采用黑体大写字母。

类名前有一个圆点的小类为一个缩排级，称为三级缩排小类；类名前有两个圆点的小类为两个缩排级，称为四级小类；依此类推。

小类继承了其上位小类的所有特性。就是说对所有小类类名的描述包括其上位小类类名，对所有小类定义的描述包括其上位小类的定义。当各小类具有共同的上位类且彼此为同级缩排等级时，这些小类是同级的。

各同级小类完全涵盖了它们所限定的技术主题。这是指：在包括特殊技术主题的各同级小类中，第一个小类包含了具有特殊技术主题的所有文献。不具有特殊技术主题的文献将分类到其后的同级小类。也就是说，当文献被分类时，同级小类适用自上而下的优先规则。

（2）小类类型。

USPC 包含不同类型的小类。每种类型的小类各有其具体功能或包含具体类型文献。不同类型的小类能够改善专利文献的检索。小类的类型如下：

①主小类。所有类型的美国专利文献可以用主小类来分类。主小类既可以指定为强制性分类或非强制性分类，也可以指定为美国授权专利的 OR 分类。只有主小类和 E 小类这两个小类种类可以被指定为强制性分类。主小类可以是以下两种小类类型：

a. 数字型小类。数字型小类最多可以有 7 位数字标识符（包括小数点，如 123.456）。数字型小类有定义。

b. 字母小类。除了在数字标识符后有一或两个字母外（如 2R、23AB），字母小类与数字型小类相似。但是只有剩余字母小类（这些小类有字母标识符"R"）有定义。最初，字母小类是审查员创建并仅供个人使用的专利集合。后来，这些个人的专利集合提供给 USPC 作为"字母小类"。目前由于字母小类可以快速纳入 USPC 并为新兴技术提供分类位置，所以字母小类在成为正式分类前，可以用来作为临时小类。

②副小类。副小类既不能指定为美国授权专利的 OR 分类，也不能指定为 PGPub 文献的主分类，而只能指定为非强制性分类。有以下几种类型的副小类：

a. 交叉参考技术文献小类（cross-reference collections subclasses）。其是数字型小类，有数字标识符和定义。交叉参考技术文献小类的数字标识符通常为 900 以上，但也有 900 以下的情况。交叉参考技术文献小类是审查员建立的，主要用于放置不易于分入现行大类表中的技术文献。在离表末端不远的主小类之后，交叉参考技术文献小类出现在指示标头 cross-reference art collections 之下。

b. 别类（digests）。别类与交叉参考技术文献相似，但没有定义。别类小类的标识符以 Dig 开始，后面有 1 位到 3 位数字。别类位于表最后的指示标头 DIGESTS 下面。

c. 外国技术文献小类（foreign art collections subclasses），简称外国小类。外国小类的标识符为 FOR，后面有 3 位数字，如 FOR100。它只用于标识外国专利文献和选定的非专利文献。1995 年前，外国专利文献和选定的非专利文献与美国专利文献一起进行再分类；1995 年，为了节约成本，停止了对外国专利文献的再分类。

当小类被再分类项目废除时，为了保证外国专利和非专利文献的完整性，为外国专利和非专利文献建立相应于被废除旧小类的再分类小类。外国小类包括其以前主小类的定义，但没有"参见或大类检索"（see or search class）或"参见或本大类、小类检索"（see or search this class, subclass）的参考信息。但外国小类保留有数字附注，如附注等。为了保留其原始的缩排等级，外国小类中有非数字的缩排类名。在类名后面的括号中，有被废除的小类（这些外国小类就是来源于这些被废除的小类），例如 16/FOR102 BRUSHING OF LINING THIMBLES（16/2）。外国小类出现在大类表末尾（若有别类，则在别类之前），在指示标头"FOREIGN ARTCOLLECTIONS"之下。每个大类表都有专用外国小类 FOR000，这是为了便于计算机对外国文献进行分类。分入 FOR000 的文献视为分类在大类。

E – 小类是专用的交叉参考技术文献，与 ECLA 有一一对应关系。E – 小类除了用来协调 USPC 和 ECLA 外，也为检索具有 E – 小类的大类中的其他美国小类提供了另外一种选择。E – 小类依照大类表中主小类的分类位置进行分类。

E – 小类标识符以字母 E 开头，后面最多跟 5 位数字，其格式为 Enn. nnn。最初建立 E – 小类时，美国专利文献及与之相对应的以 ECLA 分类的外国文献都使用 E – 小类。后来 E – 小类中的新美国专利文献使用 USPTO 分类，新欧洲外国文献使用 EPO 分类。

如果小类类名有"JPO"后缀，则表示由 JPO 分类的外国文献定期更新该小类。nnn 与 JPO 后缀可以同时出现在一个 E – 小类类名之后。有时为了使 E – 小类内容更清晰并且更适合美国分类的实际情况，修改了相对应的 ECLA 的分类缩排等级的类名或 E – 小类顺序。每个 E – 小类都有定义指明其等级和其相对应的 ECLA 分类。一些 E – 小类（不是全部）有小类基本技术主题的描述。

美国分类号为"大类号/小类号"形式，例如：

大类 2 服饰。

……

二级小类 455 防护或保护。

三级小类 456·身体遮盖物。

……

三级小类 410·用于穿戴者头部。

四级小类 4··防虫的。

四级小类 5··消防队员头盔。

四级小类 6.1··飞行员头盔。

五级小类 6.2···有附件的物品。

五级小类 6.3···有眼罩的（例如护目镜、遮护物件等）。

六级小类 6.4····有多个护罩。

六级小类 6.5····有特殊护罩。

在大类 2 服饰下面的细分是小类，其中没有圆点的称为二级小类，如455；有一个圆点的称为三级小类；有两个圆点的称为四级小类，依此类推。

下位类从属于离它最近的上位类，下位类的含义要结合离它最近的上位类的类名来考虑。小类 6.2 从属于小类 6.1；而小类 6.1 从属于小类410；小类 410 又属于小类 455。如美国专利分类号 2/6.3 的完整含义应该是 2（大类）+455（二级小类）+410（三级小类）+6.1（四级小类）+6.3（五级小类）共五级组成，应理解的类名是：飞行员用的带有眼罩头盔的防护服。

2.2.4.2 专利分类表定义

美国《专利分类表定义》是对分类表的补充说明，详细描述其分类体系中所有大类及小类所包括的技术范围，并通过"附注"对用户指出相关的分类位置。

小类的分类定义必须以大类的定义根据。任何原始小类的分类定义都从属于它上一等级小类的分类定义。分类定义的作用与 IPC 中的各种参见、附注的作用近似，但分类定义更为全面。

例如，美国专利分类的 26 大类，其类名是：纺织品、织物的整理。其分类定义是：本类为纺织品纤维的处理及其后续，使其有良好的市场效果。由于在整理的过程中，皮毛修整与织物的表面纤维或纱线的处理，特别是绒毛纤维的处理类似，因此，皮毛修整设置在本大类的 15 小类及其下属小类中。另外，拉伸塑料薄膜的设备与纤维的拉伸设备在功能上是类似的，前者也被置于本大类的 54 小类及其下属小类中。然而，拉伸塑料薄膜的过程应分入 264 大类（塑料及非金属制品的成型及处理）。纺织品及纤维的漂白、染色、洗涤及化学处理过程分入 8 大类。染色及漂白、纺织品及纤维的水处理及化学处理和织物纤维的水处理设备分入 68 大类。

在许多分类定义中都设置有附注，这些附注一般通过解释词或举例来补充分类定义。

2.2.4.3　分类表索引

在进行美国专利分类号确定时，可以利用美国专利分类表进行。但是有以下两个问题比较突出。第一，美国专利分类表在大类的设置上比较凌乱，其表现形式就是相近的技术领域在美国专利分类表上往往并不相邻，如铸造是 154、金属热处理是 148、变形加工是 72，而钻削是 408，这种分类显然不太符合科技人员的习惯；第二，完全是功能分类，即科技人员在检索时必须克服从应用技术领域出发的习惯。因此，直接利用美国专利分类表确定其分类号往往比较困难，为了帮助用户尽快地查阅分类表，在分类表的相关位置准确地确定分类号，美国出版了《分类表索引》。该索引用词通俗，起到了辅助分类工具的作用。

分类表索引由大类表和分类索引组成。在索引的前部有一个按英文 26 个字母顺序排列的大类表，正文部分是分类索引。分类索引有 65000 多个按英文字母顺序排列的技术名词，在这些技术名词之下，将有关的类目列出。分类表索引只起引导作用，用户根据主题词尽快查到相关技术主题的分类位置，然后再查阅美国专利分类表，确定准确的分类号。索引将相关的技术主题类号归结在一起，以便用户了解相关技术主题的所有类号，便于选择。

《分类表的修正页》在一年中随时都可以公布，它是一个关于 US 分类系统修改变化的报告，其报告内容如下。

报告分类表的变化情况、修改的部分，如删除、转走的大类、小类，新建立的大类等；小类分类定义的变化，以支持大类、小类的变化所引起的分类位置的变化，如建立新的分类定义，或者对原有分类定义作进一步修改、补充、完善；告知删除小类的文献已经转入新建立的小类或已有的小类中，列出新建立的小类和 IPC 相关小类的对照表。

2.2.5 CPC分类

目前世界各国使用了多种专利分类体系，在各专利分类体系中，IPC被广泛使用，但其存在更新速度慢、单一分类号下文献量大的缺点。USP-TO所采用的USPC在设置上较为复杂。例如，相近的技术领域在美国专利分类表上往往不太相邻，并且完全采用功能分类，不易于推广。EPO提供的ECLA/ICO具有分类准确、更新及时的优点，但是全球专利数据中仅有部分的专利申请具有ECLA分类号。而FI/F-term作为日本特许厅所采用的分类体系，不仅能够体现发明点，同时也能够体现发明所包含的各种要素，但由于日文与英文之间的差异，使得其同样难以在全球范围内推广使用。

因此，无论是IPC，还是ECLA/ICO、USPC、FI/FT，这些专利分类体系各自都存在其局限性。而正因为如此，各国专利局一直在寻求一个全球性的专利分类体系来满足各种针对专利检索的需求。2013年1月1日，USPTO和EPO宣布，正式启用崭新的联合专利分类（CPC）用于专利文件的全球分类。

2.2.5.1 概 述

联合专利分类是EPO和USPTO共同开发形成的一套联合分类体系。该分类体系大部分以欧洲专利分类体系为基础，结合了美国专利分类实践，并可兼容现有的国际专利分类；其目标是为专利公开文献制定一个统一通用的分类体系。

2010年10月25日，USPTO局长Mr. David Kappos和EPO局长Beno.t Battistelli共同宣布有关EPO和USPTO共同开发CPC体系的联合声明。该体系为针对专利文献的全球分类体系（或称合作专利分类）。2012年10月1日，两局发行了CPC试用版，并于2013年1月1日正式启用，其中包括完整的CPC分类表、所有已经敲定的CPC定义以及CPC、IPC、ECLA/ICO的对照索引表。今后欧美两局所公布的专利文献将仅包含传统的IPC分类号和统一的CPC分类号。也就是说，CPC分类将分别代替原有的ECLA/ICO分类和USPC分类。其中，EPO已自2013年1月起取消其原先使用的专利文献分类号ECLA/ICO；USPTO则在2015年终止USPC的使用，在2013~2014年的过渡时期内，USPC和CPC同时并存。

2013年6月4日，EPO和中国国家知识产权局（SIPO）❶签署了一项

---

❶ 2018年，中国国家知识产权局缩写改为CNIPA。——编辑注

旨在加强双方在专利分类领域合作的谅解备忘录，在接受 EPO 的专门培训后，从 2014 年 1 月起，SIPO 将开始对其某些技术领域内新公开的发明专利申请进行 CPC 分类，并且力争于 2016 年 1 月起对其所有技术领域内新公开的发明专利申请进行 CPC 分类，相应的分类信息将与 EPO 共享。

2.2.5.2　CPC 的编排

CPC 的编排源于 ECLA 分类系统，其保留了 ECLA 的所有特性，如层次性、标题性、可扩展性。除了之前的 ECLA 组，CPC 架构还包括：EPO之前的所有 ICO 索引码；EPO 之前的大多数关键词，这些关键词在成为 CPC 分类号之前被转化为有效的 ELCA/ICO 分类号；一些源于 USPC 分类的更多入口，如商业方法的进一步细分和 USPC 分类里独有的类别和点组。

CPC 主要源自 ECLA/ICO，与 ECLA 类似，CPC 由主分类号和附加信息组成。其中主体部分采用了与 IPC 相同的分层结构，包括 5 个主要层级，从高到低分别是部、大类、小类、大组或小组。分类号命名规则是，部采用 A～H 和 Y 这 9 个字母表示；大类采用两位十进制数表示；小类采用 A～Z 中的任意一个字母表示；大组和小组中符号"/"前面的部分采用 1位以上的十进制数表示，"/"后面的部分采用 6 位以内的十进制序列表示。IPC 分类号使用的 WIPO 的 ST. 8 一致。此外，小组还可以进一步细分为 1 点组、2 点组等等，在分类表中小组的层级通过分类号和类名之间的点数来表示，点数越大层级越低。CPC 中附加信息的命名规则与主体部分有所区别，主要体现在引得码的大组采用以 2 开始的 4 位十进制来表示，因此又称为 2000 系列。CPC 在编码时还保留了原 ECLA 的层次结构，并将IPC、ECLA 和 ICO 三种架构汇总，且为 JPO 的 FI 分类预留了空间。

与 IPC 类似，在 CPC 分类表中，类名紧跟在类名对应的分类号之后，通常分类大组和小组之后的类名并不是对该组技术主题的完整解读，准确理解某个下位组的技术主题需要同时结合多层上位组的类名，直至其对应的小类。CPC 分类表中，有些类名用大括号 {} 表示，说明这些类名在原IPC 中不存在，或者是在 IPC 基础上新增加的内容。

CPC 目前有 A～H 和 Y 部，A～H 对应 IPC 的 8 个部；新增 Y 部，一部分对应新加入的技术领域，如 Y02 改善气候变化的技术、Y04 智能电网技术；还有一部分对应来自 USPC 的跨领域交叉索引（cross‑reference art collections）。

目前 CPC 包含约 26 万个分类号，远高于其他专利分类标准，如 IPC具有 6.9 万个分类号，ECLA 具有 14.5 万个分类号，USPC 具有 15 万个分类号。通过对 IPC 的细分，CPC 每个分类条目所涉及的技术主题更为精细，从而将有效提高专利文献的检索效率。此外，CPC 分类表每月修订 1 次，因此，对于一些技术发展迅速的领域，CPC 具有更强的适应性。

2.2.5.3 CPC 分类定义

CPC 分类表中也包含大多数小类具有的定义（definition）。定义涉及该小类所包含的技术主题的范围、与该小类的技术主题相关的其他分类号、该小类的特殊分类规则以及对该小类中技术术语特定含义的解释等。分类定义有助于增强用户对分类规则的理解，对分类的培训和控制质量十分有用。其中，与该小类的技术主题相关的其他分类号，即横向索引，有利于将检索范围从一个技术主题扩展到与其相关的其他技术主题。

2.2.6 外观设计专利分类体系

2.2.6.1 国际外观设计分类法

1968 年 10 月 8 日，在瑞士洛迦诺举行的巴黎公约成员国外交会上，通过了《建立工业品外观设计国际分类洛迦诺协定》（也称《洛迦诺协定》），从而建立了国际外观设计分类体系，制定了国际外观设计分类表（又称洛迦诺分类表）。该协定于 1971 年 4 月 27 日生效。

截至 2022 年，该协定有 62 个成员国，其中有 55 个国家正在实施国际外观设计分类法。我国于 1996 年 6 月 17 日申请加入《洛迦诺协定》，并于 1996 年 9 月 19 日正式批准加入《洛迦诺协定》，自外观设计专利制度建立之初便开始使用洛迦诺分类至今。

《洛迦诺协定》旨在对受《巴黎公约》保护成员的外观设计，在分类管理上进行统一的规范管理，以便于分类定题查找，更有效地利用外观设计专利文献，避免在国际交换外观设计文献时，因各国分类体系不同而带来重新分类的问题。因此，根据《洛迦诺协定》，要求各缔约国的工业产权局在其所公布的外观设计保存或注册的官方文件上以及在正式公布这些文件时，在有关刊物上标明国际外观设计分类号。

《洛迦诺协定》建立了一个专门联盟（洛迦诺联盟），由加入该协定的所有国家组成。该联盟还组成专家委员会，由专家委员会定期修订国际外观设计分类表。

国际外观设计分类表以英文和法文两种文本出版，两种文本具有同样的权威性，根据《洛迦诺协定》规定，分类表的正式版本还可以用其他文种出版。如中文版的外观设计分类表，现在使用的是第 13 版，并已于

2021 年 1 月 1 日生效。

洛迦诺分类表的编排结构采用两级分类制，即由大类和小类组成。用阿拉伯数字按顺序编排，并有英文版产品系列号及法文版产品系列号。

第 13 版外观设计分类表由 32 个大类，每一个大类分成若干个小类。

例如：17 类乐器。大类号：17 类。大类类名：乐器。

例如：17 - 03 弦乐器。小类号：17 - 03。小类类名：弦乐器。

"洋琴"的产品系列号：D0356，英文版产品系列号；T0462，法文版产品系列号。

洛迦诺分类号的表示方法是用符号"Cl."表示，例如 Cl. 01—02；也可以用缩写符号"LOC"（Locarno 洛迦诺）表示，并用圆括号内的阿拉伯数字表示分类号所在的版次，例如 LOC（9）Cl. 08 - 05。

分类号的表示形式是：大类号、小类号、英文版产品系列号。

例如："汽车"的分类号是 12—08—A0224。其中：12 表示大类号，类名是运输或提升工具；08 表示小类号，类名是汽车、公共汽车和货车；A0224 表示在此小类下的英文版产品系列号，类名是汽车。

目前，各国在外观设计专利文献上的标示略有区别。例如，中国、法国、捷克、挪威、日本、美国只用大类号和小类号表示，汽车的分类号只用 12 - 08 表示。但有的则在大类号和小类号后面跟上一个英文版产品系列号的一个英文字母（12 - 08A），例如澳大利亚。

2.2.6.2　欧洲外观设计分类法

对于任何一件注册式共同体外观设计的申请和注册，强制性的部分是为外观设计所使用或组合的产品定名（清晰地指明产品的自然属性，且每一项产品应属于同一类别）。必要时，这些信息交由位于卢森堡公国的欧盟翻译中心进行翻译。欧盟知识产权局（EUIPO）需等待大约 2 个月的时间收到翻译，这与外观设计注册程序相冲突，因为外观设计注册程序必须快捷，以尽早提供有效保护。为了缓解这一问题，EUIPO 使用一种被命名为欧洲洛迦诺分类（EUROLOCARNO）的产品术语表。

欧洲洛迦诺分类实际上是 EUIPO 的一个外观设计分类数据库。它在洛迦诺分类的基础上形成，不改变其分类结构，只是扩展了洛迦诺分类表中的产品名称（共 32 个大类，88000 个术语）。因此，该数据库实际上是洛迦诺分类的一个附加产品术语表，但有时稍有区别。

例如，洛迦诺分类"03—04 扇子"下的产品只有 1 项：个人使用的扇子。欧洲洛迦诺分类下有两项产品：手扇，个人使用的扇子。而且在数据库中，每种产品共有22种语言的术语表（见表2-2-3）。

表2-2-3 "个人使用的扇子"术语表

序号	语言	产品指示
1	Bulgarian	Ветрила
2	Spanish	Abanicos
3	Czech	Vějíře kosobnímu použití
4	Danish	Vifter til personlig brug
5	German	Fächer
6	Estonian	Lehvikud isiklikuks kasutamiseks
7	Greek	Βεντάλιεζ（ριπι′δια）
8	English	Fans for personal use
9	French	Éventails
10	Italian	Ventagli
11	Latvian	Personīgāslietošanas vēdekļi
12	Lithuanian	Asmeninio naudojimo Asmeninės vėduoklės
13	Hungarian	Legyező k személyes használatra
14	Maltese	Fannijiet għall - użu personali
15	Dutch	Waaiers
16	Polish	Wentylatory do osobistego uėytku
17	Portuguese	Leques
18	Romanian	Evantaie de uz personal
19	Slovak	Vejáre pre osobné použitie
20	Slovene	Ventilatorji za osebno uporabo
21	Finnish	Viuhkat henkilökäyttöön
22	Swedish	Solfjädrar

申请人在递交申请时可使用这一术语表，指出产品所属类目，以避免翻译时间的延误。

2.2.6.3 美国外观设计专利分类法

1842年，美国通过一项对工业品外观设计保护的专利法案，成为专利法的一个组成部分。并在每周公布的公报上公告授权的外观设计专利，也记录在光盘载体中供用户查阅。其中的著录项目有涉及主题的分类号。在1997年5月6日之前，美国只采用本国的外观设计分类号（US. C1）表示，在此之后，其既采用US. C1，又采用洛迦诺分类号。

USPTO对外观设计专利申请要进行形式审查和实质审查。如外观设计的产品具有装饰性、新颖性和非显而易见性，根据美国专利法的规定，授予外观设计专利。因此，为了向审查员提供一个有效的外观设计专利文献

的检索手段，科学地管理大量的外观设计专利文献而制定的外观设计分类
法显得尤为重要。

美国为了鼓励发展装饰艺术，专利法规定，可获专利权的外观设计必
须具有装饰性、具有该物品或其构成部分的外观设计的功能性。外观设计
分类法正是基于这种功能性的内容分类，或对外观设计的用途进行分类。
将具有相同功能的外观设计主题分在同一个类目里，以便从这一类目中检
索到相关主题的外观设计专利文献。

例如，座椅的外观设计专利文献分在大类 D6（家具）中，而具有相
同功能的外观设计需要进一步根据其特殊的功能特征，如有特色的装饰性
外观或表面形状等，进行不断细分。

美国外观设计分类表根据不同的主题分成 33 个大类。33 个主题的大
类的排列顺序与洛迦诺分类法类似，下面列举几个大类号及类名的排
列表。

D1：食用的产品

D2：服装和服饰用品

D3：旅行用品，个人物品和贮藏箱或携带物品

D4：刷子

D5：纺织品或纸按码出售的织物；片材类

D6：家具

每一个大类分成若干个小类，以便对外观设计的特定类型进行有效的
检索。因此，小类的主题范围从属于特定的功能性、特殊的功能特征或有
特色装饰性的外观和形状。

例如，大类 D6 的主题类名是家具，又根据不同家具的类型分成许多
小类，如座椅、桌子、贮藏柜、家具的部件及元件等。若同一个小类里有
许多文献，必须将此小类进一步地分类成下属的或叫缩格位的小类，以便
有效地检索到特定类型的外观设计文献。

在大类 D6 家具中，有关座椅的外观设计专利文献量大，为了便于检
索，设置了单独的小类，把座椅的一些不同特征分成不同缩格位的小
类，如：

大类 D6　家具

334·座椅

335·被结合或可变换的

336···有工作面或贮藏单元的

337····有复数面的座位

338····在座位的前面有定位的工作面的

339·····青少年用的高椅

340·····可叉开腿坐的

341·····有不对称的附件，例如陪艺术衬物等

342·····在前面有附件的座椅

343····有服饰物支撑件的，例如衣物架

344··可旋转或可摇动的

345···模拟的

346···有复数面的座位

347···悬挂的

348···接触地板的弧形转轮

从上述分类位置可以看出，从属小类包含大量外观设计文献类，这个主题的小类可再进一步细分成另外的从属小类。例如 D6/344 旋转或摇动的座椅分类已经被展开成几个从属小类，根据功能性类型，装饰性外观或形状，可分成小类 D6/345 到 D6/348。再如：

大类 D26　照明

1·光源

2·电灯泡

3··荧光的

4··仿真的

5···蜡烛或火焰

6·蜡烛

7··仿真的

8·火炬

9·蜡烛座

10·与各种物品结合的

在分类表中设置的附注也是用来澄清、阐明每一个大类的技术主题所包含的范围。附注编排在每一个大类的前面，当分类或检索时，必须考虑附注的内容。

例如，大类 D10 包含了测量、测试或信号仪器，设置了钟的位置。然而 D10 的附注指出与收音机或电视机结合的钟的外观设计专利应分类在 D14，包含在录音、通信或信息再现仪器的大类中。附注进一步指出与标

示或显示设备结合的外观设计专利应分入 D20 销售和广告设备的大类中。

2.2.6.4　日本外观设计专利分类法

日本外观设计分类法专门对日本的外观设计（意匠）进行分类，并标注在所公布的外观设计的文献上。日本 1998 年 4 月开始启用洛迦诺分类法，将洛迦诺分类号标注在外观设计文献上，同时本国的分类法仍然沿用。介绍意匠分类法的目的是在读者使用日本老文献时有所帮助。

日本外观设计分类表主要的设置思想是根据物品的用途分类，必要时考虑产品的功能特征，若再继续细分时，则根据产品的外形进行分类。

分类表的编排结构依次是部、大类、小类、外形分类，共 4 级。

（1）部：以物品的用途进行分类，共分成 13 个大部，以英文字母 A～N 表示，每一个字母代表部。例如：

A 部：制造食品及嗜好品

B 部：衣服及随身用品

C 部：生活用品

D 部：住宅设备用品

E 部：趣味娱乐用品及体育比赛用品

F 部：事务用品及销售用品

G 部：运输及搬运机械

H 部：电气、电子元件及通信机械器具

J 部：一般机械器具

K 部：产业用机械器具

L 部：土木建筑用品

M 部：不属 A～L 部的其他基础产品

N 部：不属于其他部的物品

（2）大类：在部的类名下，按物品的用途主题范围划分大类，如下例中的 A1 大类。

（3）小类：在大类类名下，按物品的用途主题范围划分小类，例如 A1～15。

（4）外形分类：在小类下面的继续细分，根据物品外形进行分类。不同于从部到小类按物品用途主题分类。

附注：为了明确分类表中的分类范围，在分类的每个分类类目中加了"附注"，对分类类目的解释、运用；对分类类目特定用词的说明；与其他类类目的界限，解释其他分类项目的注意事项；分类时考虑的分类规则；

分类时的优先规则；分类的其他注意事项，等等。例如，A 部的分类表的设置为大类 A1 加工的食品及嗜好品（见表 2-2-4）。

表 2-2-4　对各种材料加工的食品和嗜好品的分类

分类号	分类类名	此分类里所含物品名称
A1-00	加工的食品及嗜好品	—
A1-100	加工的食品	固体咖喱，固体汤
A1-111	加工畜产品	火腿，香肠，熏肉，咸肉
A1-111A	有形加工	—
A1-12	乳制品	奶油，奶酪
A1-12A	有形加工	—
A1-130	加工水产品	鱼糕，海带，海苔等
A1-130A	有形加工	—
A1-140	加工农作物	豆腐，魔芋等
A1-140A	有形加工	—
A1-1410	加工谷物	饺子，章鱼丸子，包子等
A1-1410A	有形加工	—
……	……	……

2.3　专利文献衍生信息

2.3.1　专利族

相同的发明在不同的国家多次申请或公开，并且要求相同的优先权，这些专利属于一个专利族。这些同族专利具有相同的优先权号码和优先权日期。

同族专利的概念首次出现在 1883 年的《巴黎公约》中。但是直到 1947 年国际专利学会（IIB）在海牙成立，才实现使用自动化系统检索的同族专利。此后，专利检索随着计算机和通信技术的迅速发展而发展。

依据《巴黎公约》中专利文献和其优先权之间的关系，专利族有多种定义形式。一项发明在多个国家申请，会产生差异：在各国的专利申请可能会引用不同的优先权，各国的专利局在审查过程中也可能会接受或拒绝不同的专利权利要求，这些导致了一项发明在各国会获得不同的保护范围。

2.3.1.1　专利族概念

这种具有共同优先权的、在不同国家或国际专利组织多次申请、多次公布或批准的内容相同或基本相同的一组专利文献称作同族专利（patent family），将同族专利中的每件专利文献称作同族专利成员（patent family members）。通常人们在习惯上也把同族专利成员简称为"同族专利"。

在图 2 - 3 - 1 中，专利 CN102826765A 为基本专利，其他 2 件专利以它为优先权，三者互为同族专利。这 3 件专利形成一个专利族。

序号	国家 ↑	公开(公告)号	公开(公告)日	申请号	申请日	优先权
1	中国	CN102826765A	20121219	CN201210305653.1	20120824	
2	世界知识产权	WO2014029147A1	20140227	WOCN12081315	20120913	CN201210305653
3	美国	US20140057044A1	20140227	US13699074	20120913	CN201210305653

图 2 - 3 - 1　同族专利样例

2.3.1.2　专利族的类型

根据 WIPO《工业产权信息与文献手册》中的有关定义，同族专利一般分为以下几种类型。

（1）简单同族专利（simple patent family）：指一组同族专利中的所有专利都以共同的一个或共同的几个专利为优先权。

在表 2 - 3 - 1 中，专利文献 D2 和 D3 属于同一简单同族专利族，专利文献 D1、D4、D5 因无共同的一个或共同的几个优先权，所以不属于同一简单同族专利族。

表 2 - 3 - 1　简单同族专利

专利文献	优先权		
专利文献 D1	优先权 P1	—	—
专利文献 D2	优先权 P1	优先权 P2	—
专利文献 D3	优先权 P1	优先权 P2	—
专利文献 D4	—	优先权 P2	优先权 P3
专利文献 D5	—	—	优先权 P3

（2）复杂同族专利（complex patent family）：指一组同族专利中的专利至少共同具有一个专利申请为优先权，即每个专利都有一个或一个以上的优先权，但不管是一个，还是多个，它们中至少一个优先权是共同的。

在表 2 - 3 - 1 中，专利文献 D1、D2 和 D3 属于专利族 P1，专利文献 D2、D3 和 D4 属于专利族 P2，专利文献 D4 和 D5 属于专利族 P3。

（3）扩展同族专利（extended patent family）：指一组同族专利中的每个专利与该组中至少一个其他专利共同具有一个专利申请为优先权，即每个专利都有一个或一个以上的优先权，但不管是一个，还是多个，每两个专利之间至少有一个优先权是共同的。

在表 2-3-1 中，专利文献 D1、D2、D3、D4 和 D5 均属于同一扩展同族专利族。

（4）国内同族专利（nAtionAl patent family）：指由于增补、后续、部分后续、分案申请等原因产生的由一个国家出版的一组专利文献，但不包括同一专利申请在不同审批阶段出版的专利文献。

在表 2-3-2 中专利 CN1836239B 为母案申请，专利 CN102768786A、CN101414391B 和 CN101414392B 为分案申请，它们组成一个国内专利同族。

表 2-3-2　国内同族专利

公开号	申请号	公开日	申请日
CN1836239B	CN200480006587	20100728	20040310
CN102768786A	CN201210246799	20121107	20040310
CN101414391B	CN200810172551	20101124	20040310
CN101414392B	CN200810172552	20101013	20040310

（5）内部专利族（domestic patent family）：指一个专利机构在不同审批程序中对同一原始申请出版的一组专利文献。

表 2-3-3 中的专利为 EPO 就申请号 EP12151581 出版的一组内部专利族，其中文献类型 A1 为附检索报告的申请说明书、B1 为专利说明书、B9 为修改的专利说明书。

表 2-3-3　内部专利族

公开号	申请号	公开日	申请日
EP2618381A1	EP12151581	20130724	20120118
EP2618381B1	EP12151581	20140319	20120118
EP2618381B9	EP12151581	20140604	20120118

（6）仿同族专利（artificial patent family），也叫智能同族专利、技术性同族专利或人为（人工）同族专利。如表 2-3-4 所示，即内容基本相同，但并非以共同的一个或几个专利申请为优先权，而是通过智能调查归

类组成的一组由不同国家出版的专利文献，即根据文献的技术内容进行审核，发现这些专利申请的内容基本相同，人为地把它们确定为一种同族专利，但实际上在这些专利文献之间没有任何优先权联系。

表 2 - 3 - 4 仿同族专利

公开号	优先权	申请号	公开日	申请日
EP599824B1	NL8901402A NL9000338A	EP94200239	20011219	19900529
US6289308B1	US09521052 US08488536 US08173850 US07997158 US07532462	US09521052	20010911	20000308

专利 EP599824B1 的优先权为 NL8901402A 和 NL9000338A，专利 US6289308B1 的优先权为 US09521052、US08488536、US08173850、US07997158 和 US07532462，二者之间没有优先权联系，但是二者的发明内容均为立体声的编码和解码系统，因此它们为仿同族专利。

2.3.1.3 同族专利的特点

同族专利就相同发明使用相同或不同文种向不同国家或组织多次申请、多次公开，因此在专利检索中巧妙利用同族专利能起到事半功倍的效果。通过检索同族专利可以了解申请人的专利布局及专利法律状态，跟踪研发动态，利于企业制定知识产权战略。

专利审查员审查专利时可通过同族专利检索来利用其他专利机构审查相同发明主题时的检索报告或检索结果，共享审查结果提高工作效率。

2.3.2 专利引文

专利引文概念最早出现于美国，可追溯至 20 世纪 40 年代。1949 年，A. H. Seidel 首次系统地提出专利引文分析的概念，他指出专利引文是后继专利基于相似的科学观点而对先前专利的引证，同时还提出高频被引专利其技术相对重要性的设想，但是该概念在当时没有引起足够的重视。20 世纪 50 年代中期至 20 世纪 60 年代初期，美国科学情报研究所 ISI（现为科睿唯安）的创始人 Eugene Garfield 深入研究机器生成索引，并于 1966 年建立起世界上第一个专利引文索引——Patent Citation Indexing（现发展为德温特专利引文索引，Derwent Patent Citation Index）。20 世纪 90 年代末以后，随着计算机技术、网络技术的迅速发展以及美国等主要国家专利数据库的不断建立和完善，专利引文分析方法才真正发展起来。

2.3.2.1 专利引文的概念

专利引文是指在专利文件中列出的与本专利申请相关的其他文献，分为专利文献和非专利文献。专利文献包括按照法定程序公布的专利申请文件和公告的专利授权文件，如发明专利、实用新型专利、外观设计专利、植物专利、发明人证书、实用证书、增补专利证书、增补发明人证书、增补实用证书；非专利文献包括图书、多卷书、丛书、学位论文、科技报告、连续出版物中发表的文献、论文集、会议录、报告文集、非专利电子文献、技术标准、协议、报道专利信息的二次文献（包括专利信息机构编辑出版的专利题录、专利文摘及专利索引）等。

2.3.2.2 专利引文的种类

专利中包含两种不同参考文献：一种是由专利申请人撰写专利说明书时，为了说明其发明创造的现有技术背景而给出的专利、非专利参考文献，这些参考文献位于说明书正文中；另一种是指在专利审查过程中，专利审查员引证一篇或几篇专利文献，或其他描述了与被审查的专利申请相似或相近的技术解决方案的文献，以便说明现有技术，通常这些参考文献信息处于专利审查员所做的检索报告或专利说明书的扉页中。

然而，并非所有国家的专利局将引证文献印刷在专利文献中，WIPO 工业产权信息与文献标准之《ST. 14 在专利文献中列入引证参考文献的建议》旨在将这一做法推而广之，对专利文献中参考文献出现的最佳位置及其表示方法提出标准化的相关建议，建议如下：

①在专利申请和授权专利中列入检索过程或审查程序中引证的所有相关的参考文献。

②使用 INID 代码（56）标识参考文献，即"引证的参考文献清单"。

③"引证的参考文献清单"位于专利说明书的扉页或专利说明书所附的检索报告中。

④"引证的参考文献清单"中的文献应按照适合用户需求的顺序排列，例如：（a）国家专利文献；（b）国外专利文献；（c）其他非专利文献。然而在检索报告中，文献可按其相关度的顺序排列。

⑤对于专利文献而言，任何引证的文献应按列出顺序，对下列要素进行标识：（a）出版文献的国家或组织双字母代码；（b）公布的文献号（日

本专利文献中天皇纪年必须位于文献流水号之前)；（c）文献种类代码，如果文献中没有标出，如可能，按照此标准给予标识；（d）专利权人或申请人的姓名或名称；（e）引证专利文献的公布日期；（f）如果可能，相关章节的页码、栏、行或段落号，或附图中的相关图形。如：JP 10 - 105775A（NCR INTERNATI - ONAL INC.）24 April 1998，paragraphs [0026] to [0030]。

⑥对于非专利文献而言，基本要素包括：（a）作者姓名；（b）专题文章的题目；（c）版本号；（d）出版地及出版者名称；（e）出版年；（f）刊号，如ISBN 2 - 7654 - 0537 - 9；（g）页码、栏、行或相关章节的段落号或附图的相关图形。例如：WALTON，Herrmann. 微波量子论．伦敦. Sweet and Maxwell，1973 年，第2 卷，ISBN 5 - 1234 - 5678 - 9，第138 页至第192 页，特别是第146 页至第148 页。

图2 - 3 - 2 为美国专利 US7691961B2 说明书扉页中的专利引文，按照本国专利、外国专利和其他出版物的顺序排列。

(56) **References Cited**

U.S. PATENT DOCUMENTS

2004/0063900	A1*	4/2004	Kaneshiro et al.	528/353
2004/0087757	A1*	5/2004	Nishimura et al.	528/353
2004/0097694	A1*	5/2004	Fujihara et al.	528/335

FOREIGN PATENT DOCUMENTS

JP	62-41024	A	2/1987
JP	10-219007	A	8/1998
JP	2000-208564	A	7/2000
JP	2003-165850	A	6/2003
JP	2004-338160	A	12/2004

OTHER PUBLICATIONS

English translation of the international preliminary report on patentability for PCT/JP2005/004282 mailed on Sep. 28,2006.

International Search Report of PCT/JP2005/004282, date of mailing Jul. 5, 2005.

* cited by examiner

Primary Examiner—James Seidleck
Assistant Examiner—Gregory Listvoyb

图2 - 3 - 2 专利 US7691961B2 说明书扉页中的专利引文

第3章　专利信息利用

3.1　专利信息检索概论

专利信息检索就是根据一项或者数项特征，从大量的专利文献或者专利数据库中挑选符合某一特定要求的文献或者信息的过程。

专利信息检索使企业明晰世界专利动态、避免重复开发与资金浪费，对企业而言功劳甚大。由于全球各国专利众多，且具有优先权的特征，任何人都不能保证自己的想法是独一无二的。某人想到的技术很有可能也是别人所想的，或者是别人所保护的专利。所以任何个人或企业在申请专利前都应该认真检索，确认自己的想法是否已经被别人实现，是否该项技术已经出现在世界专利检索数据库中，而自己不知道。根据不完全统计，我国大中型企业每年启动的近万个技术课题中，有2/3是重复研究。所以，专利检索对于企业的成长与生产力的减少起着至关重要的作用。

专利检索作为企业与专利检索人员之间的桥梁，为推动专利转化作出了巨大贡献。专利检索人员可以通过各种方式进行专利检索，如号码检索、关键词检索、法律状态检索、引证检索等。

1）号码检索

如果检索人员知道某件专利的专利号，或者申请号等号码信息，想要得到更多的专利信息时，可以通过号码检索。

例如，检索人员从某些途径了解到山东九阳小家电有限公司对"易清洗多功能豆浆机"进行了专利保护，专利申请号为CN200410036418.4，在检索系统中输入专利申请号进行检索，就可以进一步了解到该专利的其他信息，比如，该专利已被转让、被宣告无效以及同族专利等情况。

再如，当检索人员得到大量的专利号、申请号或者优先权号等信息，想关注所有专利全文或者其他信息时，可以将这些号码格式统一成检索系统所需要的格式，进行专利的号码批量检索。

2）关键词检索

例如，在企业研发立项前，想了解关于豆浆机的所有专利技术，可以利用关键词进行专利检索。如在标题摘要中输入"豆浆机"或"soybean milk machine"进行检索，将得到一些专利信息，通过阅读相关技术，可以不断扩充检索词汇到检索策略中，提高检索策略的可靠性和准确性。

　　3）法律状态检索

　　例如，检索人员关心豆浆机领域哪些专利进行了诉讼、哪些专利经历过无效宣告请求、哪些专利有过质押或者转让等，可以通过专利法律状态检索，在法律检索中选择检索窗口。如关于豆浆机技术领域的专利诉讼情况，可选择专利诉讼检索，在标题输入栏中输入"豆浆机"，就会看到近些年豆浆机领域有哪些专利进行了专利诉讼，如图 3 – 1 – 1、图 3 – 1 – 2 所示。

图 3 – 1 – 1　专利诉讼检索

图 3 – 1 – 2　专利诉讼信息

　　4）引证检索

　　当检索人员了解到一项专利技术，想进一步了解该项技术的演化过程，或改进工艺，可以通过引证检索获得重要的技术信息。

　　同样以豆浆机为例，山东九阳小家电有限公司于 2004 年通过专利 CN1268263C（见图 3 - 1 - 3），获得了"易清洗多功能豆浆机"的专利保护权利。该专利公开了一种易清洗多功能豆浆机的结构，这种结构解决了现有家用豆浆机过滤网比较难清洗，尤其是煮浆时更难清洗的技术难题。

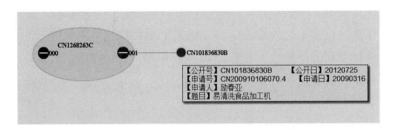

图 3 - 1 - 3　专利 CN1268263C 引证检索信息

　　通过引证信息检索分析发现，专利 CN101836830B（发明名称为"易清洗食品加工机"）在山东九阳小家电有限公司所公开的专利基础上进行了改进，使得豆浆机清洗起来变得更加容易。专利 CN1268263C 申请文件中公开了一种易清洗多功能豆浆机，包括有下开口敞开的导流器，在导流器上设置有导流孔，刀片设置于导流器中，利用刀片的调整旋转，搅动物料与水在导流器内形成紊流，经与刀片接触粉碎之后的物料会顺着导流孔迅速回到桶底，再重复上述过程，循环得到细腻的浆体。这种无网的豆浆机，因为没有细密的网罩体，导流器容易清洗，但是由于导流器下端开口，刀片也只能直接接触物料的一部分，桶底部分的物料无法直接接触，只能依靠刀片的调整旋转使物料与水形成紊流，在向心力的作用下，将刀片接触不到的物料部分随浆流提升至刀片位置处。由于导流器的内径上下一致，不能与刀片直接接触的物料完全是依靠刀片旋转速度形成的紊流来提升直到与刀片接触。相对来说，物料不能得到充分的粉碎，尤其是在远离刀片的桶底角落处；同时，这种豆浆机的导流器大致为一圆桶状，只能整个旋卡在机头上，这种需要在机头上开出连续整圈的槽体，会降低机头的整体强度；另外，这种导流器为方便拆装还需要设置一个把手，增加了加工的难度，无形中使制造成本增加。专利 CN101836830B 克服了上述技术方案中的不足，在导流器上安装了两片或者两片以上的合片，这些合片朝杯底方向延伸且朝中心方向收拢。这样的技术改进使得豆浆机加工简单、安装方便、加工成本相对较低，更重要的是，克服了豆浆机不易清洗的缺点，合片有助于粉碎料在导流器内形成更为有效而强劲的紊流，增强粉碎效果。

可见，检索人员通过引证信息检索分析，就很容易找出相似的技术或者某项技术的发展历程。类似专利技术的发掘，有利于研发人员充分借鉴学习，更好地保护专利。著名的办公系统开发商微软公司曾经引用 Copy-Tele 公司的两件专利，在该公司两件专利的基础上进行技术革新和专利申请。而日前，CopyTele 公司就这两件专利对微软公司提出了诉讼。图 3 - 1 - 4 列出了其中一件专利的引证关系。

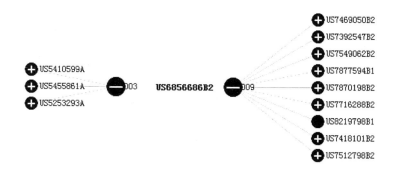

图 3 - 1 - 4　专利 US6856686B2 的引证关系

CopyTele 公司总裁兼首席执行官罗伯特·伯尔曼在一份声明中称："我们在专利诉讼看到了大量潜在的宝藏，微软 Skype 就是一个典型案例。"他还说："我们会继续挖掘自有专利的潜力，同时从第三方收购额外专利组合。在这种情况下，我们会发起更多的专利侵权诉讼，从而获取大量收入。"可见，引证检索在专利挖掘和保护中起到了举足轻重的作用。

3.1.1　专利信息检索的概念

专利信息检索的目的是获得相关技术的目标文献集合，该集合既包含相关技术的相关文献，也包含相关噪声文献。专利检索是在检索的全面性和准确性的基础上，找出更多的相关技术文献，为专利分析做准备。

近年来，我国的专利申请量和授权量都大幅度持续增长。随着每年专利申请及受理量的大幅度攀升，专利检索在研发创新中发挥着尤为重要的作用。

专利检索从字面上理解，是对有关专利信息的查找。实际上，专利检索往往不仅对专利信息进行查找，还包括期刊上的文章和技术标准等。例如，专利审查员对一件专利申请进行实质审查时，就要对专利信息和非专利信息进行检索。如果检索到一篇与该发明专利申请技术主题相同的非专利文献，并且这篇非专利文献在发明专利申请前就已经发表了，那么这篇非专利文献同样可以破坏该发明专利申请的新颖性或者创造性。

在专利检索之前，先要明确检索条件，即哪些信息是需要的信息。例如，找出包含某些特定技术词汇的文献，找出某个作者发表的专利申请信息，找出某个作者发表的文章等。这些技术词汇、公司名称和作者姓名，就是检索条件。仅仅明确了检索条件还不够，还要知道应该使用哪些检索系统，并掌握一定的检索方法，这样才能真正高效、准确地找出需要的信息。

综上可知，专利检索实质上就是根据一项或者数项检索条件，选取合适的检索系统，采用适当的检索方法，从大量的专利和非专利信息中挑选出符合这些条件要求的信息的过程。

3.1.2　专利信息检索的意义

专利文献是丰富的知识宝库，是集技术、经济、法律三位于一体的信息载体，几乎覆盖所有的技术领域，全世界 90% 以上的新的技术信息最早是在专利文献中得到反映。在国际技术竞争日趋激烈、科技发展日新月异的今天，各个国家都认识到知识产权信息在企业技术进步、生产经营活动中的重要性。充分、有效地利用知识产权信息已经成为企业谋求技术竞争优势、加速科技发展的重要技术手段。越来越多的国家和企业都在不断加强对知识产权的保护和重视。

据世界知识产权组织（WIPO）有关统计显示：如果企业在研发的各个环节充分发挥专利文献的运用能力，将能节约 40% 的科研经费和 60% 的研发时间。随着专利数量的逐年加大，为获取目标专利开展的专利信息挖掘、分析的难度也越来越大，专利检索的查全率和查准率也很难实现合理平衡。

开展专利信息检索和分析的研究成为知识产权管理部门和研发人员的研究重点之一。此外，研发人员或者检索人员可以通过检索结果了解最新的研发动态、竞争对手最新的研发成果和放弃的创新技术。不仅如此，研发人员或者检索人员可以通过专利信息检索了解重要专利授权与否、有无转让、质押等信息。因为某些专利法律状态的异动背后可能隐藏着巨大的商机或者垄断的市场。因此，对于企业研发创新来说，检索起着举足轻重的作用。

3.2　专利检索类型

专利信息检索作为支持企业决策、进行技术信息分析的有效途径，在推动科技创新，避免重复研发，减少人力、物力、财力投入等方面起到了至关重要的作用。

从专利检索的类型来看，专利信息检索大致可以分为查新检索、专利性检索、防侵权检索、技术主题检索和法律状态检索。根据企业创新研发的不同需要，可以选择不同的检索方式。

3.2.1　查新检索

随着我国科技事业的发展，专利申请数量不断增长，专利申请质量不断提升，查新检索也逐步扩大，从成果鉴定、技术引进、新产品开发到科研立项等，为科研管理部门决策提供了参考性的文献信息依据，特别是在科研立项查新中，避免了重复研发，缩短了科研时间，发挥了重要的作用，受到了科研管理部门的高度重视。

专利文献是世界上最主要的科技信息资源。目前，全球专利文献已经累计公开超过一亿多件。充分合理地利用专利信息资源，在研究课题立项时，可以全面了解特定技术的现有技术水平，选择高起点以及新的科研领域，避免重复劳动和投入，节省时间和科研经费；在研制过程中，了解项目的国内外技术发展概况、发展水平以及解决问题的各种方案，有利于研发技术人员拓展研发思路，启发创造性的思维，提高研发成果的技术含量。因此，专利查新有助于提高研发质量，加强知识产权保护，加速研发成果转化与推广运用。

专利查新检索是为了判断一项发明创造是否具备新颖性和创造性而进行的检索，目的是通过从现有技术文献中查找出与发明创造最相关的对比文献，并按照新颖性和创造性的判断标准对发明创造进行判断，进而得出查新结论。专利查新检索常用于专利申请前或者技术贸易中的技术评价，以及立项前研发是否具有获得知识产权保护的前景预测。

新颖性检索是指为确定专利申请发明创造是否具有新颖性，从发明创造的主题对包括专利文献在内的全球范围内的各种公开出版物进行检索，其目的是找出可进行新颖性对比的文献。

创造性检索指的是为确定专利申请发明创造是否具有创造性，从发明创造的主题对包括专利文献在内的全球范围内的各种公开出版物进行检索，其目的是找出可进行创造性对比的文献。创造性检索是在新颖性检索的基础上进行的，只有当新颖性检索中未发现破坏新颖性的文献时，才继续进行创造性检索。将几篇最接近的对比文件结合起来进行创造性对比。

查新检索的检索范围为国内外各种公开的出版物，检索结果要求精准。在检索系统的选择上，一般各个国家的知识产权局以及一些国际专利组织都提供免费的检索系统。例如，中国国家知识产权局、美国专利商标局、欧洲专利局、日本特许厅、韩国知识产权局以及世界知识产权组织等网站都提供有检索系统。除了这些国家和地区的专利部门提供的检索系统外，还有一些大的数据库服务商也提供各自的检索系统。为了保证专利文献的查全率和查准率，查新人员应该优先选择专业集成度高的专利检索系统进行专利检索。

目前专利查新检索一般步骤为：

①在全球范围内检索所有公开出版物，通过阅读专利标题、摘要，确定与检索主题的相关程度，找到接近发明创造的技术文献。对于密切相关的专利文献，要阅读专利全文。

②经过筛选后的对比文献，与进行查新的技术点进行对比分析。确定对比文献是否可以影响到查新技术的新颖性；若不影响新颖性，则要对查新技术的创造性进行检索。

对于专利查新的检索结果分析，对比文献的相关度，可以参考世界知识产权组织和欧洲专利局的检索报告以及国家知识产权局的专业人员出具的检索报告。文献对比分析部分可以借鉴专利对比文献相关度的表示符号：X——单独影响权利要求新颖性的文件；Y——与检索报告中其他 Y 类文件组合影响权利要求创造性的文件；A——背景技术文件，即反映权利要求的部分技术特征或者现有技术一部分的文件；E——单独影响权利要求新颖性的抵触申请文件。

以"膜生物反应器处理厕所污水"进行专利查新检索案例说明。检索系统为 IncoPat 科技创新情报平台。

一个企业长期从事于环境保护、废物处理方面的产品和技术研究，现需要进行专利查新的技术点为：一种将膜生物反应器技术应用到厕所污水的处理中。具体操作步骤如下。

通过 IPC 分类号的查询如图 3 - 2 - 1 所示，可以获得关于水处理的分类号为 C02F，所要查新检索的技术主题是膜生物水处理，其涉及好氧和厌氧等多种处理形式，因此无法确定分到哪个小组中，此时可以选择分类号加关键词进行组配检索。

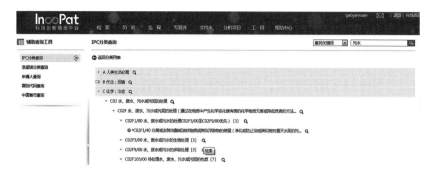

图 3 – 2 – 1　IPC 分类号查询

通过前期收集，收集到的检索关键词为：膜生物反应器、厕所、粪便、排泄物、尿、高浓度有机废水。

检索式为 tiab =（膜生物反应器 or 厕所 or 粪便 or 排泄物 or 尿 or 高浓度有机废水）and IPC =（C02F＊）。检查结果如图 3 – 2 – 2 所示。

图 3 – 2 – 2　检索结果

经过阅读专利，找出相关度较高的 3 篇专利文献如表 3 – 2 – 1 所示。

表 3 – 2 – 1　相关度较高的 3 篇专利文献

申请号	标题
CN200520073100.3	一体式多功能膜生物反应器
CN200520087691.X	两段式动态膜生物反应器
CN200810172420.2	一种好氧颗粒污泥膜生物反应器系统

通过阅读以上 3 篇专利文献可以看出，这些专利重点描述了膜生物反应器的处理工艺流程，而这种工艺流程可以应用到污水处理中。此外，还有一个需要解决的问题是：人类粪尿污水是通过什么工艺处理的？通过阅读检索结果中的权利要求和摘要可以看出，文献中的报道是多样性的，有的采用厌氧发酵技术生产沼气，有的采用生物氧化处理或者回收，也有用粪尿分离后分别处理等方式。可以看出，膜生物反应器处理厕所污水已有专利文献报道，但是膜生物反应器技术在该领域的应用报道较少。

根据上述专利文献分析结果表明，可以建议研发人员在该领域进行更加细微的技术点查新，在此查新结果基础上，可以进行针对性的技术创新研究。

3.2.2 防侵权检索

3.2.2.1 防侵权检索概述

随着全球经济快速发展，我国生产力和消费水平不断攀升，我国已然成为全球位居前列的经济体，在进出口贸易中，我国日益扮演着举足轻重的角色，随之而来的技术法规、技术标准和合格评定成为影响我国对外技术贸易的壁垒。

发达国家把专利技术作为产业化标准，通过技术法规引用标准具有的强制效力，从而形成技术贸易壁垒，对我国技术产品进行技术封锁。我国出口产品进入欧美市场等发达国家，一旦侵权成立，将面临巨额赔款或贸易禁令。一些企业对防侵权不够重视，遇到专利侵权和专利纠纷后无法临时应对。例如，近年来，美国频频利用"337 调查"指控我国企业侵犯美国企业的知识产权；又如比较熟知的 DVD 专利许可、温州打火机 Cr 法案等。与此同时，随着知识产权制度的发展，近年来企业遭遇的国内专利侵权纠纷也呈现明显上升趋势。据不完全统计，截至 2014 年 2 月，中国专利民事诉讼中，专利侵权案件接近 2 万件，从诉讼金额来看，专利侵权案件的涉案金额从 1 元到上亿元不等。从 20 世纪 90 年代以来，有据可查的诉讼金额超过 20 亿元人民币。

企业对可能遭遇的专利侵权纠纷在产品上市前进行专利检索、分析和评价，构建预警系统，进行预控研究，对企业的知识产权管理实践具有现实指导意义。国家专利行政部门对于侵权事件也作出了相关的规定，要求产品出口前，应调查出口地的知识产权法律、政策及其执行情况，了解行业相关诉讼，分析可能涉及的他人知识产权，制定风险分析报告。在一些发达国家，产品出口前，都会进行相应技术的防止侵权检索。

防侵权检索是指为了避免发生专利纠纷而主动对某一新技术、新产品进行专利检索，其目的是找出可能受到其侵害的专利。不仅可以及时了解未来市场的潜在风险，还能在发生侵权诉讼时，降低赔偿额度。由此，防侵权检索在产品出口、企业决策等方面起着不可估量的作用。

3.2.2.2　防侵权检索实务

1）检索文献类型

从检索文献类型来看，防止侵权检索的文献类型包括世界各国和知识产权组织的发明专利、实用新型或外观设计专利。就检索工具的出版形式而言，包括各知识产权组织和各国专利局定期出版的专利公报和索引、各知识产权组织和各国专利局定期出版的专利公报和索引、各知识产权组织和各国专利局网站的数据库、商业化综合性专利数据库（包括光盘版、网络版和联机版）。外观设计专利没有专利的综合性专利索引工具，主要依靠世界各国专利局建立的本国互联网数据库和出版的外观设计公报。

2）检索结果表达

防止侵权检索在检索文献中找出与检索技术主题密切相关的专利文献，列出其专利文献基本信息，主要包括：标题、摘要、申请号、专利号、公开日、专利权人以及保护期限。

3）侵权判定

从侵权判定方面来说，防侵权检索是将侵权产品或者技术要点（方案）与检索到的风险专利进行分析对比。根据发明专利、实用新型专利以及外观设计专利侵权判定原则，对可能存在的专利侵权风险进行提示。对于产品确定可能侵权的专利文献，需要进一步对专利文献法律状态进行检索。防侵权检索是指在一项新的工业生产活动（新产品的生产、销售、新技术的应用等）开始之前，为防止该项新的生产活动侵犯别人的专利权，以免发生专利纠纷而进行的专利信息检索。在产品上市或出口前，企业需要查找目标市场存在的潜在侵权风险，并分析这些专利的侵权状况，对高风险专利提出规避策略。

4）侵权判定原则

专利侵权判定的基本原则如下。

（1）全面覆盖原则（见图 3 - 2 - 3）。

①如果被控侵权物包含了专利权利要求中记载的全部必要技术特征，则被控侵权物落入专利权的保护范围，构成相同侵权。

②即使被控侵权物的技术特征多于独立权利要求的必要技术特征，无论其技术效果如何，也构成相同侵权。

③如果被控侵权物的技术特征少于独立权利要求记载的必要技术特征，则不构成侵权。

④权利要求中记载的必要技术特征采用上位概念，被控侵权物的技术特征采用相应的下位概念，则被控侵权物落入专利权的保护范围，构成相同侵权。

	技术特征	技术特征	技术特征	技术特征	技术特征	是否侵权
权利要求	A	B	C	D	—	—
产品1	A	B	C	D	—	侵权
产品2	A	B	C	D1	—	侵权
产品3	A	B	C	D	E	侵权
产品4	A	B	C	—	—	不侵权
产品5	A	B	C	F	—	不侵权
产品6	A	B	C	E	F	不侵权

图 3 - 2 - 3　全面覆盖原则

（2）等同原则。

被控侵权物中有一个或一个以上技术特征与专利权利要求记载的技术特征字面不同但相等同的，则被控侵权物落入专利权的保护范围，构成等同侵权。

与权利要求记载的技术特征相等同的特征，是指以基本相同的手段，实现基本相同的功能，达到基本相同的效果，并且所属领域的技术人员在侵权行为发生时，通过阅读说明书、附图和权利要求书，无须经过创造性劳动就能够联想到的特征。但需要注意的是：

①适用等同原则应当仅就被控侵权物的技术特征与权利要求记载的相应技术特征是否等同进行判定，而不对被控侵权物与专利技术方案的整体是否等同进行判定。

②适用等同原则判断等同侵权的时间界限应以侵权行为发生日为准，而不是以专利申请日或者专利公开日为准。

（3）禁止反悔原则。

在专利审批或无效宣告的程序中，专利权人通过对权利要求、说明书的修改或者意见陈述而放弃的技术方案，在专利侵权诉讼中，应当禁止专利权人又将其重新纳入专利权的保护范围。

5）防侵权检索基本思路

（1）最大范围内的技术主题检索。

①检索出该技术主题所有相关的专利（以查全为准）。

②主要的检索方法有：主题词/分类号、专利相关人（申请人/发明人）、日期、特定专利号码检索等。

（2）权利要求对比上的人工筛查。

按照新颖性和创造性判断标准，找出相似或者相近的专利。

（3）对高关联专利进行侵权分析。

①对于有侵权风险的专利要进行同族专利检索，以便找出相似或者相近专利的同族专利。

②在此基础上进行法律状态检索，确定相似或者相近专利及其同族专利的法律状态。

③通过引证检索，扩展检索范围，明确专利的法律状态。

（4）侵权分析。

对于法律状态目前处于有效状态的高风险专利进行侵权分析。

（5）给出专利申请方案。

3.2.2.3　防侵权检索案例

图 3 - 2 - 4　产品结构

案例一：水杯防侵权检索。

背景：一厂商欲将一款形状新颖的水杯出口到美国，欲在出口前针对目标出口国进行专利防侵权检索和调查。该产品结构如图 3 - 2 - 4 所示。

（1）进行产品和方案描述。

该产品的特点是杯子分为杯体和盖子，吸管由内而外穿过杯盖并绕在杯体上，这样可以防止过凉或过热的水直接吸入口中。

（2）确定检索要素及其表达。

①英文检索要素：drinking container, container, Cup, Straw, lid, cover,…

②分类号：国际专利分类号为 A47G 19/22。

③重要专利权人：Tupperware, Nalgene,…

（3）填写检索要素表（见表3-2-2）。

表3-2-2 检索要素

发明主题特征		改进技术特征		
杯子		杯盖	吸管	缠绕
英文关键词	drinking container, container, cup...	lid, cover...	straw	enlace, wind, inlace...
IPC 分类号	A47G 19/22, A45F 3/16, B65D 85/816...		A47G 21/18	

（4）选取数据库，确定检索策略。

在选择检索系统/数据库时，主要考虑下述几个方面：待检索的技术方案所涉及的技术领域；预计要检索文献的国别和年代；检索时拟采用的特定字段和需要检索系统提供的特定功能等。

①数据库。

●德温特世界专利检索数据库（DWPI）。

●IncoPat 科技创新情报平台。

●中国专利文献检索系统（CPRS）。

●国家知识产权局、欧洲专利局、美国专利商标局网站。

●TotalPatent 全球专利数据库。

……

②检索策略。

●根据找出的关键词、分类号、重要专利权人等构建检索策略。

●针对不同的数据库写出相应的检索式。

●根据检索结果优化检索式。

（5）构建检索式。

①分步骤将检索要素表中列出的检索要素表达成基本检索式（见图3-2-5）。

●相同检索要素的不同表达之间为逻辑"或"关系。

●不同检索要素之间为逻辑"与"关系。

将涉及检索要素1的分类号和关键词的两种检索结果以逻辑"或"的关系合并，作为针对检索要素1的检索结果。

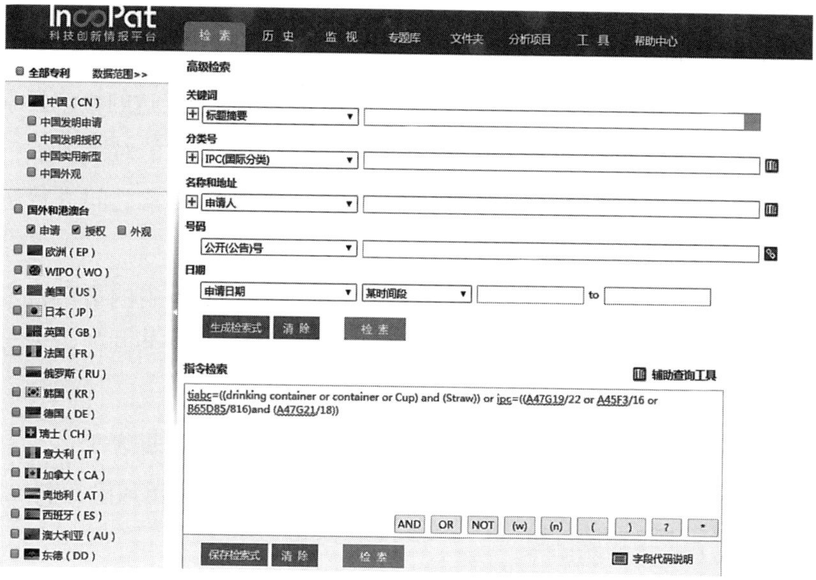

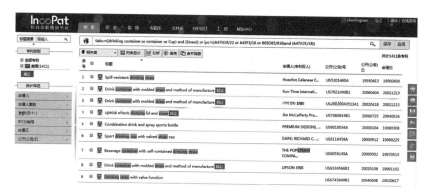

图 3 - 2 - 5　检索式

将涉及检索要素 2 的分类号和关键词的两种检索结果以逻辑"或"的关系合并，作为针对检索要素 2 的检索结果。

将涉及检索要素 3 的分类号和关键词的两种检索结果以逻辑"或"的关系合并，作为针对检索要素 3 的检索结果。

……

然后将上述针对检索要素 1、2、3、4、5……的检索结果以逻辑"与"的关系合并，作为检索结果（见图 3 - 2 - 6）。

图 3 - 2 - 6　检索结果

②根据检索结果评估和调整检索策略。

●根据结果浏览评估检索结果。

●构建补充检索策略。

③检索规则。

●用有 IPC 分类号表达的检索要素和没有 IPC 分类号表达的检索要素进行所有检索要素之间的逻辑运算，看是否能够找到符合要求的对比文件。

●将所有没有 IPC 分类号而仅用主题词表达的检索要素之间进行逻辑运算，看是否能够找到符合要求的对比文件。

●如果没有找到符合要求的对比文件，则可以从要素表的最后检索要素依次递减，进行逻辑运算，直到找到解决相同技术问题的其他技术方案对比文件再停止检索。

（6）筛选专利文献，整理检索结果，进行侵权评价（见表 3 - 2 - 3）。

①将在多个库中检索到的专利文献进行手工筛选，找出风险专利。

②汇总并整理检索结果。

③根据风险专利提出相关对策或建议。

……

案例二：Kiffy 单车防侵权检索。

（1）产品方案及构造描述。

Kiffy 单车是一种非常适合上班族的通勤单车，除了配有舒适自如的双前轮和置物架，其最大亮点便是车子前半部分可以分离出来，变身为一个随行拖车，在购物、运输重物过程中轻松方便而且不占地方，设计十分讨巧。一家生产 Kiffy 单车的国外企业欲在中国销售该款产品，因此提前进行专利防侵权检索和分析。该单车的结构如图 3 - 2 - 7 所示。

图 3 - 2 - 7 Kiffy 单车结构

（2）确定检索要素及其表达。

①检索要素：单车、车子、三轮车、可拆卸、可折叠、可转化、自行车。

②分类号：国际专利分类号为 B32K/04。

表 3 - 2 - 3 案例一专利侵权风险检索结果及判断

公开(公布)号	独立权利要求	侵权分析	结论	主要附图
US7367469B2/ 有效	A combination drink container and straw ,comprising; a container having a sidewall and a connected flat bottom forming an open top chamber; a groove formed in the center of the exterior of the bottom of the container, and extending between two separated points on the connection between the sidewall and the flat bottom; and a straw having a first end extending into and terminating in the chamber of the container, a second end extending and terminating exteriorly of the chamber so that liquid in the chamber may be sipped through the straw, the straw between the first and second ends extending through the groove on the exterior of the chamber, and a least a section of the straw extending in a loop spaced outwardly from the exterior of the sidewall between the first and second ends.	该产品覆盖该权利要求的全部技术特征,属于相同侵权的情形	高风险	

续表

公开(公布)号	独立权利要求	侵权分析	结论	主要附图
US6336566B1/ 无效	A combination drinking container and straw comprising: a blow – molded container having a wall enclosing a chamber, a bottom, an open top, a parting line, and a groove molded into the container wall; and a straw disposed in the groove, the straw having a first end which is in fluid communication with the chamber of the container and a second end which extends upwardly from the container so that liquid may be sipped through from the container, wherein at least part of the configuration of the straw is defined by the configuration of the groove, and portions of the groove cross the parting line in straight, parallel fashion.	该产品覆盖该权利要求的全部技术特征	不侵权	
……	……	……	……	……

③国内主要企业：捷安特有限公司、新信利自行车有限公司。

（3）选取数据库，确定检索策略。

在选择检索系统／数据库时，主要应考虑下述几个方面：待检索的技术方案所涉及的技术领域；预计要检索文献的国别和年代；检索时拟采用的特定字段和需要检索系统提供的特定功能等。

①数据库：

●德温特世界专利检索数据库（DWPI）。

●IncoPat 科技创新情报平台。

●中国专利文献检索系统（CPRS）。

●中国国家知识产权局、欧洲专利局、美国专利商标局网站。

●TotalPatent 全球专利数据库。

……

②检索策略：

●根据找出的关键词、分类号、重要专利权人等构建检索策略。

●针对不同的数据库写出相应的检索式。

●根据检索结果优化检索式。

（4）构建检索式（见图 3 - 2 - 8）。

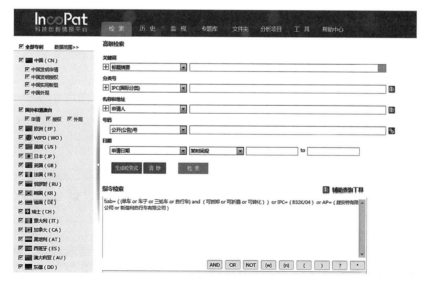

图 3 - 2 - 8　检索式示意图

检索规则：

①用有 IPC 分类号表达的检索要素和没有 IPC 分类号表达的检索要素进行所有检索要素之间的逻辑运算，看是否能够找到符合要求的对比文件。

②将所有没有 IPC 分类号而仅用主题词表达的检索要素之间进行逻辑运算，看是否能够找到符合要求的对比文件。

③如果没有找到符合要求的对比文件，则可以从要素表的最后检索要素依次递减，进行逻辑运算，直到找到解决相同技术问题的其他技术方案对比文件再停止检索。

（5）筛选专利文献，整理检索结果，进行侵权评价（见表 3 - 2 - 4）。

表 3 - 2 - 4　专利侵权风险检索结果及判断

公开（公布）号	侵权分析	结论	主要附图
CN87209058U/有效	该产品覆盖该权利要求的全部技术特征	高风险	
CN86203472U/有效	该产品覆盖该权利要求的部分技术特征	低风险	
……	……	……	……

筛选与整理：

①将在多个库中检索到的专利文献进行手工筛选，找出风险专利。

②汇总并整理检索结果。

③根据风险专利提出相关对策或建议。

……

3.2.3　法律状态检索

在实践中，一般在两种情况下会启动专利无效宣告请求程序。一是企业受到专利权人的侵权指控时，通常会启动专利无效宣告请求程序，请求宣告专利权人的专利权无效；二是对于业内特定技术，认为该技术的专利权产生不正当垄断时，也可能启动专利无效宣告请求程序。而在专利无效宣告请求程序中，进行专利信息检索的目的主要是通过检索专利文献、非专利文献来找出破坏该授权专利新颖性和创造性的文件，或者通过检索抵触申请文件及检索导致重复授权的专利文件以证明涉案专利无效。

3.2.3.1　无效检索基本步骤

①分析无效宣告请求的技术方案。

②阅读并分析权利要求，提取检索要素。

③确定检索要素表达。

④填写检索要素表。

⑤选择适当的检索系统/数据库。

⑥构建检索式。

⑦浏览检索结果并作出初步判断，调整检索策略。

⑧对技术方案的新颖性和创造性进行评价。

3.2.3.2　无效检索实例

某公司由于市场原因想要请求宣告美国专利 US7214211B2（Needle assembly with protective element）无效，基本过程如下。

1）分析无效宣告请求的技术方案

在进行检索之前，首先确定无效宣告请求中准备评价的专利单行本，即 US7214211B2，其扉页如图 3-2-9 所示。

对无效宣告请求中准备评价的专利单行本进行阅读，理解发明内容，并进行分析归纳：找出无效宣告请求中技术方案的所属技术领域、解决的技术问题、采用的技术手段和达到的技术效果。

（1）技术领域。

根据技术方案名称或分类号，确定所属技术领域及技术主题种类。

从技术方案名称"Needle assembly with protective element"以及分类号"A61M 5/178；A61B 17/34；A61M 5/158；A61M 5/32；A61M 25/06"可以了解到，该技术方案为"The invention relates to a protective device for an injection needle or infusion needle"。

（2）技术问题。

根据技术背景和发明目的，理解技术方案所要解决的技术问题，以便于理解技术方案。

该技术方案的目的："The object of the invention is to design a protective device of the type mentioned at the outset in such a way that actuation by hand is made easier and a risk of injury can be ruled out."

（3）技术手段。

根据具体技术方案描述及实施例，概括技术手段中的技术特征。

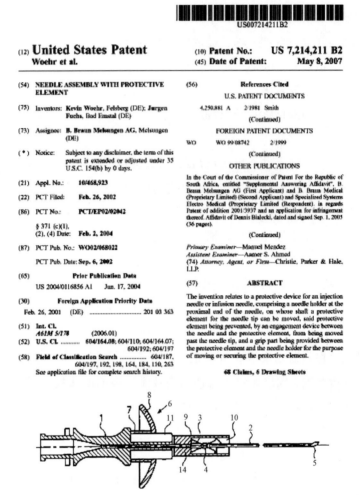

(12) **United States Patent** Woehr et al.	(10) **Patent No.:** **US 7,214,211 B2** (45) **Date of Patent:** **May 8, 2007**

(54) **NEEDLE ASSEMBLY WITH PROTECTIVE ELEMENT**

(75) Inventors: Kevin Woehr, Felsberg (DE); Jurgen Fuchs, Bad Emstal (DE)

(73) Assignee: B. Braun Melsungen AG, Melsungen (DE)

(*) Notice: Subject to any disclaimer, the term of this patent is extended or adjusted under 35 U.S.C. 154(b) by 0 days.

(21) Appl. No.: 10/468,923

(22) PCT Filed: Feb. 26, 2002

(86) PCT No.: PCT/EP02/02042

§ 371 (c)(1),
(2), (4) Date: Feb. 2, 2004

(87) PCT Pub. No.: WO02/068022

PCT Pub. Date: Sep. 6, 2002

(65) **Prior Publication Data**

US 2004/0116856 A1　Jun. 17, 2004

(30) **Foreign Application Priority Data**

Feb. 26, 2001　(DE) 201 03 363

(51) Int. Cl.
A61M 5/178 (2006.01)

(52) U.S. Cl. 604/164.08; 604/110; 604/164.07; 604/192; 604/197

(58) Field of Classification Search 604/187, 604/197, 192, 198, 164, 184, 110, 263
See application file for complete search history.

(56) **References Cited**

U.S. PATENT DOCUMENTS

4,250,881 A　2/1981　Smith

(Continued)

FOREIGN PATENT DOCUMENTS

WO　WO 99/08742　2/1999

(Continued)

OTHER PUBLICATIONS

In the Court of the Commissioner of Patent For the Republic of South Africa, entitled "Supplemental Answering Affidavit", B. Braun Melsungen AG (First Applicant) and B. Braun Medical (Proprietary Limited) (Second Applicant) and Specialized Systems Electro Medical (Proprietary Limited) (Respondent). in regards Patent of addition 2001/3937 and an application for infringement thereof. Affidavit of Dennis Bialecki, dated and signed Sep. 1, 2005 (36 pages).

(Continued)

Primary Examiner—Manuel Mendez
Assistant Examiner—Aamer S. Ahmed
(74) *Attorney, Agent, or Firm*—Christie, Parker & Hale, LLP.

(57) **ABSTRACT**

The invention relates to a protective device for an injection needle or infusion needle, comprising a needle holder at the proximal end of the needle, on whose shaft a protective element for the needle tip can be moved, said protective element being prevented, by an engagement device between the needle and the protective element, from being moved past the needle tip, and a grip part being provided between the protective element and the needle holder for the purpose of moving or securing the protective element.

68 Claims, 6 Drawing Sheets

图 3 - 2 - 9　专利 US7214211B2 单行本扉页

该技术方案的技术特征："A hypodermic needle assembly comprising a needle holder holding a portion of the hypodermic needle on an end spaced apart from a needle tip; a protective element comprising two arms and a wall comprising a first wall side and a second wall side positioned at an angle to the two arms and having an opening being slidably mounted on the hypodermic needle; a grip part comprising an interior surface defining an interior cavity and an exterior surface defining a gripping portion; wherein the protective element is disposed, at least in part, within the interior cavity of the grip part and the grip part and the needle holder have portions that overlap when the protective element is in the ready to use position; wherein the grip part is configured to be gripped and slide distally, which separates the grip part from the needle holder, which grip part then moves the protective element to a protective position to protect the needle tip from accidental contact therewith; and wherein the protective element is con figured to prevent the grip part from being displaced beyond the needle tip and the grip part is configured to remain axially moveable along at least at portion of the needle relative to the protectle element. "

（4）技术效果。

根据有益效果，概括出技术方案能够达到的技术效果。

该技术方案的技术效果："A risk of injury can also be ruled out by virtue of the fact that the protective element is brought into the protection position when the needle is being drawn back. "

2）阅读并分析权利要求，提取检索要素

根据被检索技术方案涉及的技术领域、技术手段和技术效果确定检索成分。以下为 "US7214211B2（Needle assembly with protective element）" 的部分权利要求书。

"1. A hypodermic needle assembly comprising a needle holder holding a portion of the hypodermic needle on an end spaced apart from a needle tip; a protec. tive element comprising two arms and a wall comprising a first wall side and a second wall side positioned at an angle to the two arms and having an opening beingslidably mounted on the hypodermic needle; a grip part comprising an interior surface defining an interior cavity and an exterior surface defining a gripping portion; wherein the protective element is disposed, at least in part, within the interior cavity of the grip part and the grip part and the needle holder have portions that overlap when the protective element is in the ready to use position; wherein the grip part is configured to be gripped and slide distally, which separates the grip part from the needle holder, which grip part then moves the protective element to a protective position to protect the needle tip from accidental contact therewith; and wherein the protective element is configured to prevent the grip part from being displaced beyond the needle tip and the grip part is configured to remain axially moveable along at least at portion of the needle relative to the protective element.

2. The hypodermic needle assembly of claim 1, wherein the grip part comprises a proximal end comprising an opening having the hypodermic needle pass-

ing therethrough.

3. The hypodermic needle assembly of claim 2, wherein the grip part comprises a tapered wall section.

4. The hypodermic needle assembly of claim 1, wherein the hypodermic needle is a Huber needle or an epidural needle.

5. The hypodermic needle assembly of claim 1, wherein the needle comprises a bead or a crimp..."

选择通用词汇作为各检索要素名称。

①应检索的要素：hypodermic needle（注射针），Huber needle, epidural needle, protective（保护），assembly（装置），protective element,...

②技术领域检索要素：hypodermic needle（注射针，注射器），Huber needle, epidural needle...

③技术手段检索要素：assembly（装置），protective element,...

④技术效果检索要素：protective（保护）...

3）确定检索要素表达

表达检索要素的专利信息特征主要是主题词（包括关键词、同义词、缩略语等）和分类号（包括 IPC、EC、UC、FI/F-term 等）。

（1）主题词。

用关键词表达时可选用"范围最大的概念"。

用英文关键词表达时可采用"词根 + 截断符"的方式，例如 protect *（可涵盖 protective、protecting...）。

同义词表达选用相同词义的表达，例如：注射针，可选用"hypodermic needle, injection needle, infusion needle"等。

（2）分类号。

专利文献中常用的专利分类号有：国际专利分类（IPC）、欧洲专利分类（ECLA/ICO）、美国专利分类（USPC）、日本专利分类（FI/F-term）、联合专利分类（CPC）。

单一检索要素的表达，检索要素：hypodermic needle, Huber needle, epidural needle, protective, assembly, protective element,...

IPC 表中的小组分类，如注射针：A61M5/158，A61M5/32，A61M5/34，A61M25/06,...

4）填充检索要素表

检查要素如表 3-2-5 所示。

表 3 – 2 – 5　专利 US7214211B2 检索要素

检索要素	发明主题名称与技术特征				
	检索要素 1	检索要素 2	检索要素 3	检索要素 4	检索要素 5
关键词 OR	针防护器, 针防护套, needle tip shield, needle point shield, needle guard, …	注射针, hypodermic needle, Huber needle, epidural needle, …	装置, 组件, 器件, Assembly, Element, …	针头, 针尖, needle tip, needle point, …	保护, 防护, protective, guard, shield, …
分类号	A61M5/158, A61M5/32, A61M5/34, A61M25/06,…				

5）选择适当的检索系统/数据库

在选择检索系统/数据库时，主要考虑下述几个方面：待检索的技术方案所涉及的技术领域；预计检索的文献国别和年代；检索时拟采用的特定字段和需要检索系统所提供的特定功能等。该案例采用的专利文献检索系统为：IncoPat 科技创新情报平台。

6）构建检索式

（1）分步骤将检索要素表中列出的检索要素表达成检索式。

①相同检索要素的不同表达之间为逻辑"或"关系。

●针防护器 or 针防护套 or "needle tip shield" or "needle point shield" or "needle guard" or…

●"hypodermic needle" or "注射针" or "Huber needle" or "epidural needle" or…

●A61M5/158 or A61M5/32 or A61M5/34 or A61M25/06 or…

②不同检索要素之间为逻辑"与"关系。

将涉及检索要素 1 的分类号和关键词的两种检索结果以逻辑"或"的关系合并，作为针对检索要素 1 的检索结果，即 ti =（针防护器 or 针防护套 or "needle tip shield" or "needle point shield" or "needle guard" or…）。

将涉及检索要素 2 的分类号和关键词的两种检索结果以逻辑"或"的关系合并，作为针对检索要素 2 的检索结果，即 ti =（"hypodermic needle" or "注射针" or "Huber needle" or "epidural needle"）or ipc =（A61M5/158 or A61M5/32 or A61M5/34 or A61M25/06,…）。

将涉及检索要素 3 的分类号和关键词的两种检索结果以逻辑"或"的关系合并，作为针对检索要素 3 的检索结果。

……

然后将上述针对检索要素 1、2、3、4、5 的检索结果进行逻辑组合并,作为检索结果,即 ti = ("针防护器" or "针防护套" or "needle tip shield" or "needle point shield" or "needle guard") or ((tiabc = ("hypodermic needle" or "注射针" or "Huber needle" or "epidural needle") or ipc = ("A61M5/158" or "A61M5/32" or "A61M5/34" or "A61M25/06")) and (tiabc = ("装置" or "组件" or "器件" or "Assembly" or "Element")) and (tiabc = ("保护" or "防护" or "protective" or "guard" or "shield")) and tiabc = ("针头" or "针尖" or "needle tip" or "needle point")。

(2) 检索规则。

①用有 IPC 分类号表达的检索要素和没有 IPC 分类号表达的检索要素进行所有检索要素之间的逻辑运算,看是否能够找到符合要求的对比文件。

②将所有没用 IPC 分类号而仅用主题词表达的检索要素进行逻辑运算,看是否能够找到符合要求的对比文件。

③如果没有找到符合要求的对比文件,则可以从要素表的最后检索要素依次递减,进行逻辑运算,直到找到解决相同技术问题的其他技术方案对比文件再停止检索。

7) 浏览检索结果并作出初步判断,调整检索策略

检索结果:检索到 5 篇相关专利文献(见表 3 - 2 - 6)。

表 3 - 2 - 6 专利 US7214211B2 相关专利文献

序号	类型	公开/公告号	公开/公告日	主分类号	相关部分
1	X	US5215528A	1993 - 06 - 01	A61M5/178	附图及说明书
2	Y	US5147327A	1992 - 09 - 15	A61M5/32	附图及说明书
3	Y	WO94/00172A1	1994 - 01 - 06	A61M5/32	附图及说明书
4	Y	CN1267226A	2000 - 09 - 20	A61M25/06	附图及说明书
5	A	US4929241A	1990 - 05 - 29	A61M5/32	附图及说明书

注:①"X"表示单独影响权利要求的新颖性或创造性的文件;

②"Y"表示与该检索报告中其他 Y 类文件组合影响权利要求创造性的文件;

③"A"表示背景技术文件,即反映权利要求的部分技术特征或者有关的现有技术的一部分文件;

④"E"表示单独影响权利要求新颖性的抵触申请文件;

⑤"P"表示中间文件,其公开日在申请的申请日与所要求的优先权日之间的文件,或者会导致需要核实该申请优先权的文件。

8）依据美国专利法律法规对该技术方案的新颖性和创造性进行评价（略）

3.2.4　技术主题检索

专利技术主题一般指：相同技术属性的一个以上的技术方案集合。相同技术属性可指某一相同特定技术领域，也可以指某一相同特定技术领域内相同的特定技术范围。这里所说的每一个技术主题可包含一项以上技术方案。

在企业科技创新之前，要对所要研发的课题进行技术主题检索，将所涉及技术主题的相关技术文献以及专利数据全部检索出来。具体检索过程为：分析检索方案→提取检索要素→找出检索要素表达→填写检索要素表→选择检索系统→编写检索式→检索结果优化→技术方案评价。

以目前风靡全球的煎煮神器——飞利浦数码空气炸锅——为例，进行专利技术主题检索。

3.2.4.1　分析检索方案

空气炸锅利用高速空气循环技术，可以做出比传统电炸锅低 80% 含脂量的美味煎炸食品。其快速循环热空气和烤箱部件的独特结合，达到以快速便捷的方式煎炸各种美味小吃。由于只是用空气煎炸，因此比传统煎炸产生的气味和蒸汽更少，并且在日常使用中易于清洁，既安全又经济（见图 3 - 2 - 10）。

图 3 - 2 - 10　飞利浦数码空气炸锅

这种空气炸锅可以将快速循环热空气和内部螺旋形纹路的独特结合从而使烹饪效果达到油炸食物的效果和口感。这种锅的特点是：使用空气炸锅煎炸食物的时候可以不用油，或者用很少的油把食物做出和传统油炸食品一样美味的口感。

通过收集各种空气炸锅的相关资料发现，空气炸锅是利用高速空气循环技术，不用油或者用很少油。空气炸锅的使用方法具体分为以下三步。

第一步：使空气通过顶部烘烤装置快速加热。

第二步：通过大功率风扇在食物篮内部急速循环的热流。

第三步：食物篮内侧部特制的纹路形成旋涡热流，全方位360℃，接触食材表面，快速带走加热产生的水汽三大功效协同起效，从而在表面形成金黄酥脆的表层，达到煎炸的外观和口感。

3.2.4.2 提取检索要素

根据所要检索的内容，提取检索要素。基本检索要素体现了技术方案的基本构思，所要提取的检索要素可以从两个方面考虑。一是根据发明主题名称，二是从发明的区别技术特征进行考虑。从发明主题名称入手，可以提取的检索要素有：空气炸锅，空气煎煮锅，airfryer，Air Fryer 等。从发明的区别技术特征考虑，可以提取的检索要素有：空气、烘烤、无油、加热装置、循环装置等。

3.2.4.3 找出检索要素表达

找出检索要素表达，就是利用各种方法找出能够替代的检索要素。同义词的扩充可以通过查询各种使用手册、科技词典，也可以通过反复阅读大量的科技文献和专利找出可以替代的表达，如空气炸锅的同义表达有控式无烟炸锅等；也可以选择与空气炸锅相关的专利分类号。与空气炸锅相对应的IPC分类号有A47J37/12——在油中炸东西用的器具，包括炸鱼专用的器具；A47J37/00——烘、烤、煎、炸厨房用具等。

3.2.4.4 填写检索要素表

将收集到的检索关键词和各种分类号填写到检索要素表中，以便于检索人员形成清晰的逻辑检索思路。关于空气炸锅的检索要素详见表3-2-7。

3.2.4.5 选择检索系统

检索要素表构建好后，就要依据检索需求选择检索系统。检索系统不同，所构建的检索式不同，检索结果也略有差别。技术主题检索，检索结果要求全面。以IncoPat科技创新情报平台检索为例，选择高级检索页面，通过指令检索，界面进行检索（见图3-2-11）。

表 3 - 2 - 7　空气炸锅检索要素

技术主题	空气炸锅，airfryer，air fryer		
	检索要素	关键词	IPC
是什么？ （结构）	锅	锅，装置，容器，器具，设备，工具，厨具，pot＊，device	A47J 37/＊， A21B 5＊， A21B 1＊， A47J 36， A47J 27
	加热装置	加热，炙热，烘烤，heat＊	F24C 15/32
	风扇	风扇，电扇，fan	
	空气	空气，热气，气体，气流，热流，air	
	循环装置	循环，导向，涡旋，螺旋（3W）纹路，air cycle，air circulation	
做什么？ （功能）	煎炸	煎，炸，烘焙，焙烤，烧烤，烘烤，烤，烹，炒，fry＊，abke，baking，rost，rosting	A47J 37/＊， A21B 5＊， A21B 1＊， A23L 1/217， A23L 1/01， A23L 1/18
	省油	省油，少油，油少，无油，非油，节油，"oil saving"，"oil free"，"free oil"，"no oil"	

3.2.4.6　编写检索式

编写检索式，就是将检索要素表中列出的所有检索要素表达合理的组织成一个完整的有逻辑性的检索式。

在检索式的编写中，采用布尔逻辑运算，即相同检索要素之间采用逻辑关系"或"，不同检索要素之间采用逻辑关系"与"，排除检索要素采用逻辑关系"非"。例如：检索要素 1 的关键词 or 检索要素 1 的同义词 or 检索要素 1 的相关分类号；检索要素 1 的关键词 and 检索要素 2 的关键词 and 检索要素 3 的分类号。以空气炸锅为例初步构建的检索式为（见图 3 - 2 - 12）：

#1 TIAB =（空气炸锅 or 空气油炸锅 or airfryer or "air fryer" or airfryer）。

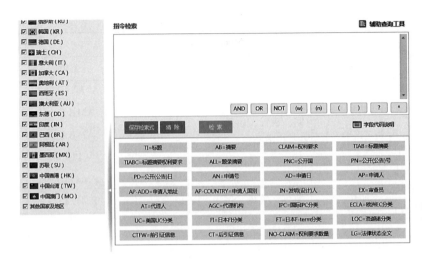

图 3 - 2 - 11　IncoPat 指令检索

#2 TIAB =（（风扇 or 电扇 or fan）and（空气 or 热气 or 气体 or 气流 or 热流 or air）and（循环 or 导向 or 涡旋 or 螺旋（3W）纹路 or "air cycle" or "air circulation"）and（煎 or 炸 or 烘焙 or 焙烤 or 烧烤 or 烘烤 or 烤 or 烹 or 炒 or fry * or bake or baking or rost or rosting））。

#3 TIABC =（（风扇 or 电扇 or fan）and（空气 or 热气 or 气体 or 气流 or 热流 or air）and（循环 or 导向 or 涡旋 or 螺旋（3W）纹路 or "air cycle" or "air circulation"））and CLASS =（A47J37 *）。

图 3 - 2 - 12　构建检索式

3.2.4.7　检索结果优化

通常，检索策略不是一蹴而就的，好的检索策略往往都经过检索人员反复优化、补充，去除噪声后得到。主要从关键词、专利分类号、重要专利申请人、引证分析等方面进行专利补充检索。此外，在检索结果中出现太多的噪声时，就要通过检索策略的构建降低噪声的数量。

将检索式控制在可读范围内, 阅读相关专利, 补充专利分类号 A23L1/00 以及检索关键词"少量油"等。另外, 检索人员还可以通过前后引证关系、重点专利申请人等信息进行补充检索, 优化检索结果。

3.2.5　法律状态检索

3.2.5.1　专利法律状态概述

法律状态是指在某一特定时间点, 某项专利申请或者授权专利在某一国家的权利类型、权利维持、权利范围、权利归属等状态, 这些状态将直接影响专利权的存在与否, 以及专利权范围的大小。专利法律状态从时间和空间上考虑, 一般包括地域、时间、权属和保护范围四个方面。

其中地域性主要指: 某项专利技术主要在哪些国家申请了专利, 在哪些国家没有申请专利, 以后还可能在哪些国家进行专利保护。从时间层面考虑是指: 某项技术在该国家保护期限如何, 是否已经进入保护期, 剩余保护时间还有多久。而专利权利的权属问题主要指: 某项技术的专利权利是否发生过转移, 现在的专利权人到底都有谁, 谁是该项专利的实际拥有者。专利的保护范围主要指: 专利授权后是否有后续的程序, 专利保护范围是否有所变化。

3.2.5.2　专利法律状态检索

专利法律状态检索是指对某一项专利或者专利申请当前所处的法律状态进行检索, 其目的是了解专利申请授权与否, 授权后的专利是否有效, 专利权人是否变更, 以及与专利法律状态相关的其他信息如何。

常见的法律状态检索类型主要包括: 专利权有效性, 专利权有效期届满, 专利申请尚未授权, 专利申请撤回或者视为撤回, 专利申请被驳回, 专利权终止, 专利权无效或者部分无效, 以及专利权转移等。

其中, 专利有效性是指专利在检索日及检索日以前, 获得专利权, 并且仍处于有效的专利。要使专利维持有效专利, 该专利不仅要处于法定保护期限内, 专利权人还需要按照规定按时缴纳年费。

专利有效期届满是指专利在检索日或者检索日以前, 被检索的专利已经获得专利权, 但是在检索日或者检索日以前, 专利权的有效期已经超过专利法所规定的期限。

专利申请尚未授权是指在检索当日或者检索当日前, 被检索的专利申请尚未公布或者已经公布但尚未授予专利权, 该法律状态称为专利申请尚未授权。

专利申请撤回或被视为撤回是指：在检索当日或者检索日前，被检索的专利被申请人主动撤回或者被专利机构判定为视为撤回。

专利申请被驳回是指在检索当日或者检索日前，被检索的专利申请被专利判定机构驳回。

专利权终止是指：在检索当日或者检索日前，被检索专利已经获得专利权，但是由于其未缴纳专利年费而在专利权有效期尚未届满提前无效。

专利权无效或者部分无效是指：在检索当日或者日前，被检索的专利曾获得专利权，但是由于无效宣告理由成立，专利权被专利机构判定为无效。

专利权利转移是指：在检索当日或者检索日前，被检索专利或者专利申请发生专利权人或者专利申请人变更。

专利法律状态检索应用范围主要包括：技术引进、产品出口、专利预警、侵权诉讼、市场监管以及现有专利技术的利用和实施等。

对于企业来说，在产品创新研发的各个阶段都需要对专利进行法律状态检索，便于研发人员及时了解最新的产品研发动向。

1）技术引进

在企业引进某项技术时，需要对所引进技术的法律状态进行检索，及时规避法律风险。

在早些年，我国大型企业在引进国外专利技术时，没有及时对国外让与公司的专利法律状态进行检索，高价收购了许多已经无效的专利，给企业和国家造成了大量的经济损失。密切关注引进专利技术的法律状态，不但可以减少经济损失，对于研发机构来说，实时了解最新的法律动态，有利于研发机构进行科技创新和技术借鉴以及再利用。

2）产品出口

随着我国综合国力的不断增强，我国在国际市场上的竞争力也在不断提升，越来越多的企业已经或打算将自己的产品打入国际市场。由于我国企业长期以来知识产权保护意识薄弱，缺乏企业知识产权长期战略规划，且对专利信息了解不多。在国际竞争中屡屡出现侵权诉讼事件，造成出口企业在国际竞争中受到重创。因此，许多企业开始把产品出口前的专利检索作为一项极为重要的工作。而产前出口前检索相关专利的法律有效性信息，并对这些信息进行综合分析，使其成为企业产品出口正确决策的依据是非常重要的。

由于专利的地域性特点，决定了专利的法律状态只能由专利权的授予国家发布。但是专利的法律状态是一种动态性信息，所以专利法律信息只能通过授予国家的专利检索系统查到，而查询结果只能是检索日或者检索日前的状态，后续的法律状态变化，还需要随时进行跟踪。

产品出口专利检索结果可能有两种情况：一是列出所有相关专利及其同族专利的法律状态清单，供企业了解竞争对手的专利及其法律状态信息；二是筛选出与出口产品相关的专利及其同族专利的法律状态清单，供企业了解那些对出口产品构成威胁以及这些专利的法律状态信息。

分析一件专利或者专利申请的法律状态，主要根据各个国家专利法中有关专利期限计算的规定和有关的缴费规定，以及专利公报的相关公告或者专利数据库中的有关数据，作出专利有效性判断。

如美国专利有效性判断：1995 年 6 月 8 日前申请的专利，有效期自专利授权日起 17 年，1995 年 6 月 8 日之后申请的专利，有效期自申请日起 20 年；专利维持费每 4 年缴纳一次，如果专利检索系统状态的信息为"E1"，则表示第一个 4 年届满时未继续缴纳专利维持费而专利权终止。

3）专利预警

专利预警是通过对审查专利的过程、涉及专利案件的执法过程和外经外贸活动进行动态监测、统计分析，从而对国内企业可能遭遇的专利障碍、技术壁垒提出预警，使企业能够及早发现问题，尽量避免经济纠纷。

企业建立专利预警机制，不但要随时关注竞争对手最新专利的研发动向，还要密切关注重点专利的法律状态。重点专利法律状态变化可以帮助研发人员了解竞争对手的企业布局和保护动向。

在 2005 年 10 月举办的世界制药原料展览会上，全球第三大制药公司赛诺菲 - 安万特指控中国 3 家参展企业展览、交易的减肥药侵犯其专利权，6 名涉案的中国医药代表被扣押并被提起涉及刑事犯罪的诉讼。最后被撤换为以普通商业侵权案起诉。法国赛诺菲 - 安万特不仅指控了参加展会的中国企业侵权，也与我国国内药企发生知识产权纷争，把江苏恒瑞医药股份有限公司以及上海东信药房告上了法庭。中国国家知识产权局专利局复审委员会于 2010 年作出赛诺菲 - 安万特专利无效的判决，但后续还有漫长的司法流程，以最后判定专利是否无效。

为了有效避免此类事件的发生，需要在企业中建立良好的专利预警机制。专利预警就是通过收集、整理、分析判断与自身主要产品相关的专利、市场等信息，对组织外部的各种专利威胁加以识别、分析和评价，了解其威胁程度和可能导致的危害，向决策层发出警报以维护自身利益与安全。

法律状态检索是专利预警机制执行的一个重要部分。企业要严密监视相关外部专利的法律状态，不断实施法律状态检索。对于有潜在风险的专利进行报警。近些年，随着国民经济不断提升，人均消费不断攀升，我国已成为全球大型的生产基地和消费市场。国外大型企业也加强了在我国的专利保护，外部专利威胁带来了各种经济纠纷和研发纠纷。如伟哥专利无效案、罗格列酮专利无效案、朗科专利无效案等，这些案件都在为国人敲响警钟。

4）侵权诉讼

随着各国不断加强知识产权的保护意识，侵权诉讼案件逐年上升。在防止侵权专利检索中，要对高风险专利的法律状态进行检索，如果该专利法律状态处于无效时，此时的侵权风险将会很低，甚至没有。当检索到的高风险专利仍然处于有效状态时，检索人员要密切关注该专利。

3.3　专利检索实务

3.3.1　专利信息检索原则

专利检索是某一主体通过一定的检索入口，从一定的信息数据库中查找与一定的技术主题有关的专利文献或非专利文献的过程。按照检索主体可以分为研发检索、工程师检索、代理人检索、审查员检索、律师检索等；按照检索目的可分为出口前检索、查新检索、技术规避检索、审查检索、无效检索、追踪检索、专利侵权检索等；按照检索数据库可分为国内检索、特定目标国检索、全球检索等；按照检索方式手工检索、机器检索等。

专利文献是记载和报道世界各国创造发明成果的极为重要的知识载体，是人类智慧的结晶。据统计，目前世界上有170多个国家和地区建立并实行了专利制度，约90个国家和地区及组织用30种文字出版专利文献，全球专利文献累计总量已经突破1亿余件，并且每年以几百万件的速度不断增长。这些数量巨大的专利文献有着极为重要的作用和价值。据WIPO统计，全世界每年95%～98%的发明创造成果都可以在专利文献中查到，其中约有70%的发明成果从未在其他非专利文献上发表过。因此，在科研工作中，经常查阅专利文献不仅可以提高科研项目的研究起点和水平，还可以在相当程度上节约研发时间、节省研究经费。

在通过专利检索实现专利技术信息利用的前提下，如何进行专利检索呢？一是专利检索无穷尽原则；二是专利检索分类原则。专利检索无穷尽原则是指不同的人利用不同的数据库针对同一检索要求检索出的结果不尽相同。俗话说，巧妇难为无米之炊，那么专利检索最基本的硬件要求是：专利文献数据库。从软件方面而言，通过专利检索数据库进行专利检索的人员的经验、能力、精力和心态、对数据库的熟悉程度都可能影响专利检索结果的可靠性。总的来看，专利检索结果因检索数据库（硬件）、检索人员（软件）的不同，其检索结果也不尽相同。从此意义上讲，专利检索的结果是无穷尽的，换句话说，对于一项授权专利而言，除灯泡、汽轮机等开创性发明之外，相当量的专利权都可以找到这样或那样的原因而被无效，前提条件是具有足够的时间、金钱、数据资源和有经验的检索人员。

专利检索分类原则是指专利检索人员需要有针对性地、有目的性地进行专利检索，否则结果可能大相径庭。专利审查员检索的主要目的是在专利数据库中检索获得在专利申请日之前是否存在现有技术文件以判断该专利申请的新颖性或者创造性。查新检索是企业在研发立项前判断其研发理念、思路是否可能构成重复研发的基本方式。专利侵权检索是企业在即将把新产品推向市场之前判断其是否构成对在先有效专利构成侵权的前提。专利无效检索是专利侵权纠纷中的被告或者其他人欲提起针对某项专利权提起无效宣告请求前对现有技术是否能够破坏其专利性所做的检索。如果不能分清专利检索的目的和需求，就无法清晰地制定相应的检索策略，从而势必造成矛盾或者事倍功半的结果。比如某企业欲展开规避设计检索，却指示检索人员进行专利无效检索，是无法完成其预期目标的。

3.3.2　专利信息检索策略

专利信息检索是根据某些专利信息特征，从各种专利信息资源中挑选符合特定要求的专利文献或信息。专利信息检索主要有专利技术信息检索、专利新颖性检索、同族专利检索、专利法律状态检索、专利引文检索、专利相关人检索等。而专利信息检索的一般过程有 3 个阶段，即专利信息特征、各种专利信息资源（如专利信息数据库）、符合特定要求的专利文献或信息。

专利信息特征包括关键词、分类号等，有时还辅以专利相关人或日期等。其中检索关键词的获取尤为重要。检索者若对检索的内容了解不深入，易造成技术主题分析偏离目标，从而漏检某些相关文献。检索者需要充分理解技术主题，那么就需要在检索前对技术进行调研，调研的渠道有很多，可以通过谷歌、百度文库、中国知网、万方数据库等文献资源进行调研，亦可通过与有关技术人员沟通了解待检索的技术主题，掌握主题概念的内涵和外延，扩展主题词的各种同义词，为进一步建立完善的检索策略做准备。例如若想对自动柜员机进行技术主题检索，通过调研发现，规范用词叫自动柜员机，自由词为自动存取款机，词的全称是 Automatic teller machine，缩写为 ATM，下位词是存款机、取款机、提款机等，同义概念词则有现金存取装置、提款设备等。调研待检索主题所属分类号，有助于在检索过程中将专利限定到某个（些）领域，而了解拥有技术的重要公司则有利于在检索中，快速锁定目标专利。

各种专利检索资源或不同的专利数据库拥有的专利数量、检索方式不尽相同，接下来就介绍几个中外专利数据库。德温特世界专利索引，专利申请日可追溯到 1963 年，拥有超过 2290 万份专利文献，对超过 1120 万件发明专利的技术特征详解深加工，数据每周更新一次；TotalPatent 专利数据库收录了全球 96 个国家/地区和组织的专利数据，数据包含专利全文、说明书附图、法律状态信息、专利引证信息和专利同族信息，同时，TotalPatent 中将所有非英语语种的专利全文翻译成了英文，有助于检索者专利数据的阅读；专利信息服务平台（CNIPR）收录了全球的专利数据，其中包括 1985 年至今的全部中国数据，除了专利检索模块，还有失效专利检索和法律状态检索两个模块，专利的法律状态是国内最权威的数据；IncoPat 科技创新情报平台收录了全球 102 个国家/地区和组织 1782 年以来 1 亿余件专利数据和全球专利摘要中英双语翻译，这有助于检索者快速浏览专利的技术点。除此之外，还有中国专利文献检索系统、各地方专利信息服务平台、Dialog 等专利数据库。

符合特定要求的专利文献或信息为目标专利。但专利文献在内容和形式上与其他科技文献不同，其内容新颖、报道迅速；涉及广泛、连续系统；准确详尽、实用可靠；分类及格式统一、重复报道量大、语言晦涩难懂。要在检索结果中得到目标专利，则需要检索者具有一定深度的技术理解，一方面可以通过噪声词、IPC 限定去噪，另一方面可以通过人工阅读去噪。

以上介绍了检索的 3 个基本阶段，而在实际专利信息检索过程中，一般采用总—分—补充—汇总的检索策略。为保证专利文献检索的全面性，先使用广泛扩展的关键词和分类号在数据库中进行初步检索，再从检索结果中去除检索噪声与不重要或不相关的专利，筛选出重要关键词和分类号，并在此基础上扩大检索的关键词或扩充关键词的同义词，进而将关键词分类检索补检，最后将所有检索结果合并。对合并结果进行检索式去噪或人工去噪，得到与主题相关的目标专利。

或者采用分—补充—汇总的检索策略，首先深入了解待检索的技术主题，将其拆分为多个并列的技术要点，分别对这些技术要点进行检索。在检索过程中，不断扩充每个技术要点的同义词和 IPC 分类号，结合语义检索进行补充检索，然后将各个要点的检索和补充检索汇总到一起，构成一个完整的检索式，最后通过限定关键词或 IPC 去噪或者进一步的人工阅读去噪，以得到与主题相关的专利文献。

3.3.3 专利信息检索技巧

3.3.3.1 检索技巧

不同的检索方式得到的专利数据量和专利相关度不同。为了得到全面的、相关度高的专利数据，在检索中建议检索者需要注意以下几点。

1）选择检索数据库

每种检索数据库都有自身特点，选择检索主题合适的数据库，可以避免漏检。对于国内专利检索数据库，官方的数据库主要为国家知识产权局网站；国外专利则是由专利管理机构提供的专利文本检索，譬如 USPTO 的专利检索系统、EPO 专利检索系统等。

2）选择合适的检索方式

不同检索需求造成不同的检索方式，而不同的检索要素也有多种表达方式，如何将主要表达的形式都覆盖到是一种检索技巧。业余人员检索时需要注意对查询词的适当拆分，保证检索的全面；从业人员则需要了解各字段间组成复杂的逻辑检索式来进行精确搜索。

3）要有耐心

专利从业人员常常需要花费时间去检索文献，查看文献是一件很枯燥的事情，这就要求从业人员需要有一定的耐心，舍得付出时间和精力去浏览文献。从业人员往往因觉得无聊而放弃是导致漏检的一个重要原因。

4）中文库与外文库的结合

中文库检索完后，不要忘了去检索一下外文库，多途径检索相关专利，获取的将会更多。

3.3.3.2　专利信息收集和组配

在检索过程中，需要有一定的检索技巧，下面以吸尘器为例，介绍检索技巧，其中 or、and、not 表示逻辑联系词或、和、非。

（1）了解吸尘器相关技术，掌握其概念的内涵和外延，搜集吸尘器的各种同义词和重要公司，为下一步构建检索策略做准备。

（2）同义概念的构建方法有两种，第一，装置类构建，功能 and 作用（装置 and 设备 and 机）；第二，方法类构建，功能 and 作用（法 and 手段 and 途径）。

（3）吸尘器是利用电动机带动叶片高速旋转，在密封的壳体内产生空气负压，从而吸入尘屑的一种除尘设备，按结构可分为立式、卧式和便携式。可被拆分为 3 组概念，即吸 + 尘 + 器，接下来可以对这 3 组概念分别扩展同义词，并进行各种组配尝试，如（吸尘 or 除尘 or 集尘 or 清洁）and（器 or 机 or 装置 or 设备），或者（吸 or 除 or 集 or 收集 or 清洁）and（尘 or 脏物 or 污 or 灰尘 or 尘埃）and（器 or 机 or 装置 or 设备）。

（4）接下来对扩展的同义词的各子概念分别在标题、摘要、权利要求以及说明书中进行排列组合，如（吸 or 除 or 集 or 收集 or 清洁）、（尘 or 脏物 or 污 or 灰尘 or 尘埃）和（器 or 机 or 装置 or 设备）3 个子概念的组合如下。

① （吸 or 除 or 集 or 收集 or 清洁）、（尘 or 脏物 or 污 or 灰尘 or 尘埃）和（器 or 机 or 装置 or 设备）同时出现在标题。

② （尘 or 脏物 or 污 or 灰尘 or 尘埃）出现在摘要，（吸 or 除 or 集 or 收集 or 清洁）出现在标题，（器 or 机 or 装置 or 设备）出现在标题。

③ （尘 or 脏物 or 污 or 灰尘 or 尘埃）出现在权利要求中，（吸 or 除 or 集 or 收集 or 清洁）出现在标题，（器 or 机 or 装置 or 设备）出现在标题。

④ （吸 or 除 or 集 or 收集 or 清洁）、（尘 or 脏物 or 污 or 灰尘 or 尘埃）和（器 or 机 or 装置 or 设备）出现在标题或摘要中。

⑤ （吸 or 除 or 集 or 收集 or 清洁）、（尘 or 脏物 or 污 or 灰尘 or 尘埃）和（器 or 机 or 装置 or 设备）出现在标题、摘要或权利要求中。

将同义词按噪声多少分为两级：噪声很少的同义词，不进行语义限制

vaccum cleaner；噪声较多的同义词，用 IPC、DC、MC 或相关关键词进行语义限制，如 dust collector、cleaner machine、dust catcher、清洁装置、集尘设备等。比如清洁装置，可为吸尘器，也可为其他清洁设备，如超声波清洁、仪器清洁、医疗清洁等设备。

（5）IPC 国际专利分类，是一种国际通用的管理和利用专利文献的工具。搜集吸尘器的相关 IPC 分类号，并对其进行分级，将其分成确切 IPC 和一般相关 IPC。确切 IPC 是和检索主题在内涵和外延上一对一的关系，一般相关 IPC 除了包含检索主题外，还包含其他无关内容。

（6）公司代码及相关公司搜集，包括公司别名、译名和公司的子公司名等。注意收集公司名称的同义词。在检索过程中，关键词结合公司名检索时，一般采用 3 种方式检索：将组成公司名称的词拆分，将拆分后的词用 * 组配，进行检索；使用德温特的标准公司代码；使用 TotalPatent 数据库的公司名称树数据库。单独用公司名称检索时，若检索结果准确度高（＞80%），则不必用关键词或分类信息进行限制；若检索结果准确度低（＜80%），就需要利用关键词或分类信息进行限制。

3.3.3.3 具体检索步骤

（1）用第一步背景技术调研过程中获得的主题词、同义词构建初步的检索式，在 IncoPat 科技创新情报平台、德温特世界专利索引（DWPI）和 TotalPatent 中检索，根据检索结果扩展同义词；寻找与检索主题相关的 IPC 或其他分类信息，如有关吸尘器的 IPC 分类号有 A47L9/00、A47L9/16、A47L9/10、A47L9/02、A47L9/28、A47L9/24、A47L5/00、A47L5/12、A47L7/00 等。

（2）利用寻找到的确切 IPC 或其他分类号进行检索，扩展同义词。

（3）利用前两个步骤确定的同义词、IPC、重要公司名称构建检索策略。

例如，检索结果准确度高的关键词 Title ＝（"dust collector" or "vaccum cleaner" or "cleaner" or 吸尘器 or 清洁装置 or 除尘器 or 集尘器 or 集尘设备）；Title，abstract ＝（"dust collector" or "vaccum cleaner" or "cleaner" or 吸尘器 or 清洁装置 or 除尘器 or 集尘器 or 集尘设备）。

检索结果噪声大的关键词：Title，abstract ＝（（（吸 or 除 or 集 or 收集 or 清洁）and（尘 or 脏物 or 污 or 灰尘 or 尘埃）and（器 or 机 or 装置 or 设备））or "dust collector" or "vaccum cleaner" or "cleaner"）and IPC ＝（A47L9/00 or A47L9/16 or A47L9/10 or A47L9/02 or A47L9/28 or A47L9/

24 or A47L5/00 or A47L5/12 or A47L7/00）。

（4）利用吸尘器领域重要的公司名称和关键词构建检索策略。

公司名配合关键词构建的检索式：Title, abstract, claim =（（（吸 or 除 or 集 or 收集 or 清洁）and（尘 or 脏物 or 污 or 灰尘 or 尘埃）and（器 or 机 or 装置 or 设备））or "dust collector" or "vaccum cleaner" or "cleaner"）and AP =（乐金电子（天津）电器有限公司 or 莱克电气股份有限公司 or 松下电器产业株式会社 or 江苏美的春花电器股份有限公司 or 三星光州电子株式会社）。

需要强调的是，检索式尽可能包含 5 个模块，并反复调整检索策略，直至所述 5 个检索模块的检索结果均达到满意水平。其中，5 个模块包括：①仅用关键词构建的检索式；②仅用确切 IPC 构建的检索式；③用关键词配合 IPC 构建的检索式；④仅用公司名称构建的检索式；⑤用公司名称配合关键词或 IPC 构建的检索式。

3.3.3.4 检索结果验证

全面而准确的检索结果是后续专利分析的基础。检索结果的评估对于调整检索策略，获得符合预期要求的检索结果集起着至关重要的作用。将检索结果的评估贯穿于专利检索的全过程，以确保检索结果的全面性和准确性。

检索结果的评估所使用的指标是查全率和查准率。查全率用来评估检索结果的全面性，即评价检索结果涵盖检索主题下的所有专利文献的程度；查准率用来衡量检索结果的准确性，即评价检索结果是否与检索主题密切相关。

1）查全率

专利文献集合的查全率定义如下：设 S 为待验证、待评估的查全专利文献集合，P 为查全样本专利文献集合（P 集合中的每一篇文献都必须与分析的主题相关，即"有效文献"），查全率 r 可以定义为：r = num（P∩S）/num（P）。其中，P＊S 表示 P 与 S 的交集，num（）表示集合中元素的数量。

2）查准率

专利文献集合的查准率定义如下：设 S 为待评估专利文献集合中的抽样样本，S′为 S 中与分析主题相关的专利文献，则待验证集合的查准率 p 可定义为：p = num（S′）/num（S）。其中，num（）表示集合中元素的数量。

3.4　常用专利文献检索资源

3.4.1　主要国家/地区的专利文献数据库

3.4.1.1　中　　国

1）中国专利检索及分析系统（公众部分）

（1）进入路径（见图 3 - 4 - 2）。

①直接进入网址为 https：//pss - system. cponline. cnipa. gov. cn/conven-tionalSearch。

②通过国家知识产权局网站链接进入（见图 3 - 4 - 1）。

图 3 - 4 - 1　国家知识产权局官网链接

（2）专利检索。

该系统提供常规检索、高级检索、命令行检索、药物检索、导航检索和专题库检索等多种检索方式。

①常规检索（见图 3 - 4 - 3）。

用户可以按照检索要素、申请号、公开号、申请人、发明人、发明名称等检索类型进行检索。执行检索后在检索结果列表中会显示检索结果的概要信息，在检索历史列表中显示此次检索的相关信息。

a）检索规则。

■用户选择"检索要素"检索项目时，系统将在摘要、关键词、权利要求和分类号中同时检索；

图 3 - 4 - 2　专利检索及分析页面

图 3 - 4 - 3　系统常规检索

■用户输入多个关键词，中间用空格分隔，系统按照多个关键词逻辑运算为"OR"进行检索；

■用户输入一个中间带空格词组，则需要在词组两边加英文的双引号，系统会检索包含该词组的文献信息，如"沈阳 中国石油"；

■用户输入保留关键字，则需要在保留关键字两边加英文的双引号，如沈阳"and"中国石油、"（沈阳）"；

■支持逻辑运算符，and、or、not；

■支持截词符，#、+、?；

■申请号格式：文献的申请国＋申请流水号；

■公开号格式：文献的公开国＋公开流水号＋公布级别。

b）国家/地区/组织代码的辅助查询。

用户使用"申请号"或"公开号"检索项目时，系统会根据用户输入弹出联想框辅助输入，如图 3 - 4 - 4 所示。

图 3 - 4 - 4 "申请号"或"公开号"检索项目时联想框辅助输入

用户选中国家/地区/组织代码回车或单击辅助输入检索输入区中。

c）申请人辅助查询。

当用户使用"申请人"检索项目时，系统会根据用户输入弹出联想框辅助输入，如图 3 - 4 - 5 所示。

图 3 - 4 - 5 "申请人"检索项目时联想框辅助输入"联想"

用户选中申请人回车或单击辅助输入检索输入区中。

d）发明人辅助查询

当用户使用"发明人"检索项目时，系统会根据用户输入弹出联想框辅助输入，如图 3 - 4 - 6 所示。

图 3 - 4 - 6　"发明人"检索项目时联想框辅助输入"刘"

用户选中相似发明人回车或单击辅助输入检索输入区中。

e）相似发明名称查询。

当用户使用"发明名称"检索项目时，系统会根据用户输入弹出联想框辅助输入，如图 3 - 4 - 7 所示。

图 3 - 4 - 7　"发明名称"检索项目时联想框辅助输入"吸尘器"

用户选中相似发明名称回车或单击辅助输入检索输入区中。

②表格检索（见图 3 - 4 - 8）。

a）用户可根据实际情况输入相应的检索信息，点击检索按钮进行检索；或是点击"生成检索式"，系统会根据用户输入的表格项信息，在【检索式】区域生成对应的检索式，如图 3 - 4 - 9 所示。

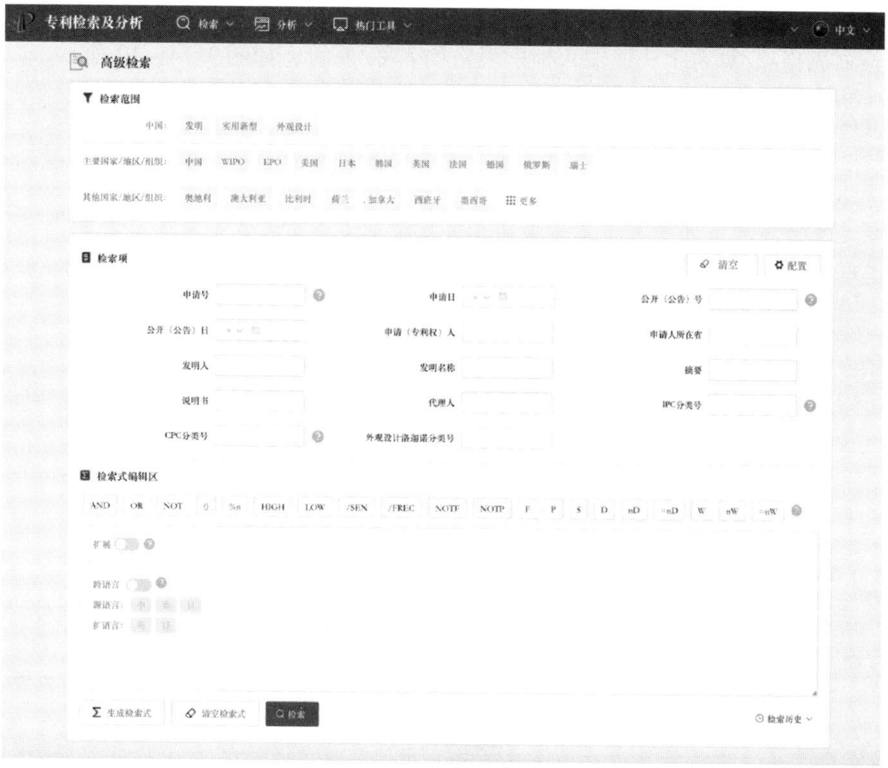

图 3－4－8　表格检索页面

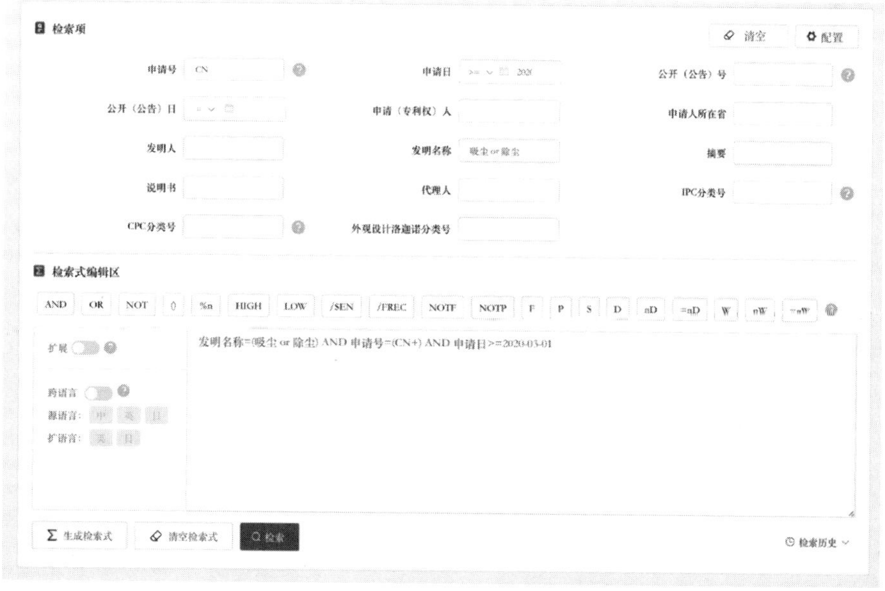

图 3－4－9　表格项信息生成对应的检索式

b) 用户在【检索式】编辑区可以手动编写检索式,可以使用鼠标点击检索表格项/算符来快速输入检索表格项名称/算符,如图3-4-10所示。

图3-4-10　手动编写检索式

③检索结果(见图3-4-11)。

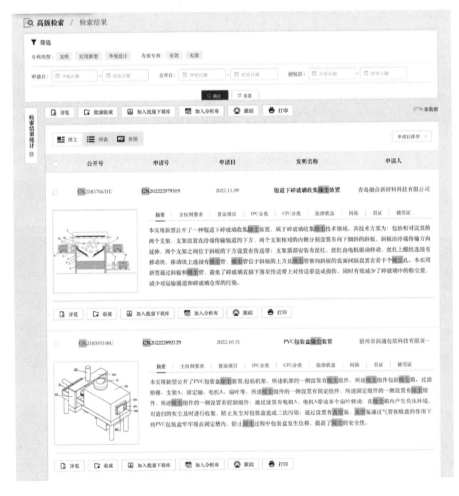

图3-4-11　检索结果显示

点击“主权利要求”“著录项目”“IPC分类”“CPC分类”“法律状态”“同族”“引证”或“被引证”等标签，结果可显示标签所述的相关内容。

点击“主权利要求”，结果显示如图3－4－12所示。

图3－4－12　“主权利要求”结果显示

点击“查看著录项目”，结果显示如图3－4－13所示。

图3－4－13　“著录项目”结果显示

点击“IPC分类”，显示如图3－4－14所示。

点击“法律状态”，显示如图3－4－15所示。

点击“ 同族”，显示如图3－4－16所示。

图 3 – 4 – 14　"IPC 分类"结果显示

图 3 – 4 – 15　"法律状态"结果显示

图 3 – 4 – 16　"同族"结果显示

2）专利公布公告

（1）系统简介。

①时间范围：1985 年 9 月 10 日至今。

②服务内容：中国专利公布公告。

③检索功能：可以按照发明公布、发明授权、实用新型和外观设计四种公布公告数据进行查询。

④数据范围：中国专利公布公告信息，以及实质审查生效、专利权终止、专利权转移、著录事项变更等事务数据信息。包括自 1985 年 9 月 10 日以来公布公告的全部中国专利信息，其中

a）发明公布、发明授权（1993 年以前为发明审定）、实用新型专利（1993 年以前为实用新型专利申请）的著录项目、摘要、摘要附图，其更正的著录项目、摘要、摘要附图（2011 年 7 月 27 日及之后），相应的专利单行本（包括更正）。

b）外观设计专利（1993 年以前为外观设计专利申请）的著录项目、简要说明及指定视图，其更正的著录项目、简要说明及指定视图（2011 年 7 月 27 日及之后），及外观设计全部图形（2010 年 3 月 31 日及以前）或外观设计单行本（2010 年 4 月 7 日及之后）（均包括更正）

c）事务数据。

更新说明：每周二和周五。

网址为 http：//epub.cnipa.gov.cn，页面如图 3-4-17 所示。

图 3-4-17　专利公布公告首页

（2）查询。

①高级查询（见图 3 - 4 - 18）。

图 3 - 4 - 18　专利公布公告高级查询页面

②IPC 分类查询（见图 3 - 4 - 19）。

图 3 - 4 - 19　专利公布公告 IPC 分类查询页面

③LOC 分类查询（见图 3 - 4 - 20）。

图 3 - 4 - 20 专利公布公告 LOC 分类查询页面

④事务数据查询（见图 3 - 4 - 21）。

可查询的所有事务类型包括公布；实质审查的生效；专利局对专利申请实质审查的决定；发明专利申请公布后的驳回；发明专利申请公布后的撤回；发明专利申请公布后的视为撤回；授权；保密专利专利权授予；保密专利的解密；专利权的视为放弃；专利实施的强制许可；专利权的无效、部分无效宣告；宣告专利权部分无效审查结论公告；专利权的终止；专利权的主动放弃；避免重复授权放弃专利权；专利申请或者专利权的恢复；专利申请权、专利权的转移；著录事项变更；专利实施许可合同备案的生效、变更及注销；专利权质押合同登记的生效、变更及注销；专利权的保全及其解除；专利权人的姓名或者名称、地址的变更；文件的公告送达；更正和其他有关事项。

图 3 - 4 - 21　专利公布公告事务数据查询页面

3.4.1.2　美　国

USPTO 网站是 USPTO 建立的政府性官方网站，该网站向公众提供全方位的专利信息服务。USPTO 已将 1790 年以来的各种专利数据在其政府网站上免费提供给世界上的公众查询。该网站针对不同信息用户设置了：专利授权数据库、专利申请公布数据库、法律状态检索、专利权转移检索、专利基因序列表检索、撤回专利检索、延长专利保护期检索、专利公报检索及专利分类等。数据内容每周更新一次。网址为 http：// www. uspto. gov／。

1）专利检索入口途径

途径 1：在 USPTO 网站主页的右上角，点击"search for patents"，可链接到多个数据库，如图 3 - 4 - 22 所示。

图 3 - 4 - 22 专利检索入口途径 1

途径 2：点击美国专利商标局网站主页左上角的 "Patents"，进入专利索引界面后，在 "tools" 工具栏里，有多个数据库的链接，如图 3 - 4 - 23 所示。

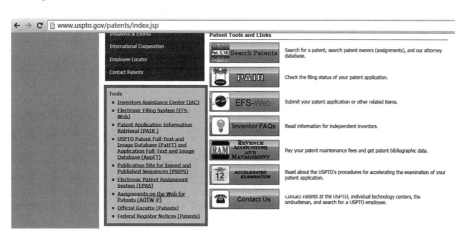

图 3 - 4 - 23 专利检索入口途径 2

2）授权专利数据库检索

专利授权数据库收录自 1790 年以来美国专利商标局公布的授权信息。授权专利数据库含有 3 种检索方式：快速检索（quick search）、高级检索（advanced search）、专利号检索（patent number search）。网址为 http：//

patft. uspto. gov/。检索首页如图 3 – 4 – 24 所示。

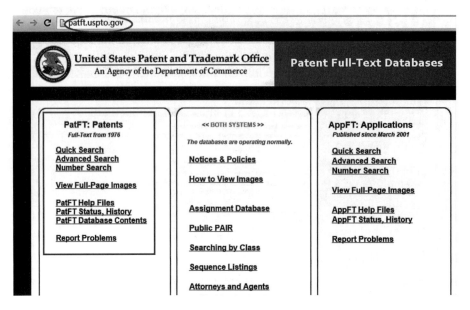

图 3 – 4 – 24　授权专利数据库检索首页

（1）快速检索（见图 3 – 4 – 25）。

快速检索提供两个检索入口：Term 1 和 Term 2。与两个检索入口对应的是两个相应检索字段选项：Field 1 和 Field 2。在快速检索的两个检索字段（Field 1、Field 2）之间有一个布尔逻辑运算符选项。在检索字段 Field 2 下方有一个年代选择项（Select years）。所有选项均可以展开一个下拉式菜单，供用户根据检索需求选择所需的特定检索字段和检索年代，并在两个检索字段之间用布尔逻辑运算符来构造一个完整的检索式。

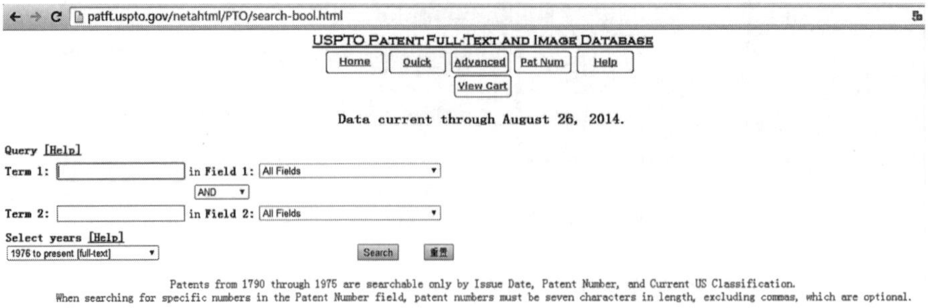

图 3 – 4 – 25　授权专利数据库快速检索页面

（2）高级检索（见图3-4-26）。

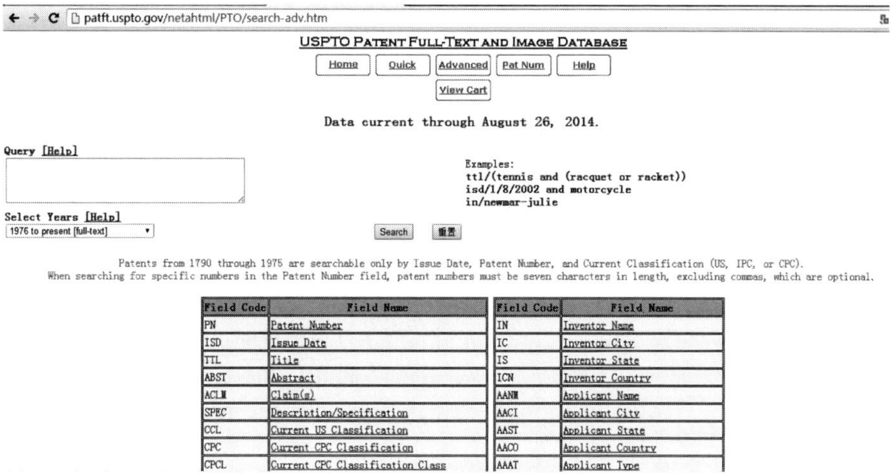

图3-4-26 授权专利数据库高级检索页面

在高级检索界面上，有一个供输入检索表达式的文本框"Query"，一个供选取检索年代范围的选项（1976年至今的美国授权专利的全文文本和1790年至今的整个数据库内的授权专利），下面的字段框内有51个可供检索的字段，包括"Field Code"（字段代码）和"Field Name"（字段名称）的对照表。点击"Field Name"可以查看该字段的解释及具体信息的输入方式。

①检索的表示方法为：检索字段代码/检索项字符串。

②检索技巧如下。

●在使用词组作为关键词进行检索时，用引号引住词组，如"laser printer"。引号中不能用＄。

●右截断（right truncation）检索：高级检索页面支持右截断检索，截词符"＄"。在选定某字段时，截词符"＄"前至少有3个字符；选all fields时，截词符"＄"前至少有4个字符。例如，在文本框中输入ttl/las＄，或是在文本框中直接输入lase＄。

●文本框内支持布尔逻辑运算符"AND""OR""ANDNOT"，分别对指定的关键词执行"与""或""非"的操作。

③下面具体显示51个检索字段的字段代码及字段名称（见表3-4-1）。

表 3 - 4 - 1　51 个检索字段的字段代码及字段名称

字段代码 (Field Code)	字段名称 (Field Name)	备注
PN	专利号（Patent Number）	①专利号由 7 位数字组成，如 5096294。除发明专利可直接输入数字外，其他类型专利号前需加类型代码 ②外观设计 D - Design，如 D339456 ③植物专利 PP - Plant，如 PP8901 ④再颁专利 RE - Reissue，如 RE35312 ⑤防卫性公告 T - Defensive Publication，如 T109201 ⑥依法登记的发明 H - SIR，如 H1523 ⑦早期改进专利 AI - Additional Improvements，如 AI00002 检索输入示例：PN/5096294、PN/D529801、 PN/PP8901、 PN/RE35312、PN/T109201
ISD	授权日期（Issue Date）	①日期格式可使用下述 3 种格式中的 1 种 格式 1：YYYYMMDD。年月日格式（共 8 位数，月份、日期为两位数），如 19960103 格式 2：＜Month＞-＜Day＞-＜Year＞。月份可以使用数字，英文全拼或简写格式，日期为 1 到 31 之间数字或通配符 $，如 1 - 3 - 1996，Jan - 3 - 1996，January - 3 - 1996 格式 3：＜Month＞/＜Day＞/＜Year＞。如 1/3/1996，Jan/3/1996 ②使用 - ＞表示时间区间，如 1/1/1995 - ＞2/14/1995 检索输入示例：ISD/19960103、ISD/1 - 3 - 1996、ISD/Jan - 3 - 1996、ISD/January - 3 - 1996、ISD/1/3/1996、ISD/Jan/3/1996、ISD/1/1/1995 - ＞2/14/1995

续表

字段代码 (Field Code)	字段名称 (Field Name)	备注
TTL	专利名称（Title）	①在使用词组作为关键词进行检索时，用引号引住词组，如"laser printer"。引号中不能用 $。 ②支持右截断（right truncation）检索，截词符"$"，如 electron $ ③支持布尔逻辑运算符"AND" "OR" "ANDNOT"
ABST	文摘（Abstract）	
ACLM	权利要求（Claim（s））	
SPEC	说明书 （Description/Specification）	
CCL	当前美国专利分类（Current US Classification）	①输入格式为：CCL/class/subclass，如 CCL/2/5、CCL/427/2.31 ②可使用通配符，如 CCL/427/ $
CPC	当前联合专利分类 （Current CPC Classification）	①输入格式为 CPC/CLASS，如 CPC/C07H19/10 ②可使用通配符，如 CPC/C07 $、CPC/C07H $、CPC/C07H19 $
CPCL	当前类级别的联合专利分类号（Current CPC Classification Class）	①输入格式为 CPCL/CLASS，如 CPCL/C07H ②可使用通配符，如 CPCL/C07 $
ICL	国际专利分类（International Classification）	①输入格式为 ICL/CLASS，如 ICL/C07H ②可使用通配符，如 CPCL/ C07 $
APN	申请号（Application Serial Number）	申请号是一个 6 位的数列，申请顺序号不足 6 位的前面用 0 将其补充至 6 位。同一个序列号可能有多件专利。如 APN/000001 可以检索到 8 件专利

字段代码 (Field Code)	字段名称 (Field Name)	备注
APD	申请日 (Application Date)	①日期格式可使用下述 3 种格式中的 1 种 格式 1: YYYYMMDD。年月日格式（共 8 位 数，月份、日期为两位数），如 19960103 格 式 2: <Month> - <Day> - <Year>。 月份可以使用数字，英文全拼或简写格式， 日期为 1 到 31 之间数字或通配符 $，如 1 - 3 - 1996, Jan - 3 - 1996, January - 3 - 1996 格式 3: <Month> / <Day> / <Year>。 如 1/3/1996, Jan/3/1996 ②使用 - > 表示时间区间，如 1/1/1995 - > 2/14/1995 检索输入示例：APD/19960103、APD/1 - 3 - 1996、APD/Jan - 3 - 1996、APD/Janu- ary - 3 - 1996、APD/1/3/1996、APD/Jan/ 3/1996、APD/1/1/1995 - >2/14/1995
APT	申 请 类 型 (Application Type)	申请类型有 6 类，分别为：1 - 发明专利 (Utility)、2 - 再颁专利 (Reissue)、4 - 外 观设计 (Design)、5 - 防卫性公告 (Defen- sive Publication)、6 - 植物专利 (Plant)、 7 - 依法登记的发明 (Statutory Invention Registration)。 检索输入示例：APT/4 AND TTL/toy
PARN	在先申请或母申请信息 (Parent Case Information)	从申请案号检索同一母案的相关专利。可 以从一个专利追回之前所有的历史，出现 在专利的 specification 中 检索输入示例：PARN/08/583814 技巧：使用最新的专利进行查询，因为这 只能往前追不能往后追
RLAP	相关美国申请数据 (Relat- ed US App. Data)	包括相关美国申请的申请号、申请日、专 利号、授权日 ①输入号码，如 RLAP/583814 ②输入日期，如 RLAP/19960103 ③号码检索可使用通配符检索，如 RLAP/ 5838 $

续表

字段代码 (Field Code)	字段名称 (Field Name)	备注
RLFD	相关专利申请日（Related Application Filing Date）	①日期格式可使用下述 3 种格式中的 1 种 格式 1：YYYYMMDD。年月日格式（共 8 位数，月份、日期为两位数），如 19960103 格式 2：＜Month＞－＜Day＞－＜Year＞。月份可以使用数字，英文全拼或简写格式，日期为 1 到 31 之间数字或通配符 \$，如 1－3－1996，Jan－3－1996，January－3－1996 格式 3：＜Month＞/＜Day＞/＜Year＞。如 1/3/1996，Jan/3/1996 检索输入示例：RLFD/19960103、RLFD/1－3－1996、RLFD/Jan－3－1996、RLFD/January－3－1996、RLFD/1/3/1996、RLFD/Jan/3/1996
PRIR	外国优先权（Foreign Priority）	①直接输入优先权国家的代码，如 PRIR/JP ②输入优先权中的年份，如 PRIR/2004/ \$ ③输入优先权号，如 PRIR/JP2009－251632 ④输入优先权编码中含有的数字，如 PRIR/356 \$
PRAD	优先权申请日（Priority Filing Date）	①日期格式可使用下述 3 种格式中的 1 种 格式 1：YYYYMMDD。年月日格式（共 8 位数，月份、日期为两位数），如 19960103 格式 2：＜Month＞－＜Day＞－＜Year＞。月份可以使用数字，英文全拼或简写格式，日期为 1 到 31 之间数字或通配符 \$，如 1－3－1996，Jan－3－1996，January－3－1996 格式 3：＜Month＞/＜Day＞/＜Year＞。如 1/3/1996，Jan/3/1996 ②使用－＞表示时间区间，如 1/1/1995－＞2/14/1995 检索输入示例：PRAD/19960103、PRAD/1－3－1996、PRAD/Jan－3－1996、PRAD/January－3－1996、PRAD/1/3/1996、PRAD/Jan/3/1996、PRAD/1/1/1995－＞2/14/1995

字段代码 (Field Code)	字段名称 (Field Name)	备注
PCT	PCT 信息（PCT Information）	包括 PCT 号码、PCT 371 日期、PCT 102（e）、PCT 申请日、PCT 公开号、PCT 公开日 输入 PCT 公开号，如 PCT/WO2012/144204、PCT/WO2012 \$ 输入 PCT 申请日，如 PCT/20120418、PCT/201204 \$（使用通配符时需具体到月份）
PTAD	PCT 申请日 （PCT Filing Date）	①日期格式可使用下述 3 种格式中的 1 种 格式 1：YYYYMMDD。年月日格式（共 8 位数，月份、日期为两位数），如 19960103 格式 2：＜Month＞－＜Day＞－＜Year＞。月份可以使用数字，英文全拼或简写格式，日期为 1 到 31 之间数字或通配符 \$，如 1－3－1996，Jan－3－1996，January－3－1996 格式 3：＜Month＞/＜Day＞/＜Year＞。如 1/3/1996，Jan/3/1996 ②使用－＞表示时间区间，如 1/1/1995－＞2/14/1995 检索输入示例：PTAD/19960103、PTAD/1－3－1996、PTAD/Jan－3－1996、PTAD/January－3－1996、PTAD/1/3/1996、PTAD/Jan/3/1996、PTAD/1/1/1995－＞2/14/1995
PT3D	PCT 371c124 Date	
PPPD	Prior Published Document Date	
REIS	再颁数据（Reissue Data）	包括申请号、申请日、专利号、授权日。 REIS 是美国专利资料库对于再发证专利的特别指令，可利用获证专利的申请日期，专利号（在原始专利号之前需加 0）或公告日等。总共的数字位数是 8 位 输入申请号，如 REIS/09300913 输入申请日，如 REIS/19990428 输入专利号，如 REIS/06191098 输入授权日，如 REIS/20010220 可以进行模糊检索，如 REIS/199904 \$（日期需具体到月份）、REIS/093 \$

右上角：续表

字段代码 (Field Code)	字段名称 (Field Name)	备注
RPAF	再颁专利申请日（Reissued Patent Application Filing Date）	①日期格式可使用下述 3 种格式中的 1 种 格式 1：YYYYMMDD。年月日格式（共 8 位数，月份、日期为两位数），如 19960103 格式 2：< Month > - < Day > - < Year >。月份可以使用数字、英文全拼或简写格式，日期为 1 到 31 之间数字或通配符 $，如 1-3-1996，Jan-3-1996，January-3-1996 格式 3：< Month > / < Day > / < Year >。如 1/3/1996，Jan/3/1996 ②使用 - > 表示时间区间，如 1/1/1995 - > 2/14/1995 检索输入示例：RPAF/19960103、RPAF/1-3-1996、RPAF/Jan-3-1996、RPAF/January-3-1996、RPAF/1/3/1996、RPAF/Jan/3/1996、RPAF/1/1/1995 - >2/14/1995
AFFF	130（b）Affirmation Flag	如果专利包含 130 法案会显示"YES"
AFFT	130（b）Affirmation Statement	—
IN	发明人（Inventor Name）	姓名的书写方式：last name - first name - initial。如 Doe（姓）- John（名）- E（中间名）。如果不确定准确的姓名，可以使用通配符 $，如 Doe - $ or Doe - John $ or Doe - J $ 检索输入示例：IN/Watkins - Jeffrey - T、IN/Watkins - Jeffrey - T $ 、IN/Watkins - Jeffrey $ 、IN/ Watkins $

字段代码 (Field Code)	字段名称 (Field Name)	备注
IC	发明人所在城市（Inventor City）	①在使用词组作为关键词进行检索时，用引号引住词组，如"new York"。引号中不能用 $ ②支持右截断（right truncation）检索，截词符"$" ③支持布尔逻辑运算符"AND""OR""ANDNOT" 检索输入示例：IC/"new York"
IS	发明人所在州（Inventor State）	只对美国本土的州有效，州名只可以使用缩写。国外的只可以查询国家（ICN） 检索输入示例：IS/AK
ICN	发明人所在国（Inventor Country）	如果国家是美国，则此项无用。搜索的国家名必须是国家缩写，不可以是全称 检索输入示例：ICN/JP
AANM	申请人（Applicant Name）	姓名的书写方式：last name – first name – initial。如 Doe（姓）– John（名）– E（中间名）。如果不确定准确的姓名，可以使用通配符 $，如 Doe – $ or Doe – John $ or Doe – J $ 检索输入示例：AANM/Watkins – Jeffrey – T、AANM/Watkins – Jeffrey – T $、AANM/Watkins – Jeffrey $、AANM/Watkins $

字段代码 (Field Code)	字段名称 (Field Name)	备注
AACI	申 请 人 所 在 城 市 (Applicant City)	①在使用词组作为关键词进行检索时，用引号引住词组，如"new York"。引号中不能用 $ ②支持右截断（right truncation）检索，截词符 $ ③支持布尔逻辑运算符"AND""OR""ANDNOT" 检索输入示例：AACI/"new York"
AAST	申请人所在州 （Applicant State）	只对美国本土的州有效，州名只可以使用缩写。国外的只可以查询国家（AACO） 检索输入示例：AAST/AK
AACO	申请人所在国 （Applicant Country）	如果国家是美国，则此项无用。搜索的国家名必须是国家缩写，不可以是全称 检索输入示例：AACO/JP
AAAT	申 请 人 类 型 （Applicant Type）	—
LREP	律师或代理人 （Attorney or Agent）	姓名的书写方式，使用引号将姓、名、中间名首字母引起来，3 部分之间没有短横线，如 Doe（姓）John（名）E（中间名） 检索输入示例：LREP/"Fay Sharpe LLP"、LREP/"Fonda David"

字段代码 (Field Code)	字段名称 (Field Name)	备注
AN	受让人（Assignee Name）	①在使用词组作为关键词进行检索时，用引号引住词组，如"Denso Corporation"。引号中不能用 $ ②支持右截断（right truncation）检索，截词符 $ ③支持布尔逻辑运算符"AND""OR""ANDNOT" 检索输入示例：AN/"Denso Corporation"
AC	受让人所在城市（Assignee City）	①在使用词组作为关键词进行检索时，用引号引住词组，如"new York"。引号中不能用 $ ②支持右截断（right truncation）检索，截词符"$" ③支持布尔逻辑运算符"AND""OR""ANDNOT" 检索输入示例：AC/"new York"
AS	受让人所在州（Assignee State）	只对美国本土的州有效，州名只可以使用缩写。国外的只可以查询国家（ACN） 检索输入示例：AS/AK
ACN	受让人所在国（Assignee Country）	如果国家是美国，则此项无用。搜索的国家名必须是国家缩写，不可以是全称 检索输入示例：ACN/JP

续表

字段代码 (Field Code)	字段名称 (Field Name)	备注
EXP	主审查员（Primary Examiner）	姓名的书写方式：last name – first name – initial。如：Doe（姓）– John（名）– E（中间名）。 如果不确定准确的姓名，可以使用通配符 $，如 Doe – $ or Doe – John $ or Doe – J $。 检索输入示例：EXP/Hyder – Philip – S、EXP/Hyder – Philip $
EXA	助理审查员（Assistant Examiner）	姓名的书写方式：last name – first name – initial。如：Doe（姓）– John（名）– E（中间名）。如果不确定准确的姓名，可以使用通配符 $，如 Doe – $ or Doe – John $ or Doe – J $ 检索输入示例：EXA/Ly – Darlington、EXA/Ly – Darlington $
REF	被引用的文献（Referenced By）	可以搜索在所有正文引用此专利号为现在技术的专利，如 5096294。也可采用模糊检索，如 5096 $ 检索输入示例：REF/5096294、REF/5096 $
FREF	外国参考文献（Foreign References）	检索外国专利被引证的指令。如 FREF/5 – 211748，是在美国专利数据库中检索引用了（5 – 211748）这一外国专利的美国专利
OREF	其他参考文献（Other References）	专利中包含的其他参考文献，如会议、书籍和期刊文献 ①在使用词组作为关键词进行检索时，用引号引住短语，如 "car and locomotive"；引号中不能用 $ ②支持右截断（right truncation）检索，截词符 " $ " ③支持布尔逻辑运算符 "AND" "OR" "ANDNOT" 检索输入示例：OREF " car and locomotive"、OREF/car $

续表

字段代码 (Field Code)	字段名称 (Field Name)	备注
GOVT	政府利益（Government Interest）	检索输入示例：GOVT/"computer program"
FMID	专利家族 ID（Patent Family ID）	利用"专利家族 ID"来将同一个专利家族所有家族成员放在一起。专利家族成员可包括：授权前公开文献，美国专利文献，外国文献，连续案申请＆分割案申请和其专利。 检索输入示例：FMID/38195191
COFC	更正证书（Certificate of Correction）	如果专利包含更正证明书会显示"YES" 检索输入示例：COFC/YES
REEX	再审证书（Re‑Examination Certificate）	如果专利包含再审证书会显示"YES" 检索输入示例：REEX/YES
PTAB	PTAB 诉讼证书（PTAB Trial Certificate）	如果专利包含 PTAB 诉讼证书（PTAB Trial Certificate）会显示"YES" 检索输入示例：PTAB/ yes
SEC	补充审查证书（Supplemental Exam Certificate）	如果专利包含补充审查证书（Supplemental Exam Certificate）会显示"YES" 检索输入示例：SEC/ yes

（3）专利号检索（见图 3 - 4 - 27）。

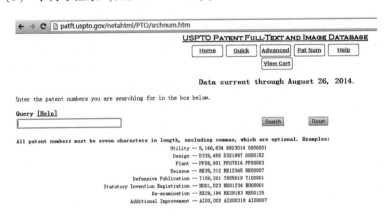

图 3 - 4 - 27　专利号检索页面

①在专利号检索界面上，只设有一个专利号检索入口输入框，可输入

一个或多个专利号。当输入多个专利号时，各专利号之间可使用空格，或是使用布尔逻辑算符 "or"。

②将已知的专利号在输入框中直接输入进行检索即可。专利号中间的逗号可缺省。

③专利号为 7 位数字，如 5096294。除实用新型专利直接输入号码外，其他类型专利号码前须加类型代码，如外观设计代码为 "D"。

- Utility – CCCCCCC，如 5，146，634
- Reissue – RE，如 RE35，312
- Design – D，如 D339，456
- Defensive Publication（防卫性公告）– T，如 T109，201
- Plant – PP，如 PP8，901
- SIR（依法登记的发明）– H，如 H1，523

（4）检索结果输出。

美国授权专利检索库设置了 3 种检索结果显示：检索结果列表（包括专利号及专利名称）、文本型专利全文显示（包括题录数据、文摘、权利要求及说明书）和图像型专利说明书全文显示。

①检索结果列表（见图 3 – 4 – 28）。在图 3 – 4 – 28 中，检索结果中的记录排序是按照专利文献公布日期由后到前的顺序排列，即最新公布的专利文献排在前面。显示页面一次只能显示 50 条，点击 "Next 50 Hits" 按钮可以继续浏览。专利号之前的符号 "T" 表明该文献有专利全文文本（full – text）。点击专利号或专利名称，显示该专利的文本型专利全文。

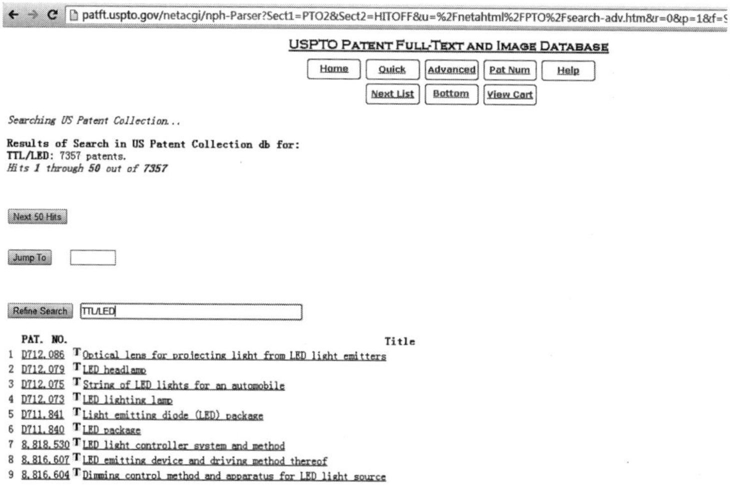

图 3 – 4 – 28　检索结果列表显示界面

②文本型专利全文显示页面（包括题录数据、文摘、权利要求及说明书）。如图 3 - 4 - 29 所示，上方按钮的用途：Home 为返回检索主页；Quick、Advanced、Pat Number 为返回这 3 种检索方式的入口；Help 为查看全文数据库的帮助信息；Bottom 为直接显示该页面的最下方；Images 为显示该文件的图像格式文本。点击"Images"（图像）的超链接按钮可进入图像型专利全文页面。

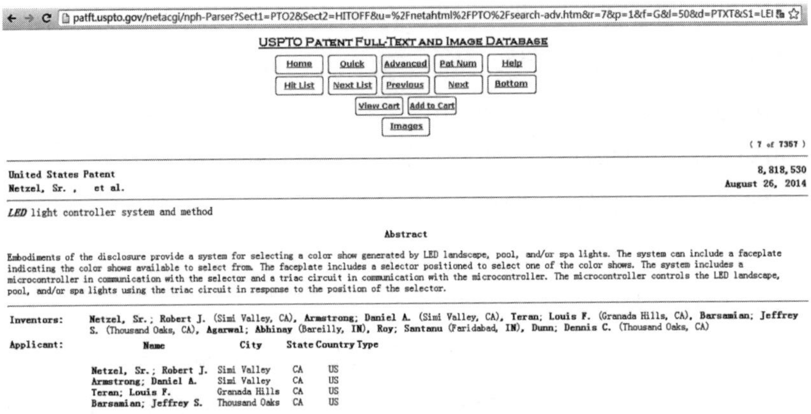

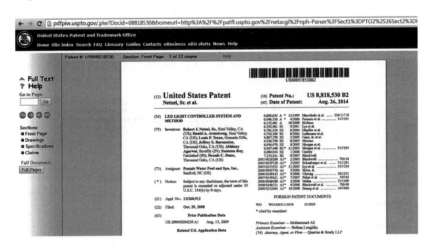

图 3 - 4 - 29　文本型专利全文显示页面

③图像型专利说明书全文显示页面（见图 3 - 4 - 30）。

图 3 - 4 - 30　图像型专利说明书全文显示页面

3）专利申请公布数据库检索

专利申请公布数据库中收录自 2001 年 3 月 15 日以来美国公布的数据。

美国专利申请公布检索系统也提供 3 种检索方式：快速检索、高级检索和专利申请公布号检索。网址为 http：//patft. uspto. gov/。检索首页如图

3 – 4 – 31 所示。

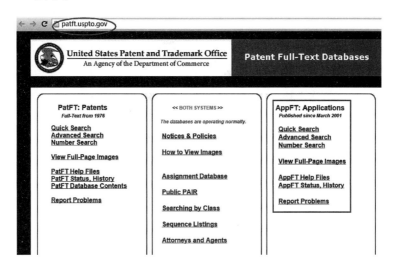

图 3 – 4 – 31　专利申请公布数据库检索首页

快速检索和高级检索与美国授权专利数据库的快速检索和高级检索的检索方法相同，只是高级检索的检索字段代码及名称部分有区别，专利申请公布数据库的高级检索的检索字段只有 38 个，如表 3 – 4 – 2 所示。

表 3 – 4 – 2　38 个高级检索字段

字段代码 （Field Code）	字段名称（Field Name）	备注
DN	申请公布号（Document Number）	专利申请公布号有 11 位数字，即 YYYYNNNNNNN，如 20010001111
PD	申请公布日（Publication Date）	①日期格式可使用下述 3 种格式中的 1 种 格式 1：YYYYMMDD。年月日格式（共 8 位数，月份、日期为两位数），如 19960103 格式 2：< Month > – < Day > – < Year >。月份可以使用数字、英文全拼或简写格式，日期为 1～31 的数字或通配符 $ ，如 1 – 3 – 1996，Jan – 3 – 1996，January – 3 – 1996 格式 3：< Month >/< Day >/< Year >。如 1/3/1996，Jan/3/1996 ②使用 – > 表示时间区间，如 1/1/1995 – >2/14/1995 检索输入示例：PD/19960103、PD/1 – 3 – 1996、PD/Jan – 3 – 1996、PD/January – 3 – 1996、PD/1/3/1996、PD/Jan/3/1996、PD/1/1/1995 – >2/14/1995

续表

字段代码 (Field Code)	字段名称（Field Name）	备注
TTL	专利名称（Title）	①在使用词组作为关键词进行检索时，用引号引住词组，如"laser printer"。引号中不能用 $
ABST	文摘（Abstract）	
ACLM	权利要求（Claim（s））	②支持右截断（right truncation）检索，截词符 $
SPEC	说明书 （Description/Specification）	③支持布尔逻辑运算符"AND" "OR" "ANDNOT"
CCL	当前美国专利分类（Current US Classification）	①输入格式为 CCL/class/subclass，如 CCL/2/5、CCL/427/2.31 ②可使用通配符，如 CCL/427/ $
CPC	当前联合专利分类（Current CPC Classification）	①输入格式为 CPC/CLASS，如 CPC/C07H19/10 ②可使用通配符，如 CPC/C07 $、CPC/C07H $、CPC/C07H19 $
CPCL	当前类级别的联合专利分类号（Current CPC Classification Class）	①输入格式为 CPCL/CLASS，如 CPCL/C07H ②可使用通配符，如 CPCL/C07 $
ICL	国际专利分类（International Classification）	①输入格式为 ICL/CLASS，如 ICL/C07H ②可使用通配符，如 CPCL/C07 $
APT	申请类型（Application Type）	申请类型有6类，分别为：1－发明专利（Utility）、2－再颁专利（Reissue）、4－外观设计（Design）、5－防卫性公告（Defensive Publication）、6－植物专利（Plant）、7－依法登记的发明（Statutory Invention Registration） 检索输入示例：APT/4 AND TTL/ toy
APN	申请号（Application Serial Number）	申请号是一个6位的数列，申请顺序号不足6位的前面用"0"将其补充至6位。同一个序列号可能有多件专利 如：APN/000001 可以检索到8个专利

续表

字段代码 (Field Code)	字段名称（Field Name）	备注
APD	申请日（Application Date）	①日期格式可使用下述 3 种格式中的 1 种 格式 1：YYYYMMDD。年月日格式（共 8 位数，月份、日期为两位数），如 19960103 格式 2：＜Month＞－＜Day＞－＜Year＞。月份可以使用数字，英文全拼或简写格式，日期为 1~31 的数字或通配符 ＄，如 1－3－1996，Jan－3－1996，January－3－1996 格式 3：＜Month＞/＜Day＞/＜Year＞。如 1/3/1996，Jan/3/1996 ②使用－＞表示时间区间，如 1/1/1995－＞2/14/1995 检索输入示例：APD/19960103、APD/1－3－1996、APD/Jan－3－1996、APD/January－3－1996、APD/1/3/1996、APD/Jan/3/1996、APD/1/1/1995－＞2/14/1995
FMID	专利家族 ID（Patent Family ID）	利用"专利家族 ID"来将同一个专利家族所有家族成员放在一起。专利家族成员可包括：授权前公开文献，美国专利文献，外国文献，连续案申请 & 分割案申请和其专利 检索输入示例：FMID/38195191
PRAD	优先权要求日（Priority Claim Date）	①日期格式可使用下述 3 种格式中的 1 种 格式 1：YYYYMMDD。年月日格式（共 8 位数，月份、日期为两位数），如 19960103； 格式 2：＜Month＞－＜Day＞－＜Year＞。月份可以使用数字，英文全拼或简写格式，日期为 1~31 之间的数字或通配符 ＄，如 1－3－1996，Jan－3－1996，January－3－1996 格式 3：＜Month＞/＜Day＞/＜Year＞。如 1/3/1996，Jan/3/1996 ②使用－＞表示时间区间，如 1/1/1995－＞2/14/1995 检索输入示例：PRAD/19960103、PRAD/1－3－1996、PRAD/Jan－3－1996、PRAD/January－3－1996、PRAD/1/3/1996、PRAD/Jan/3/1996、PRAD/1/1/1995－＞2/14/1995

字段代码 (Field Code)	字段名称（Field Name）	备注
PCT	PCT 信息（PCT Information）	包括 PCT 号码、PCT 371 日期、PCT 102（e）、PCT 申请日、PCT 公开号、PCT 公开日 输入 PCT 公开号，如 PCT/WO2012/144204、PCT/WO2012 $\$$ 输入 PCT 申请日，如 PCT/20120418、PCT/201204 $\$$（使用通配符时需具体到月份）
PTAD	PCT 申请日 （PCT Filing Document Date）	①日期格式可使用下述 3 种格式中的 1 种 格式 1：YYYYMMDD。年月日格式（共 8 位数，月份、日期为两位数），如 19960103 格式 2：＜Month＞－＜Day＞－＜Year＞。月份可以使用数字，英文全拼或简写格式，日期为 1~31 的数字或通配符 $\$$，如 1－3－1996，Jan－3－1996，January－3－1996 格式 3：＜Month＞/＜Day＞/＜Year＞。如 1/3/1996，Jan/3/1996 ②使用－＞表示时间区间，如 1/1/1995－＞2/14/1995 检索输入示例：PTAD/19960103、PTAD/1－3－1996、PTAD/Jan－3－1996、PTAD/January－3－1996、PTAD/1/3/1996、PTAD/Jan/3/1996、PTAD/1/1/1995－＞2/14/1995
PT3D	PCT Filing 371 Date	
PRIR	外国优先权（Foreign Priority）	①直接输入优先权国家的代码，如 PRIR/JP ②输入优先权中的年份，如 PRIR/2004/ $\$$ ③输入优先权号，如 PRIR/JP2009－251632 ④输入优先权编码中含有的数字，如 PRIR/356 $\$$

续表

字段代码 (Field Code)	字段名称 (Field Name)	备注
IN	发明人 (Inventor Name)	姓名的书写方式: last name – first name – initial。如 Doe (姓) – John (名) – E (中间名), 如果不确定准确的姓名, 可以使用通配符 $, 如 Doe – $ or Doe – John $ or Doe – J $ 检索输入示例: IN/Watkins – Jeffrey – T、IN/Watkins – Jeffrey – T $、IN/Watkins – Jeffrey $、IN/Watkins $
IC	发明人所在城市 (Inventor City)	①在使用词组作为关键词进行检索时, 用引号引住词组, 如 "new York"。引号中不能用 $ ②支持右截断 (right truncation) 检索, 截词符 $ ③支持布尔逻辑运算符 "AND" "OR" "ANDNOT" 检索输入示例: IC/ "new York"
IS	发明人所在州 (Inventor State)	只对美国本土的州有效, 州名只可以使用缩写。国外的只可以查询国家 (ICN) 检索输入示例: IS/AK
ICN	发明人所在国 (Inventor Country)	如果国家是美国, 则此项无用。搜索的国家名必须是国家缩写, 不可以是全称 检索输入示例: ICN/JP
AANM	申请人 (Applicant Name)	姓名的书写方式: last name – first name – initial。如 Doe (姓) – John (名) – E (中间名), 如果不确定准确的姓名, 可以使用通配符 $, 如 Doe – $ or Doe – John $ or Doe – J $ 检索输入示例: AANM/Watkins – Jeffrey – T、AANM/Watkins – Jeffrey – T $、AANM/Watkins – Jeffrey $、AANM/Watkins $

字段代码 (Field Code)	字段名称（Field Name）	备注
AACI	申请人所在城市（Applicant City）	①在使用词组作为关键词进行检索时，用引号引住词组，如"new York"。引号中不能用 ②支持右截断（right truncation）检索，截词符 $ ③支持布尔逻辑运算符"AND""OR""ANDNOT" 检索输入示例：AACI/"new York"
AAST	申请人所在州（Applicant State）	只对美国本土的州有效，州名只可以使用缩写。国外只可以查询国家（AACO） 检索输入示例：AAST/AK
AACO	申请人所在国（Applicant Country）	如果国家是美国，则此项无用。搜索的国家名必须是国家缩写，不可以是全称 检索输入示例：AACO/JP
AAAT	Applicant Type（申请人类型）	—
GOVT	政府利益（Government Interest）	检索输入示例：GOVT/"computer program"
AN	受让人（Assignee Name）	①在使用词组作为关键词进行检索时，用引号引住词组，如"Denso Corporation"。引号中不能用 $ ②支持右截断（right truncation）检索，截词符 $ ③支持布尔逻辑运算符"AND""OR""ANDNOT" 检索输入示例：AN/"Denso Corporation"

续表

字段代码 (Field Code)	字段名称 (Field Name)	备注
AC	受让人所在城市 (Assignee City)	①在使用词组作为关键词进行检索时，用引号引住词组，如 "new York"。引号中不能用 $ ②支持右截断 (right truncation) 检索，截词符 $ ③支持布尔逻辑运算符 "AND" "OR" "ANDNOT" 检索输入示例：AC/ "new York"
AS	受让人所在州 (Assignee State)	只对美国本土的州有效，州名只可以使用缩写。国外的只可以查询国家 (ACN) 检索输入示例：AS/AK
ACN	受让人所在国 (Assignee Country)	如果国家是美国，则此项无用。搜索的国家名必须是国家缩写，不可以是全称 检索输入示例：ACN/JP
KD	授权前文献种类代码 (Pre - Grant Publication Document Kind Code)	A1——自 2001. 01. 02 起，未经审查的专利申请公布说明书 A2——自 2001 年起，专利申请的第二次公布 A9——自 2001 年起，专利修正说明书 检索输入示例：KD/A1
PARN	相关申请的交叉引用 (Cross Reference to Related Applications)	—
RLAP	相关美国申请数据 (Related US App. Data)	包括相关美国申请的申请号、申请日、专利号、授权日 ①输入号码，如 RLAP/583814 ②输入日期，如 RLAP/19960103 ③号码检索可使用通配符检索，如 RLAP/5838 $

续表

字段代码 (Field Code)	字段名称（Field Name）	备注
RLFD	相关专利申请日（Related Application Filing Date）	①日期格式可使用下述 3 种格式中的 1 种 格式 1：YYYYMMDD。年月日格式（共 8 位数，月份、日期为两位数），如 19960103 格式 2：< Month > – < Day > – < Year >。月份可以使用数字，英文全拼或简写格式，日期为 1~31 之间的数字或通配符 $，如 1 – 3 – 1996，Jan – 3 – 1996，January – 3 – 1996 格式 3：< Month >/< Day >/< Year >。如 1/3/1996，Jan/3/1996 检索输入示例：RLFD/19960103、RLFD/1 – 3 – 1996、RLFD/Jan – 3 – 1996、RLFD/January – 3 – 1996、RLFD/1/3/1996、RLFD/Jan/3/1996
PPPD	Prior Published Document Date	①日期格式可使用下述 3 种格式中的 1 种 格式 1：YYYYMMDD。年月日格式（共 8 位数，月份、日期为两位数），如 19960103； 格式 2：< Month > – < Day > – < Year >。月份可以使用数字，英文全拼或简写格式，日期为 1~31 之间的数字或通配符 $，如 1 – 3 – 1996，Jan – 3 – 1996，January – 3 – 1996 格式 3：< Month >/< Day >/< Year >。如 1/3/1996，Jan/3/1996 ②使用 – > 表示时间区间，如 1/1/1995 – > 2/14/1995 检索输入示例：PPPD/19960103、PPPD/1 – 3 – 1996、PPPD/Jan – 3 – 1996、PPPD/January – 3 – 1996、PPPD/1/3/1996、PPPD/Jan/3/1996、PPPD/1/1/1995 – > 2/14/1995

　　在专利申请公布号检索界面上，只设有一个申请公布号检索入口输入框。用户可将已知的申请公布号在输入框中直接输入进行检索。其输入格式及检索结果输出方式与美国授权专利数据库基本相同。

4）美国专利公报浏览

通过美国专利商标局网站可以浏览最近 52 期美国专利电子公报。网址
为 http：//www. uspto. gov/news/og/patent_ og/index. jsp。美国专利公报首
页如图 3 − 4 − 32 所示。

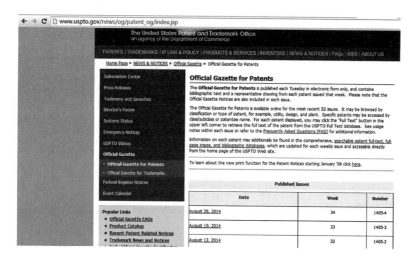

图 3 − 4 − 32　美国专利公报浏览首页

（1）通过选择期号可以进入该期电子公报的浏览界面（见图 3 − 4 − 33）。

图 3 − 4 − 33　选择期号后可进入该期电子公报的浏览界面

（2）授权专利有5种索引方式浏览。

①根据美国专利分类号浏览：类号/小类号浏览（Browse by Class/Subclass）。在左侧输入特定美国专利分类号（specific classification）浏览相应的专利（见图3-4-34）。

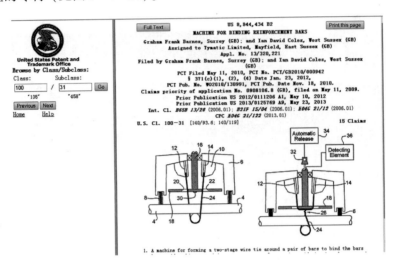

图3-4-34　类号/小类号浏览界面

②根据美国专利分类号范围浏览：专利分类索引（Classification of Patent）。点击"Classification of Patent"后，从列表中选择分类号范围，如210-219，220-229，230-239，240-249，……。页面下方的类号和类名"Class Number and Titles"链接可供用户查询分类表中"类"的类号和类名（见图3-4-35）。

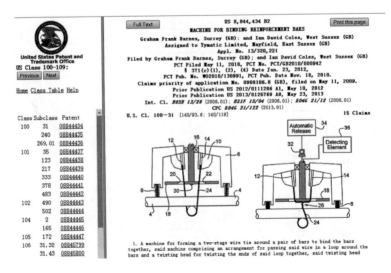

图3-4-35　专利分类索引浏览界面

③通过专利号或授权专利种类浏览：授权专利浏览（Browse Granted Patents）。在页面左侧输入专利号或选择专利种类浏览专利文献（见图 3 - 4 -36）。

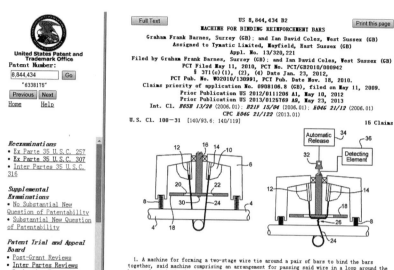

图 3 - 4 - 36 授权专利浏览界面

④专利权人索引（Index of Patentees）。可通过专利权人名字的字母顺序或专利种类与专利权人结合两种索引方式进行浏览。按照专利权人名字的字母顺序进行浏览时，选择左侧的"Patentees in Alphabetical Order"；用户可以在输入框中输入专利权人的姓进行查询，或直接点击字母进行浏览。按照专利种类进行浏览时，首先选择专利种类，然后在该专利种类的范围内输入专利权人的姓或点击专利权人名称的字母进行浏览（见图 3 - 4 - 37）。

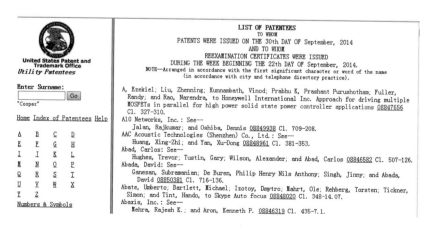

图 3 - 4 - 37 专利权人索引界面

⑤发明人地理索引（Geographical Index of Inventors）。可通过第一发明人居住所在州或城市浏览专利记录。系统还显示本期公报中每个州有多少条记录（见图3-4-38）。

图3-4-38　发明人地理索引界面

（3）检索结果显示。

美国专利公报数据库中每条专利记录可浏览专利的基本著录项目、权利要求1和摘要附图（见图3-4-39）。

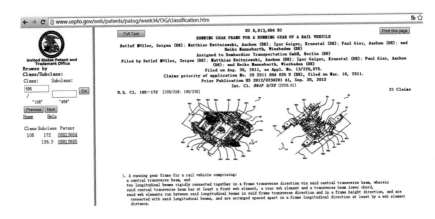

图3-4-39　检索结果显示界面

每条专利记录的左上角有一个"Full Text"按钮，可直接链接到授权专利数据库的"专利全文文本显示"页面上。

5）美国专利分类表查询

美国专利分类表有2个查询检索途径。

途径1。网址为http：//www. uspto. gov/web/patents/Classification/。网站首页如图3-4-40所示。

图 3 – 4 – 40　美国专利分类别查询途径 1

通过选定不同的目录，可分别进入相应的界面。

（1）选择目录（Schedule）（见图 3 – 4 – 41）。点击提交后，结果如图 3 – 4 – 42 所示。检索结果中，类号前面的字母"P"可与专利检索数据库进行链接（见图 3 – 4 – 43），结果显示该类号或类号/小类号下的美国专利文献数目，并可查看每一件文献的全文文本。

图 3 – 4 – 41　选择目录进入相应界面

（2）选择释义（Definitions）（见图 3 – 4 – 44）。点击提交后，结果如图 3 – 4 – 45 所示。检索结果页面下半部分有各小类的注释，类号前面的字母"P"可与专利检索数据库进行链接（见图 3 – 4 – 46），结果显示该类号或类号/小类号下的美国专利文献数目，并可查看每一件文献的全文文本。

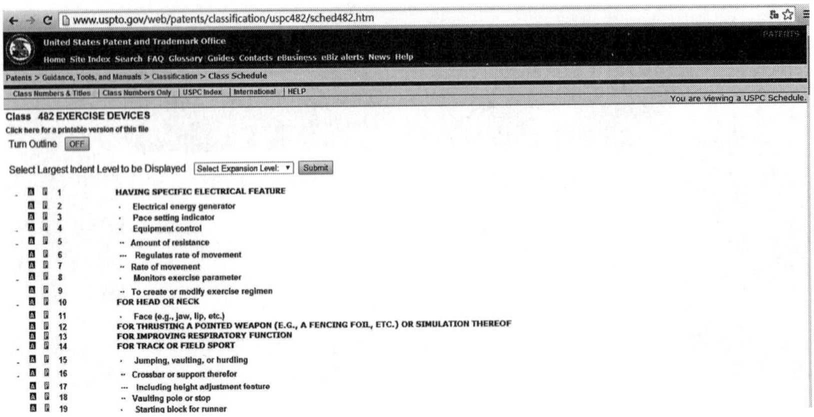

图 3 – 4 – 42 选择目录后结果显示页面

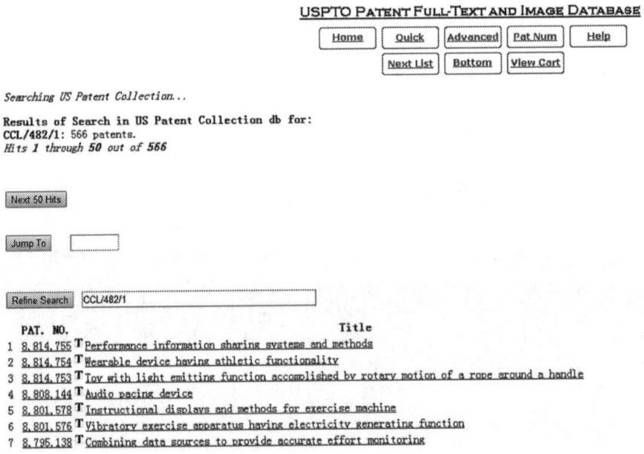

图 3 – 4 – 43 类号前字母 "P" 可与专利检索数据库进行链接

图 3 – 4 – 44 选择释义后进入相应界面

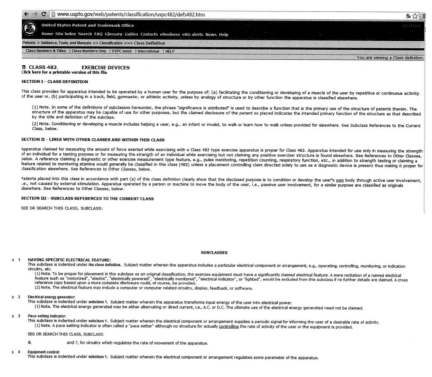

图 3 – 4 – 45　选择释义后结果显示界面

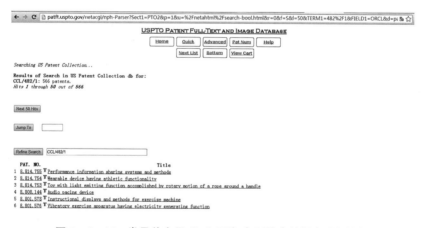

图 3 – 4 – 46　类号前字母"P"可与专利检索数据库进行链接

途径 2。网址为 http：//www. uspto. gov/web/patents/ classification/se-lectnumwithtitle. htm。网站首页如图 3 – 4 –47 所示。

6）美国专利转移检索

专利权转移数据库可供检索 1980 年 8 月以后的美国已授权专利和专利申请公布的权利转移情况，包括专利权转移卷宗号、登记日期、让与种类和专利权信息等。仅收录美国授权专利和专利申请公布的权利转移登记信

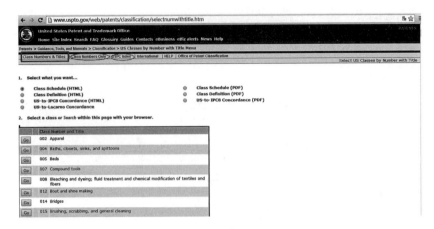

图 3 – 4 – 47　美国专利分类别查询途径 2

息，不包括审查过程中的或放弃专利权的专利记录。网址为 http：//assignments. uspto. gov/assignments/？ db = pat。网站首页如图 3 – 4 – 48 所示。

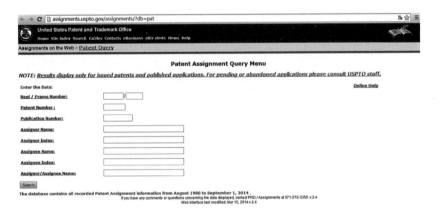

图 3 – 4 – 48　美国专利转移检索首页

①检索时每次只能使用一个检索字段。

②名字检索时，通常不使用引号（""），除非用户要求在检索结果信息中包含（""）。

③不可使用通配符。

④通常，查找某一件特定专利的权利转移情况使用号码字段；而在查找某人或某公司的权利专利情况使用"出让人""受让人""专利出让人/受让人"字段。

该系统的检索入口字段如表 3 – 4 – 3 所示。

表 3 – 4 – 3　美国专利转移检索入口字段

字段	备注
Reel/Frame Number（专利权转移卷宗号）	卷号和结构号上必须都输入至少 1 个阿拉伯数字（系统提供前面补零功能） 如 009001/0828
Patent Number（专利号）	如 6493347
Publication Number（专利申请公布号）	输入专利公布号的阿拉伯数字部分，不需要输入"US"和"文献种类标识代码"， 如 20020069292
Assignor Name（出让人姓名）	单个名字的格式为"姓 + 名/ 首字母"； Mr. Mrs. Dr. 等不作为检索部分使用， 如 ACKERMANN，WALTER T.
Assignor Index （出让人索引）	输入至少 1 个字符（字母或/和数字）
Assignee Name（受让人姓名）	单个名字的格式为"姓 + 名/首字母"； Mr. Mrs. Dr. 等不作为检索部分使用， 如 ACKERMANN，WALTER T.
Assignee Index（受让人索引）	输入至少 1 个字符（字母或/和数字）
Assignor/Assignee Name（专利出让人/受让人姓名）	单个名字的格式为"姓 + 名/ 首字母"； Mr. Mrs. Dr. 等不作为检索部分使用， 如 ACKERMANN，WALTER T.

如图 3 – 4 – 49 所示，检索受让人"JUNIPER NETWORKS"的检索结果包括专利申请号、专利号（含申请公布号）和受让人名字等 3 列。

图 3 – 4 – 49　受让人"JUNIPER NETWORKS"的检索结果列表显示

图 3 - 4 - 50 列出了专利号 "6493347" 的权利转移情况。

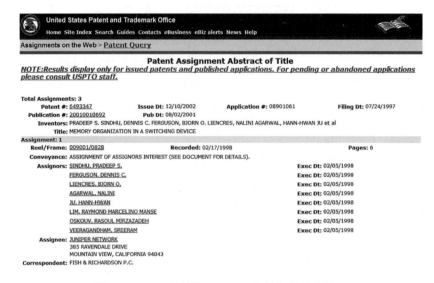

图 3 - 4 - 50 专利号 "6493347" 的权利转移情况

7）美国专利法律状态检索

（1）概述。

专利法律状态检索是指对一项专利或专利申请当前所处的状态进行检索，其目的是了解专利申请是否授权、授权专利是否有效、专利权人是否变更，以及与专利法律状态相关的信息。这些信息还包括专利权有效期是否届满、专利申请是否撤回、专利申请是否被驳回和专利权是否发生过转移等。

美国专利商标局网站可供用户进行的法律状态检索包括：通过查找专利缴费情况确定专利是否提前失效；通过查找撤回的专利确定专利是否在授权的同时被撤回；通过查找专利保护期延长的具体时间确定专利的最终失效日期；通过查找继续数据确定专利是否有继续申请、部分继续申请、分案申请等相关联的情报；通过查看专利权人的变化情况确定专利权是否经过转移等。

（2）进入方法。

①直接进入。网址为 http：//portal. uspto. gov/pair/Public Pair。

②通过国家知识产权局网站链接进入：国家知识产权局/国家（地区）工业产权检索系统链接 - 美国专利法律状态检索（英文版）。

在 Public PAIR 页面，需要输入 "验证码"（见图 3 - 4 - 51）。

（3）专利检索。检索界面上有 5 个号码选择框（见图 3 - 4 - 52）：申

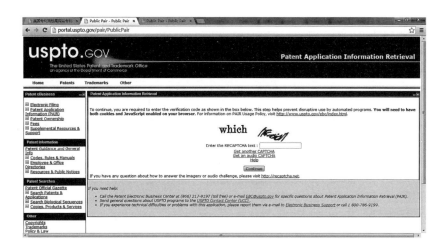

图 3 - 4 - 51 **Public PAIR** 页面输入 "验证码"

请号 (Application Number)、控制号 (Control Number)、专利号 (Patent-Number)、PCT 号 (PCT Number)、公布号 (Publication Number)。每次检索只能选择其中的一种号码形式；通常选择专利号。

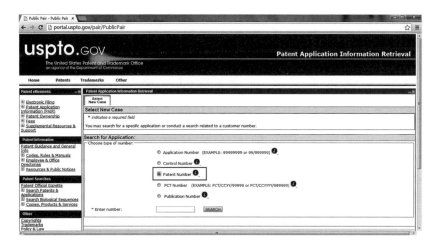

图 3 - 4 - 52 **美国专利法律状态检索界面**

以美国专利号 "US6469012" 为例，如图 3 - 4 - 53 所示，专利著录数据记录页面上方有 11 个按钮，分别如下。

●Select New Case：返回检索页面。

●Application Data：申请数据页面。

●Transaction History：申请审查事务处理历史。

●Image File Wrapper：审查员与申请人之间进行沟通的文件及审查员审批该专利时撰写的各种文件。

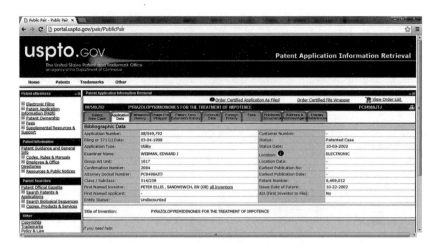

图 3 – 4 – 53 美国专利号"US6469012"检索结果显示页面

●Patent Term Extension History：专利期限延长的历史。

●Continuity Data：专利的继续数据，确定本专利是否有继续申请、部分继续申请、分案申请等相关联的信息。

●Foreign Priority：外国优先权。

●Fees：专利的缴费情况。

●Published Documents：显示本专利的全文页面。

●Address & Attorney/ Agent：显示本专利申请人的地址及律师或代理人的相关信息。

●Display References：显示引用信息。

不同专利显示的按钮数量及内容不同，还可以显示的信息包括 PrintView（打印浏览）、Publication Dates（公布日期）和 Supplemental Content（补充内容）等。

①查看专利缴费情况。查看专利缴费情况可点击专利著录数据页面中的按钮"Fees"，进入专利缴费查询数据库（本数据库收录至最新公布日所有公布的授权专利的缴费数据）（见图 3 – 4 – 54）。

美国专利权期限届满的依据：美国专利授权后分 3 次缴纳维持费，授权之后的第 4 年、第 8 年和第 12 年。在确定检索日之前的最近一次应缴费时间的同时，得到应缴费的年次。查找该专利授权后第 4 年的缴费情况可在"Payment Window"的下拉框中选择"4"后点击"View Statement"（见图 3 – 4 – 55）。框中显示的信息即为该专利第 4 年的缴费数据。结果显示：2006 年 3 月 28 日，专利权人缴费 900 美元。

查找该专利授权后第 8 年的缴费情况，可在"Payment Window"的下

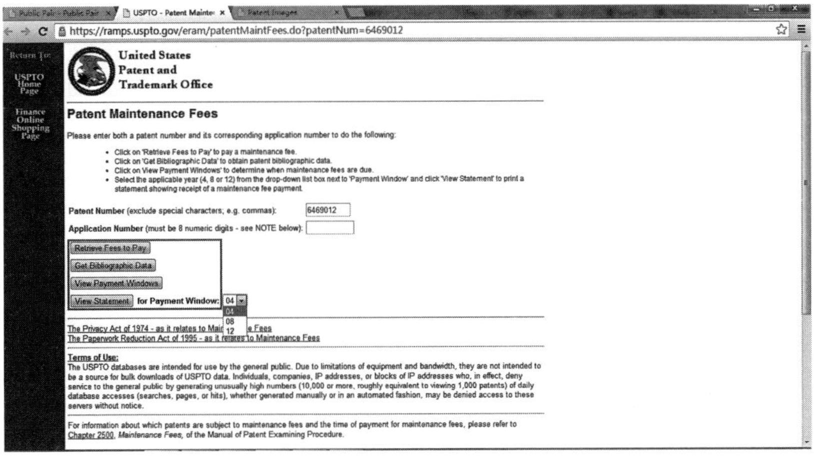

图 3 - 4 - 54　美国专利交费查询数据库

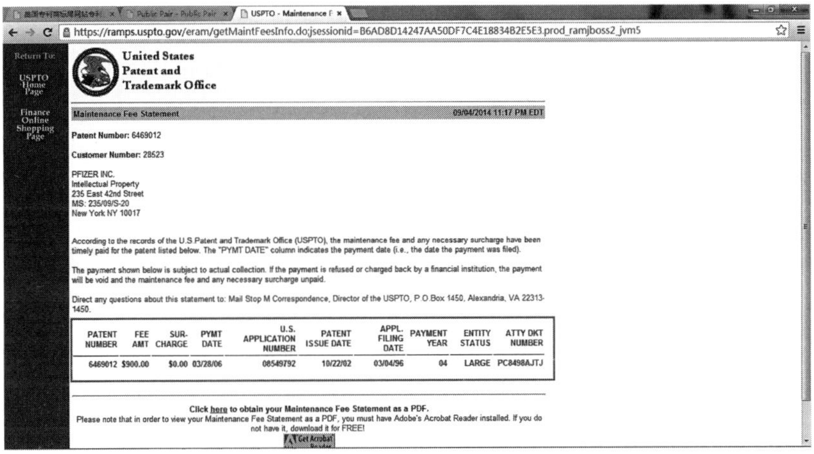

图 3 - 4 - 55　专利授权后第四年缴费情况查询

拉框中选择 "8" 后点击 "View Statement"（见图 3 - 4 - 56）。框中显示的信息即为该专利第 8 年的缴费数据。结果显示：2010 年 3 月 23 日，专利权人缴费 2480 美元。

　　关于专利的具体缴费时间，可以点击图 3 - 4 - 57 中的 "View Payment Windows" 按钮查看。从该缴费窗口页面得知：每个缴费年次均包括开始缴费时间（Open Date），过期补缴罚款时间（Surcharge Date）和停止缴费时间（Close Date）。同时，从 "Get Bibliographic Data" 按钮显示的页面中，也可以看出该专利最近的缴费情况（见图 3 - 4 - 55）。

　　②查找继续数据。查找继续数据，点击著录数据页面中的按钮 "Continuity Data"。如图 3 - 4 - 59 所示，该专利在 2002 年 7 月 24 日具有申请号

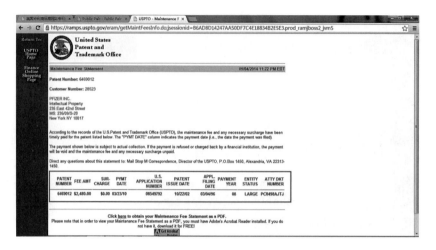

图 3 – 4 – 56　专利授权后第 8 年缴费情况查询

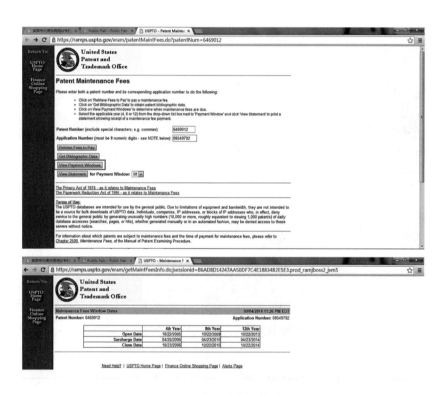

图 3 – 4 – 57　专利具体缴费时间查询

为 10/202962 的继续申请；2003 年 9 月 29 日及以后，该专利经过几次单方再审查请求。点击各申请号的超链接，可查看继续申请的数据记录。

③查找专利保护期延长的具体时间。选择专利著录数据记录页面中的按钮 "Patent Term Extension History" 即可查看该专利的专利保护期的延长

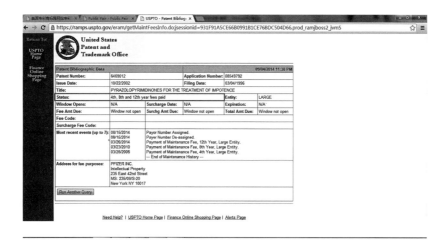

图 3 - 4 - 58 专利最近缴费情况查询

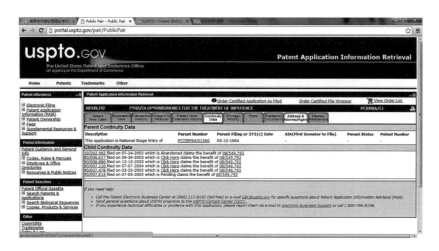

图 3 - 4 - 59 查找继续数据页面

历史，图 3 - 4 - 60 表明："Total Patent Term Extension（days）：0"，即该专利申请的保护期未延长。

④查找撤回的专利。美国的撤回专利分为两种情况：授权的同时被撤回和申请公布的同时被撤回。进入"授权的同时被撤回"数据库的方法为：在 USPTO 网站（http：//www. uspto. gov/）的主页中，单击"PAT-ENTS"下面的 Patent Process→Search for Patents→Withdrawn Patent Numbers。如图 3 - 4 - 61 所示，该数据库收录自 1790 年至最新公布日在授权的同时被撤回的所有专利的目录。

在撤回数据库中，利用"查找"功能，在对话框中输入被检索的专利号，点击"查找下一个"按钮，如果专利目录中存在该专利号，屏幕自动

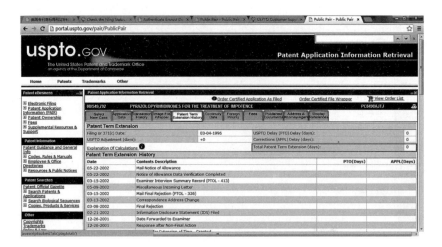

图 3 - 4 - 60　查找专利保护期延长页面

图 3 - 4 - 61　授权同时被撤回数据库页面

移动到该专利号位置，从而可确定被查找的专利已撤回。查找申请公布后撤回的数据，可通过输入网址 http：//www. uspto. gov/web/offices/opc/doc-uments/pgpubwd. pdf 查找（见图 3 - 4 - 62）。

注意：这些被撤回的专利号或公布号列表可能随着时间发生变化。

⑤查找专利权人的变化情况。在美国专利电子商务中心（http：//www. uspto. gov/patft/index. html）选择右侧的"Patent Assignment Database"即可进入专利权转移数据库（http：//assignments. uspto. gov/ assignments/? db = pat）（见图 3 - 4 - 63）。

以美国专利公布号"US20030139702"为例，美国专利权转移检索，可检索美国专利权转移、质押等变更情况，专利权转移卷宗号、登记日

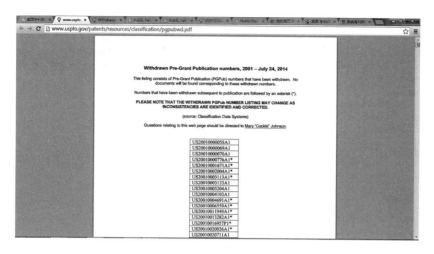

图 3 – 4 – 62　查找申请公布后撤回数据页面

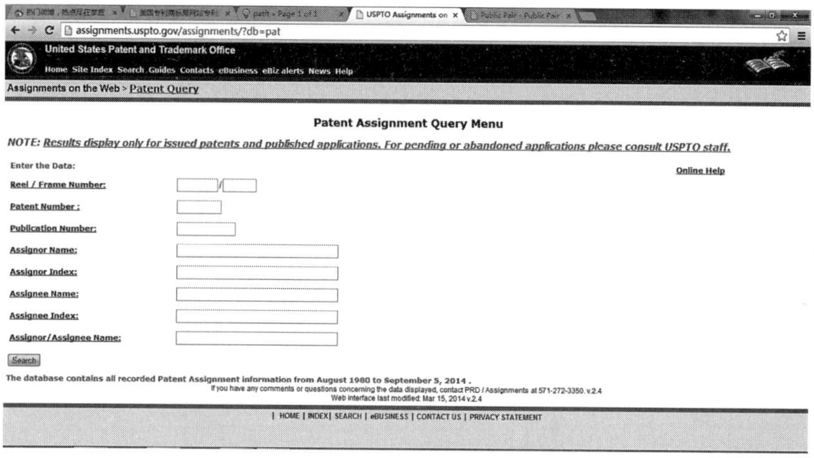

图 3 – 4 – 63　专利权转移数据库页面

期、让与种类、出让人、受让人、相对应的地址等。由图 3 – 4 – 64 可知，该专利经过 4 次转让与质押，专利权人发生过变更。

⑥通过专利公报查找美国专利法律状态信息。查看美国专利的法律状态信息，还可通过查询美国专利公报获得。美国专利公报可供用户浏览的法律状态信息有：专利维持费缴费通知、专利权终止、专利权恢复、再公告申请通知、再审查请求、商标注册终止、专利条例变更、勘误、修正证书等。美国的专利公报提供两种内容：Official Gazette for Patents（最近 52 期电子形式美国专利公报全部内容）和 Official Gazette（最近 10 年美国专利公报中的"Notices"内容）。

a）Official Gazette for Patents。在 USPTO 网站主页中（http：//

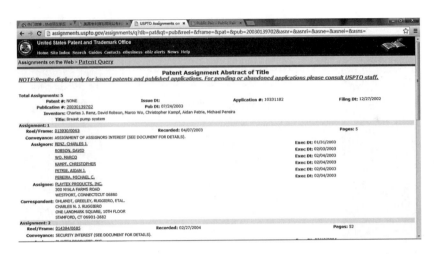

图 3 - 4 - 64　美国专利公布号"US20030139702"专利权转移数据显示页面

www. uspto. gov/）（见图 3 - 4 - 65）选择"News & Notices"中的官方公报
"Official Gazette"，即可进入"Official Gazette for Patents"（见图 3 - 4 -
66）。点击某一期的公报，如 2014 年 9 月 2 日的公报，查看该期公报的全
部内容。点击页面下方的"Continue"按钮，可进入该期电子版专利公报
的检索界面（见图 3 - 4 - 67）。电子版专利公报检索界面的左侧允许用户
浏览本期公布的所有专利。用户可以按类号/小类号、专利分类索引、授
权专利（含基本著录项目、文摘和主图）、专利权人索引、发明人地理索
引等进行浏览，并且提供通知和帮助信息。通常，查找专利法律状态时，
可以查看"Notices"部分。

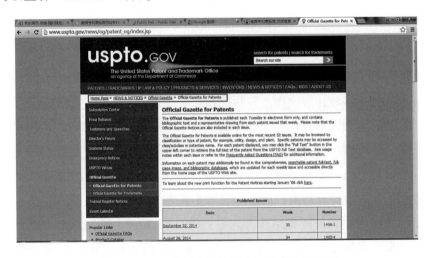

图 3 - 4 - 65　美国专利公报电子形式显示页面

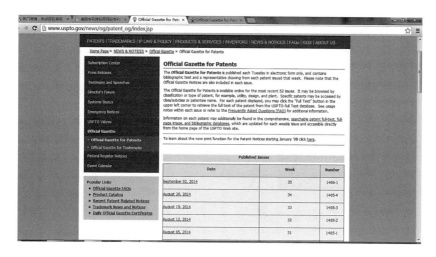

图 3 - 4 - 66　Official Gazette for Patents

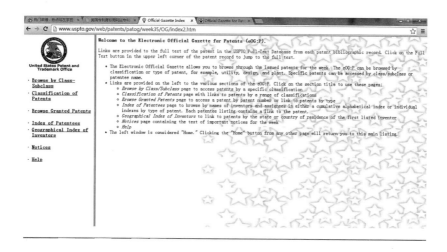

图 3 - 4 - 67　电子版专利公报的检索界面

b）Official Gazette（见图 3 - 4 - 68）。该数据库提供最近 10 年美国专利公报中的"Notices"内容，每期专利公报的"Notices"包括：PCT 信息、专利维持费交费通知、专利权终止、专利权恢复、再公告申请通知、再审查请求、商标注册终止、专利条例变更、勘误、修正证书、TTAB 出版的终审决定摘要等 20 多项内容。打开某一年的公报，可查看该年美国公报的"Notices"。如点击"Browse 2011"，该期公报含有 52 期（见图 3 - 4 - 69）每一期公报含有许多的"通知"内容（见图 3 - 4 - 70）。

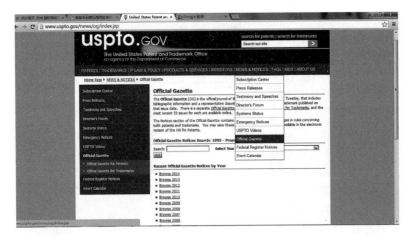

图 3 – 4 – 68　Official Gazette

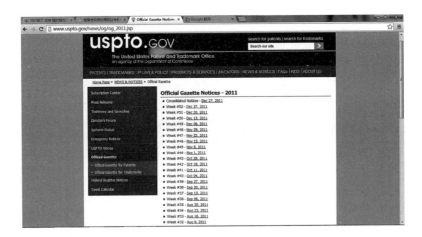

图 3 – 4 – 69　2011 年美国公报的 "Notices"

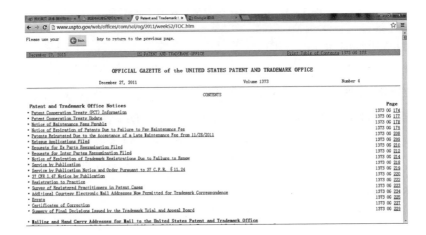

图 3 – 4 – 70　每一期美国公报有许多的 "Notices" 内容

3.4.1.3 日 本

1）概 述

日本特许厅已将自 1885 年以来公布的所有日本专利、实用新型和外观设计电子文献及检索系统通过其网站上的工业产权数字图书馆（Industrial Property Digital Library，IPDL）在互联网上免费提供给全世界的读者。该工业产权数字图书馆被设计成英文版（PAJ）和日文版两种文字的版面。

作为工业产权数字图书馆的工业产权信息数据，英文版网页上只有日本专利、实用新型和商标数据，日文版网页上还包括外观设计数据。

2）进入方法

（1）直接进入。

网址为 http：//www. jpo. go. jp/（见图 3 - 4 - 71）。

（2）通过国家知识产权局网站链接进入。

国家知识产权局网站（网址为 http：//www. cnipa. gov. cn/）/相关链接/国外知识产权网站/日本

进入日本特许厅的英文主页面后，页面右上方存在专利的类型：Patents（专利）、Utility models（实用新型）、Designs（外观设计）和 Trademarks（商标）。选择相应的专利类型进入其检索库，如选择"Patents"，点击页面下方的"Industrial Property Digital Library"即可进入日本工业产权数字图书馆（网址为 http：// www. ipdl. inpit. go. jp/homepg_ e. ipdl）。

点击右上角的"To Japanese Page"可完成英文界面与日文界面的转换。

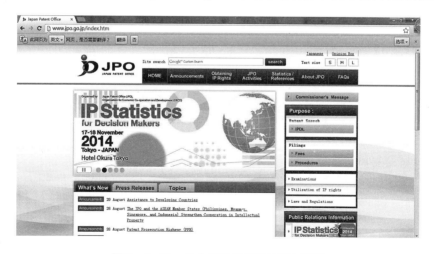

图 3 - 4 - 71 日本知识产权网址英文界面

3）专利检索（日文界面）

图 3 – 4 – 72 为日本专利检索日文界面。该页面主要介绍"特许·实用新案检索""意匠检索""经过情报检索""审判检索"。

特许·实用新案检索：主要检索发明、实用新型专利。

意匠检索：主要检索日本外观设计专利。

经过情报检索：主要检索日本专利的法律状态。

审判检索：主要内容是对一些有复审程序的专利申请所作判决的公报。

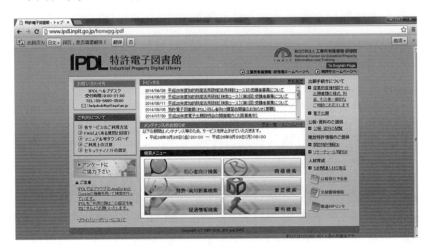

图 3 – 4 – 72　日本专利检索日文界面

点击"特许·实用新案检索"，进入其数据库列表页面（见图 3 – 4 – 73）。

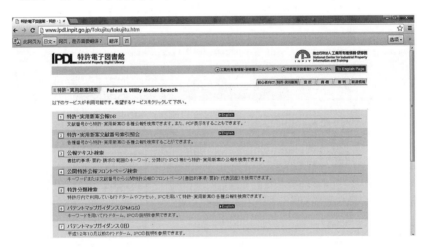

图 3 – 4 – 73　"特许·实用新案检索"界面

在"特许·实用新案检索"库中主要有：特许·实用新案公报 DB、特许·实用新案文献番号索引照会、公报检索、公开特许公报检索和特许分类检索、外国公报 DB、美国特许分类检索、审查书类情报照会等。

（1）特许·实用新案公报 DB（见图 3 - 4 - 74）。

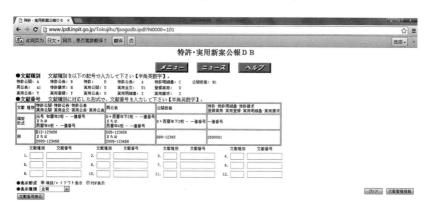

图 3 - 4 - 74　"特许·实用新案公报 DB"界面

发明与实用新型公报数据库检索界面上设有 12 组相同的检索式输入窗口，每组由两个输入窗口构成，分别是"文献种别"（专利文件种类代码）和"文献番号"（号码）。专利文件种类代码和号码检索式输入窗口之间的逻辑关系为"与"；而各组检索式输入窗口之间的逻辑关系为"或"，可同时输入多个文献号码进行检索。同时，选择显示方式，如选择 PDF 格式显示或选择项目显示。

①输入方式。1999 年以前，用 2 位数字的日本纪年，2000 年以后，用 4 位数字的公元纪年。例如，检索 1997 年的 123456 号公布的专利申请，输入"H09 - 123456"。日本纪年与公元年的换算：平成 = H（ + 1988）；昭和 = S（ + 1925）；大正 = T（ + 1911）；明治 = M（ + 1867）。

②检索结果显示。若检索的文献存在，则系统设置超链接。点击之后即可浏览专利全文（见图 3 - 4 - 75）。也可选择"项目显示"的方式显示该文件（见图 3 - 4 - 76）。

在图 3 - 4 - 77 中，可依次点击中间部位的"全项目""书志 + 要约 + 请求范围""请求书"等项目逐一查看。该页面可以进行粘贴、复制等操作，对不能输入日文的计算机有所帮助。点击上方的"经过情报"可以检索该专利的法律状态信息。

（2）特许·实用新案文献番号索引照会。

专利与实用新型对照索引检索界面上首先设有"特許"和"実用"两个单选按钮供用户选择。

专利与实用新型对照索引检索界面上设有 5 组相同的检索式输入窗口，

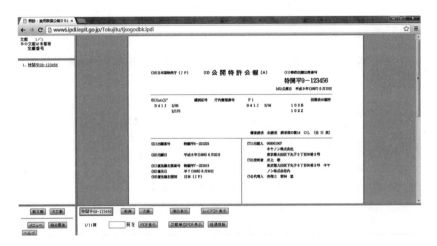

图 3 - 4 - 75   专利文献浏览全文界面

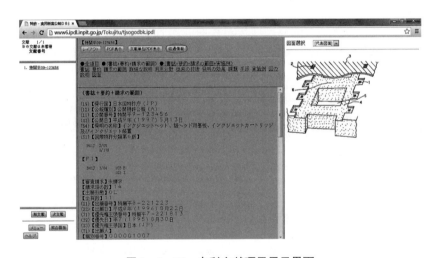

图 3 - 4 - 76   专利文献项目显示界面

图 3 - 4 - 77   "特许·实用新案文献番号索引照会"界面

每组由一个"种别"（文件种类）选项窗口和一个"文献番号"（文献号）检索式输入窗口组成。每个文件种类选项窗口内有 5 个选项："出願"（申请），"公開"（未经审查的），"公告"（经审查的），"審判"（诉讼）和"登録"（注册）。

检索结果如图 3 – 4 – 78 所示。

图 3 – 4 – 78 可直接显示不同类型的文献全文，如在"文献種別"中选择"公開""公告"等，同时在表示種别中选择"全頁"。

图 3 – 4 – 78　特许·实用新案文献番号索引结果显示页面

（3）公报检索。

图 3 – 4 – 79 列出了日本专利公报的检索页面，该页面支持多字段多入口的检索，字段全部以下拉列表的形式展开，用户可根据需要选择。蓝色框与粉色框之间逻辑关系为"非"。检索项目可通过"检索项目追加"和"检索项目削减"进行增减。需要说明的是，对于文本输入，系统只能识别日语，输入完毕后点击检索即可。

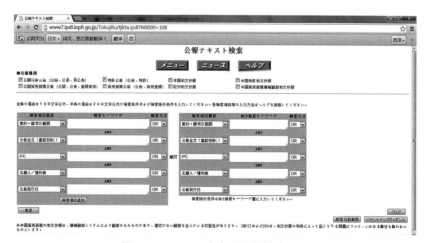

图 3 – 4 – 79　日本专利公报检索页面

检索结果如图 3 - 4 - 80 所示。

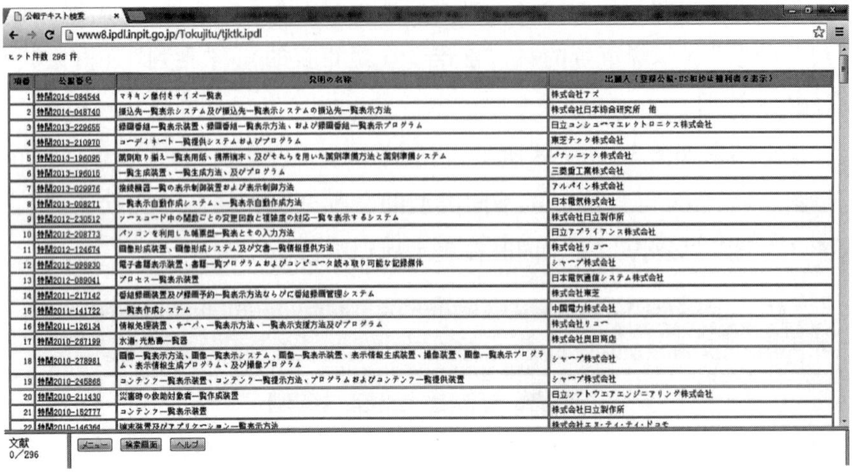

图 3 - 4 - 80 日本专利公报检索结果显示页面

图 3 - 4 - 80 显示按照公开号的顺序编排的"一览表示"的列表。随意选择一件,点击文献号,即可浏览全文。

请注意:如果检索结果超过 1000 条记录,将不能显示"一览表示",即不能进行全文浏览。

(4) 外国公报 DB(见图 3 - 4 - 81)。

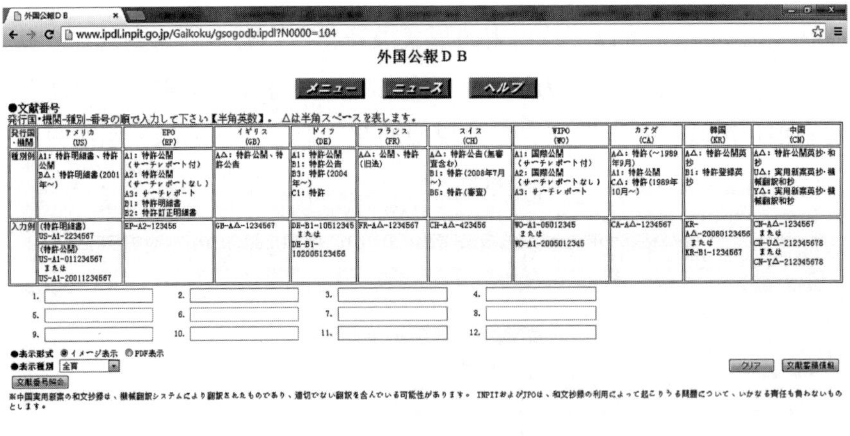

图 3 - 4 - 81 外国公报 DB 页面

外国公报数据库仅支持号码检索方式;其收录的数据包括世界上主要国家和地区的文献,如美国、欧洲、英国、德国、法国、瑞士、国际组织、加拿大;输入方式为国别 + 文献种类 + 文献号码。输入之后点击"文献番号照会"即可。其检索结果显示同上。

4）专利检索（英文界面）

在专利检索英文界面（见图 3 - 4 - 82），日本特许厅工业产权数字图书馆主页中央有 4 个与数据库检索相关的主栏目，各主栏目下又有不同数量的子栏目。专利与实用新型主栏目下的 5 个子栏目均为与专利检索相关的数据库；数据库内容主栏下的 6 个子栏目均为对专利、实用新型和商标各数据库内容的介绍。

图 3 - 4 - 82　专利检索英文界面

（1）PAJ 数据库检索。

日本专利英文文摘数据库（Patent Abstracts of Japan，PAJ）是自 1976 年以来日本公布的专利申请著录项目与文摘（含主图）的英文数据库。每月更新一次。

PAJ 检索页面提供两种检索方式：文本检索（Text Search）和号码检索（Number Search）。

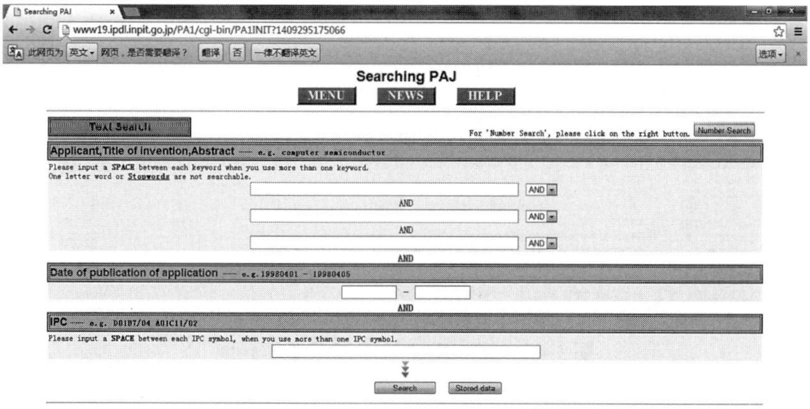

图 3 - 4 - 83　PAJ 文本检索界面

①文本检索（Text Search）。进入 PAJ 的"Text Search"检索界面，该界面设有 3 组检索式输入窗口："Applicant，Title of invention，Abstract"（申请人、发明名称、文摘）、"Data of Publication of Application"（申请公布日期）和"IPC"（国际专利分类号）。具体的输入方式可参考示例或"Help"。

②号码检索（Number Search）（见图 3 - 4 - 84）。提供 4 种号码选项："Application number"（申请号）、"Publication number"（公布号）、"Patent number"（专利号）和"Appeal/trial number"（审查员驳回决定诉讼案号）。输入相应号码后，可直接检索。

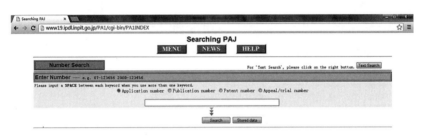

图 3 - 4 - 84　PAJ 号码检索界面

（2）检索结果显示。

检索结果以列表的方式显示，按照公开号的高低进行排序，一页显示 50 条记录。列表信息含有序号、公布号和专利名称（见图 3 - 4 - 85）。

图 3 - 4 - 85　PAJ 检索结果显示界面

点击相应的公布号，显示该篇专利的英文文摘（见图 3 - 4 - 86）。

如图 3 - 4 - 86 所示，在英文文摘显示界面上方有 MENU、SEARCH、

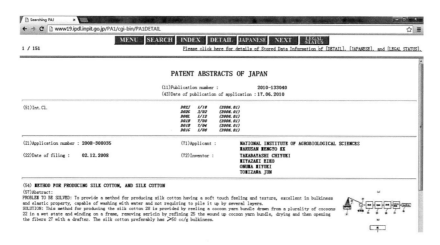

图 3 – 4 – 86　PAJ 检索结果英文文摘显示界面

INDEX、DETAIL、JAPANESE、NEXT 按钮, 可供用户依次进行检索页面的
跳转、回到原始检索页面、回到索引界面、进入 DETAIL 栏、进入日文图
像全文界面和浏览下一篇文献。

　　查看文献的详细信息, 选择"DETAIL"(见图 3 – 4 – 87)。

　　在图 3 – 4 – 87 中, 可以分别浏览该专利文献的英文权利要求、英文说
明书、英文背景技术等。

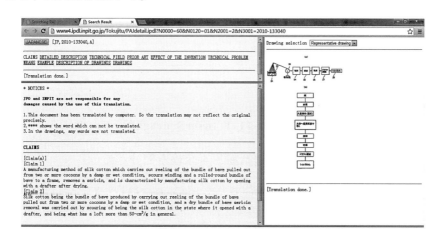

图 3 – 4 – 87　PAJ 检索结果文摘详细信息

　　需要注意的是: 数据库中的英文文本是由机器翻译而成, 可能存在某
些缺点, 仅供参考。

　　5) 按日本专利分类号检索日本专利

　　日本特许厅为了弥补 IPC 分类不够详细的缺陷, 方便文献的归类和检
索, 建立了日本专利分类体系 FI 和 F – term 两种分类体系, 用于对专利进

用行分类。

在英文版 IPDL 的主页面（见图 3 - 4 - 88）选择 "FI/F - term Search" 的链接可通过日本专利分类号检索自 1885 年起的日本发明专利和实用新型专利文献（见图 3 - 4 - 89）。

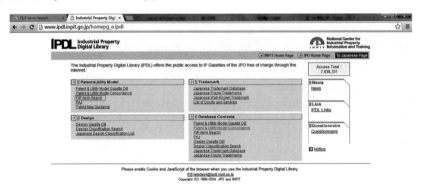

图 3 - 4 - 88　英文版 IPDL 的主页面

图 3 - 4 - 89　FI /F - term Search 页面

在 FI/F - term 检索界面，包括如下 4 个检索部分。

●Data Type（数据类型）。

●Theme（主题）。

●Publication Date（公布日期）。

●FI/F - term/facet。

（1）Data Type（数据类型）。

Data Type 包括 4 种专利文献种类："Patent"（专利）、"Utility model"（实用新型）、"Patent Specification"（专利说明书）、"Utility Model Specifi. cation"（实用新型专利说明书）。

在进行专利检索时，用户须选择专利文献种类（一个或多个）；如果未选择，数据库将默认显示全部的专利文献种类。

（2）Theme（主题）。

当 F – term 分解的技术领域代码输入框输入多个分类主题时，可以用"AND"算符。检索结果如图 3 – 4 – 90 所示。

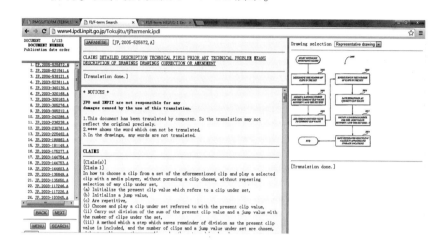

图 3 – 4 – 90　FI /F – term Search 检索结果页面

（3）Publication Date（公布日期）。

申请第一次被公布的时间，主要用于限制检索的时间的范围。检索时如果未对时间进行限制，数据库将在所有文献中进行检索。

（4）FI/F – term/facet。

在 FI、F – term 及 facet 的检索表达式输入框中输入时必须控制在 500个字符以内；可使用的算符有"＊"表示逻辑"AND"；"＋"表示逻辑"OR"，"－"表示逻辑"NOT"。

6）法律状态检索（経過情報検索）❶

检索日本专利的法律状态需要选择日文界面中的"経過情報检索"（网址为 http：//www1. ipdl. inpit. go. jp/IPDL/keika. htm）（见图 3 – 4 – 91）。

该数据库提供 3 种检索方式。

（1）号码查询（番号照会）。

号码查询（番号照会）：通过申请号、公开号、专利号、复审编号等进行检索。号码查询可以在输入框中输入多个种类的号码，例如申请号、公开号、公告号等。可以根据所知的不同种类的号码选择相应的字段进行输入（见图 3 – 4 – 92）。

---

❶　括号内为日文原文描述，下文不再赘述。——编辑注

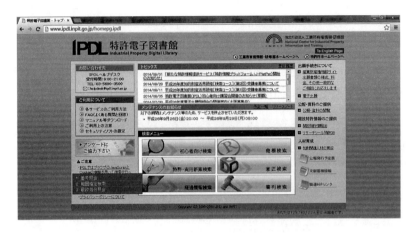

图 3 - 4 - 91 "経過情報検索"检索页面

在检索之前，还需要选择查询的专利种类，例如专利（特許）、实用新型（実用）、外观设计（意匠）、商标（商標）等。

图 3 - 4 - 92 "経過情報検索"号码查询检索页面

该专利的法律状态提供 4 部分的信息：基本项目、申请信息（出願情报）、授权信息（登録情报）和分案申请信息（分割出願情报）。分别浏览即可查询该专利当时的法律状态（见图 3 - 4 - 93）。

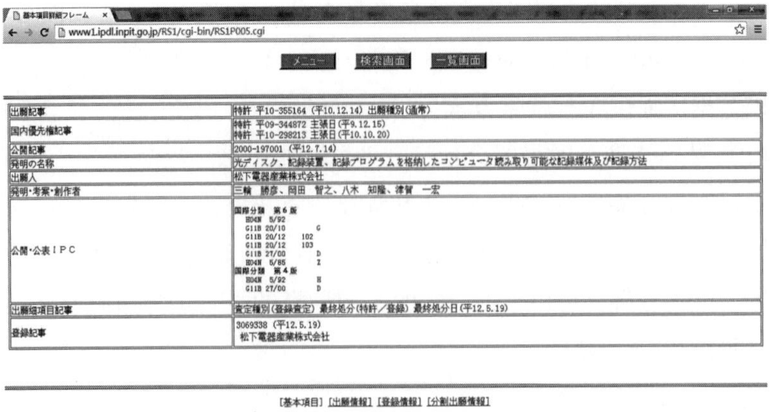

图 3 - 4 - 93 "経過情報検索"号码查询检索结果页面

（2）范围指定检索（範囲指定検索）。

范围指定检索（範囲指定検索）：一个月内某种法律状态的案卷。范围指定检索（範囲指定検索）是以不同种别和日期为检索条件进行的检索。例如，检索 2000 年 1 月 1 日 ~1 月 31 日公告的专利，选择第一个种别并输入时间（见图 3 – 4 – 94）。

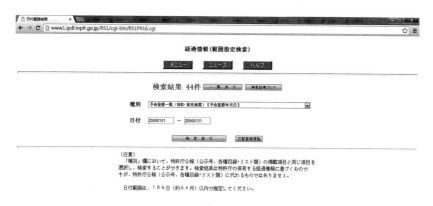

图 3 – 4 – 94 "経過情報検索"范围指定检索页面

点击"一览表示"浏览结果列表（见图 3 – 4 – 95）。通过点击其"审审判番号"浏览其详细的申请信息以及法律状态信息。

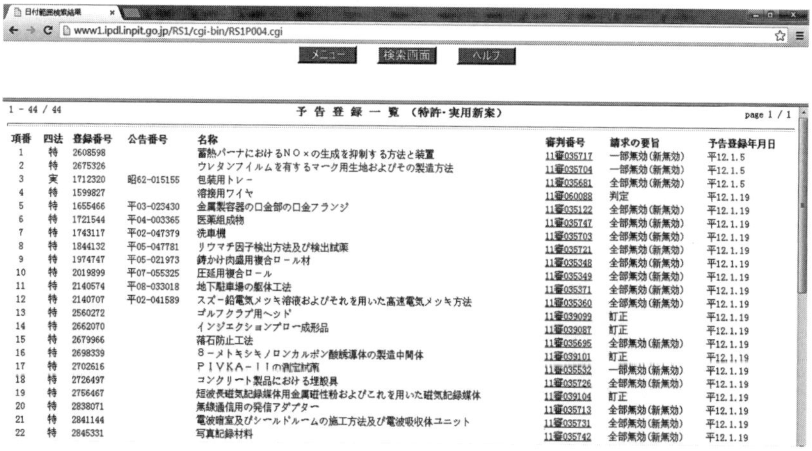

图 3 – 4 – 95 "経過情報検索"范围指定检索结果页面

（3）最终处理查询（最終処分照会）。

最终处理查询（最終処分照会）：审批阶段的最终结果。最终处理查询（最終処分照会）也可以对日本专利、实用新型、外观设计以及商标进行检索。号码类型有：申请（出願）号、公开（公開）号、公表号、审判

号（查定系审判）、公告号、登录（登録）号。最终处理查询页面如
图 3 – 4 – 96 所示。

图 3 – 4 – 96 "経過情報検索"最终处理查询页面

检索结果显示该专利经过审查后是否获得授权、授权时间及其他决定
的时间（见图 3 – 4 – 97）。

图 3 – 4 – 97 "経過情報検索"最终处理查询结果页面

复审信息检索（审判检索）

检索日本专利复审阶段的详细信息，需要选择日文界面中的"审判检
索"（网址为 http：//www. ipdl. inpit. go. jp/homepg. ipdl）（见图 3 – 4 –
98）。

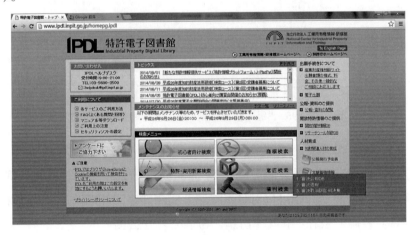

图 3 – 4 – 98 复审信息检索显示页面

复审检索（審判検索）检索项包括 3 个子项。

（1）复审决定公报数据库（審決公報 DB）。

复审决定公报数据库（審決公報 DB）：检索日本专利复审委员会的复审决定和法院的诉讼决定（判决）。可在检索页面选择检索公报的种类，进而对一个或多个文献号进行检索（见图 3 - 4 - 99）。

图 3 - 4 - 99　复审信息检索显示页面

检索结果如图 3 - 4 - 100 所示。

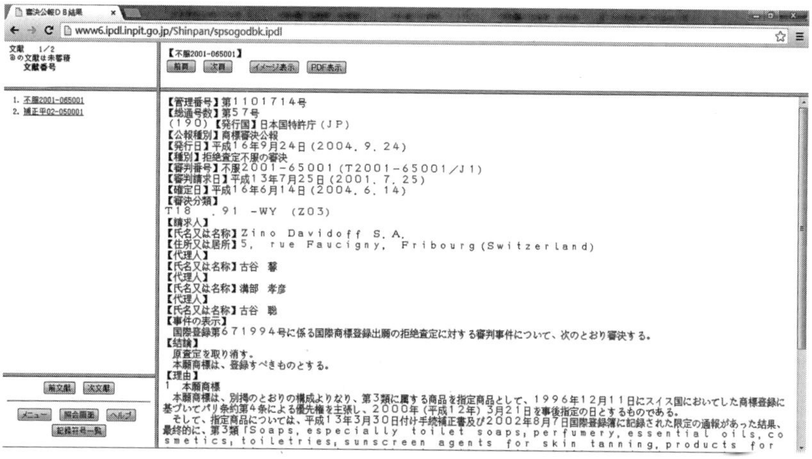

图 3 - 4 - 100　复审信息检索结果显示页面

（2）复审决定快报数据库（審決速報）。

复审决定快报（審決速報）：检索自复审决定做出后至复审决定公报发行这一段时间内的相关信息。通过该数据库可检索复审决定的内容。在使用该项检索时，可以使用号码、当事人、分类等进行检索（见图 3 - 4 - 109）。

（3）复审决定、撤销、诉讼判决集（審決取消訴訟判決集）。

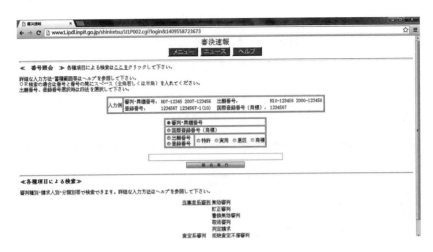

图 3 – 4 – 101　复审决定快报数据库显示页面

复审决定、撤销、诉讼判决集（审决取消訴訟判决集）。该数据库可以查询平成 9 年 3 月 ~ 平成 11 年 3 月对复审决定不服而进行的相关诉讼信息。图 3 – 4 – 102 显示了这些文集的一览表，点击每个文集的名称，即可浏览详细内容。

图 3 – 4 – 102　复审决定、撤销、诉讼判决集数据库显示页面

3.4.1.4　欧洲专利局

1）概　述

自 1998 年开始，欧洲专利局建立了网络版 esp@ cenet 数据检索系统。建立 esp@ cenet 数据检索系统的主要目的是使用户便捷、有效地获取免费的专利信息资源，从而提高整个国际社会获取专利信息的意识。

欧洲专利检索网站还提供一些专利信息，如专利公报、INPADOC 数据库信息及专利文献的修正等。

欧洲专利局的检索界面可以使用英文、德文、法文和日文（日文仅在 esp@cenet 数据检索系统中使用）4 种语言。

欧洲专利检索网站收录范围：从 1998 年中旬开始，esp@cenet 用户能够检索欧洲专利组织任何成员国、欧洲专利局和世界知识产权组织公开的专利的题录数据。

esp@cenet 数据检索系统中收录每个国家的数据范围不同，数据类型也不同。数据类型包括：题录数据、文摘、文本式的说明书及权利要求，扫描图像存储的专利说明书的首页、附图、权利要求及全文。

esp@cenet 数据检索系统包含以下数据库。

①WIPO 专利数据库：完整收录 PCT 申请的全文数据。

②EP 专利数据库：完整收录欧洲申请人的全文信息数据。

③Worldwide 专利数据库：收录 90 多个国家和组织的专利公开数据。

2）进入方法

（1）直接进入。

网址为 http：//ep. espacenet. com/。

（2）通过国家知识产权局网站链接进入。

国家知识产权局网站（网址为 http：//www. cnpa. gov. cn/）→相关链接→国外知识产权网站→欧洲专利局（EPO）。

检索首页右上角有选择国家选项（Change country），在下拉菜单中可以选择用户所在的国家，检索界面的主要语言则显示为该国家的官方语言（见图 3 - 4 - 103）。

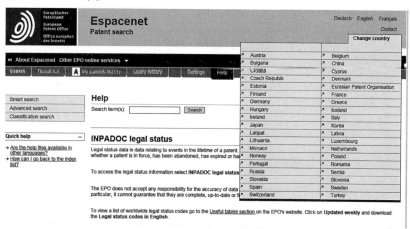

图 3 - 4 - 103　选择显示语言

3）专利检索

专利检索提供 3 种检索方式，分别为：智能检索（Smart Search）、高级检索（Advanced Search）和 Classification Search（分类检索）。

（1）智能检索。在图 3 - 4 - 112 显示的方框中输入任意一个字段即可进行相关专利检索，可输入的字段为：Application number、Publication number、Priority number、Priority number、Applicant Inventor、Classification、Title、Abstract。

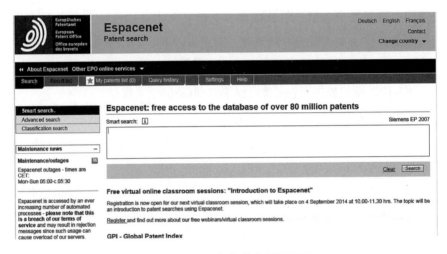

图 3 - 4 - 104　智能检索显示页面

（2）高级检索（见图 3 - 4 - 105）。

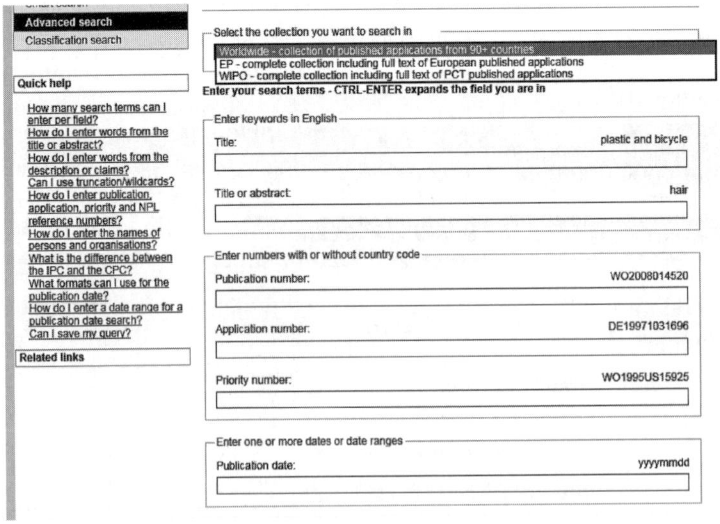

图 3 - 4 - 105　高级检索显示页面

高级检查页面设置如下。

①一个数据库选择项（3 个数据库：worldwide，EP – esp@ cenet，WI – PO – esp@ cenet），默认数据库为 worldwide。

②10 种检索入口：发明名称中的关键词、发明名称或摘要中的关键词、公开号、申请号、优先权号、公开日、申请人、发明人、CPC 分类号、IPC 分类号。

（3）分类检索（见图 3 – 4 – 106）。

欧洲专利局可以使用欧洲分类（ECLA）检索专利。图 3 – 4 – 106 列出了 ECLA 分类的 9 个部（前 8 个与 IPC 相同）。用户可以浏览欧洲专利局的分类系统，也可以直接在输入框中输入检索项进行分类查询。

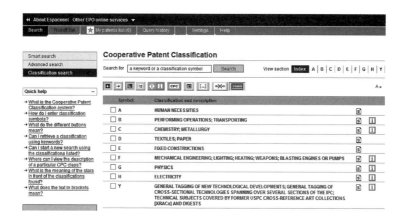

图 3 – 4 – 106　分类检索显示页面

分类检索方式：①输入关键词查找相应的分类号；②对某个分类号进行文字描述。具体的输入方式请参照检索页面左侧的"Quick help"。

4）检索结果

检索完毕后，系统在窗口显示的检索结果主要有：检索结果列表、使用的数据库、检索式、与检索式相匹配的检索结果记录数。

检索结果页面一次最多显示 25 件专利文献，通过跳转键可以显示更多文献；而用户一次检索能提取的最大文献量为 500 件；检索结果列表是按照专利文献号（包括国别代码）递减的次序排列的；检索结果列表中仅能显示发明名称、公开信息、申请人、发明人和 IPC 分类号。左上角的"Refine search"表示可以进行进一步的检索（见图 3 – 4 – 107）。

单击检索结果列表中选取任一篇文献，将打开文献显示窗口（见图 3 – 4 – 108）。该窗口显示包括两部分，左边是该专利的所有信息，包括：

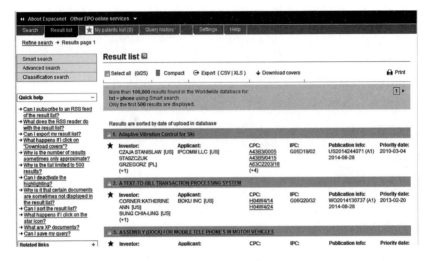

图 3 - 4 - 107 检索结果列表显示页面

著录项数据,所选取文献的信息包括:题录数据(或著录项目 Bibliographic data)、文本形式的说明书(Description)、权利要求书(Claims)、说明书附图(Mosaics)、扫描图像原始全文说明书(Original document)、后引证文件(Citing documents)、前引证文件(Cited documents)、INPADOC 法律状态(INPADOC legal status)及查找该专利的同族专利(INPADOC patent family)等。

图 3 - 4 - 108 文献显示页面

在该页面的下方有专利翻译(Patenttranslate)按钮,按钮的下拉框可以选择想要翻译的语言(见图 3 - 4 - 109)。

点击"Original document"即可查看图像格式的专利全文;该页面能进行专利全文的浏览、下载和打印(见图 3 - 4 - 110)。

点击页面左下方的"INPADOC patent family"项,即可获得该专利(包括该专利在内)的所有同族专利,包括同族数量及所有同族专利信息。

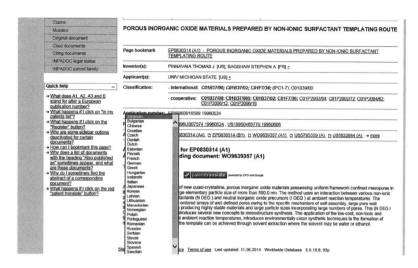

图 3 - 4 - 109　专利文献翻译

图 3 - 4 - 110　图像格式专利全文显示页面

单击同族专利标题即可对此同族专利进行查看（见图 3 - 4 - 111）。

点击文献显示窗口左方的"INPADOC legal status"项，即可获得该专利的法律状态信息列表（见图 3 - 4 - 112）。

点击页面左边栏的"Cited documents"，可以查看该专利的引用情况，包括引用的专利量和引用专利的具体信息。单击专利标题即可查看专利的详细信息（见图 3 - 4 - 113）。

任何情况下，使用 esp@cenet 数据检索系统都可以在专利列表中存储文献。单击"In my patents list"即可存储该件文献（见图 3 - 4 - 114）。

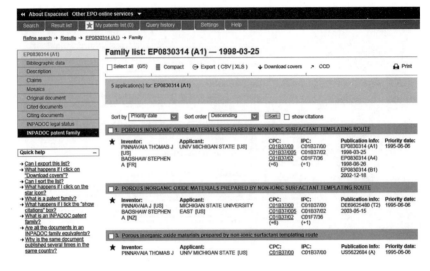

图 3 - 4 - 111 专利同族显示页面

图 3 - 4 - 112 专利法律状态信息列表显示页面

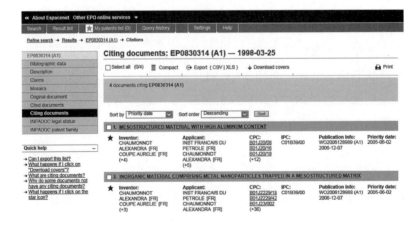

图 3 - 4 - 113 专利引用情况显示页面

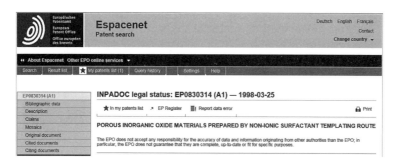

图 3 - 4 - 114　专利文献存储页面

另外, 查询历史 (Query history) 在未设置的情况下是不启用的, 可通过设置 (Settings) 选项进行相关启用设置, 即勾选 "1. Enable Query history", 选择需要保存的查询历史数量 (见图 3 - 4 - 115)。

图 3 - 4 - 115　查询历时设置页面

设置完成后再进行检索, 点击查询历史 (Query history) 即可看到查询过的历史记录 (见图 3 - 4 - 116)。

Query history

☐ Select all　☰ Compact　⊕ Export（CSV | XLS）　✕ Remove selected (0)　　　　　🖨 Print

2 items in query history list

☐ 1. apple

apple as the applicant

Approximately 26128 results found in the Worldwide database on Wed, 03 Sep 2014 10:57

☐ 2. phone

phone Smart search

More than 100,000 results found in the Worldwide database on Wed, 03 Sep 2014 10:57

图 3 - 4 - 116　查询历时页面

3.4.1.5　世界知识产权组织

1) 概　述

世界知识产权组织官方网站提供了可供检索的网上免费数据库, 通过该数据库可以检索 PCT 申请公开、工业品外观设计、商标和版权的相关数据。PATENTSCOPE 数据库收录了 32 万余件专利文件，包括根据 PCT 提交的 220 万件国际专利申请数据。

2）进入方法

（1）直接进入。

网址为 http：//www. wipo. int/portal/index. html. en。

（2）通过国家知识产权局网站链接进入。

国家知识产权局网站（网址为 http：//www. cnipa. gov. cn/）→相关链接→国外知识产权网站→世界知识产权组织。

页面右上角可以选择语言。选择中文后，界面变为中文版页面（见图 3 - 4 - 117）。

图 3 - 4 - 117　世界知识产权组织中文页面

主界面上单击"About IP"，选择"Patents"即可进入专利检索界面（见图 3 - 4 - 118）。

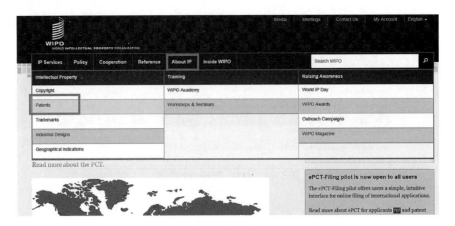

图 3 - 4 - 118　世界知识产权组织进入专利检索界面方式

3）专利检索

世界知识产权局专利界面如图 3 - 4 - 119 所示。单击"Patent search and analysis"跳转到如图 3 - 4 - 120 所示的界面。其对应的中文界面如图 3 - 4 - 121 所示。

图 3 - 4 - 119　世界知识产权组织专利界面

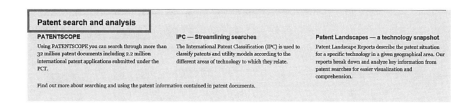

图 3 - 4 - 120　世界知识产权组织专利检索与分析界面

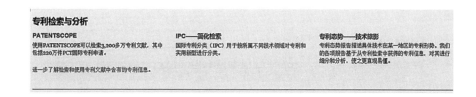

图 3 - 4 - 121　世界知识产权组织专利检索与分析中文界面

单击"patentscope"进入图 3 - 4 - 122 所示界面，单击"Access the PATENTSCOPE database"即可进入数据库。

该检索系统提供 4 种检索方式：简单检索（Simple）、高级检索（Advanced Search）、表格检索（Field Combination）和跨语言检索（Cross Lingual Expansion）。界面右上角可以选择中文显示（见图 3 - 4 - 123）。

中文界面如图 3 - 4 - 124 所示。

图 3 - 4 - 122　世界知识产权组织专利检索与分析数据库

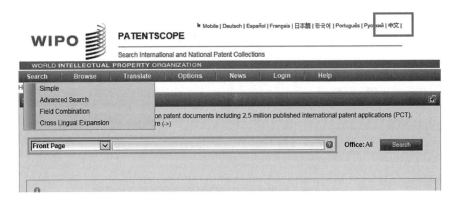

图 3 - 4 - 123　专利检索数据库的 4 种检索方式

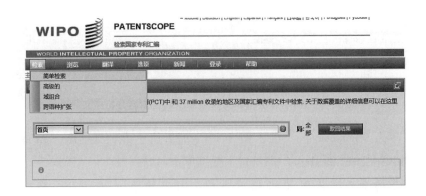

图 3 - 4 - 124　专利检索数据库四种检索方式中文界面

（1）简单检索。

简单检索方式仅提供一个检索输入框，在输入框输入检索的内容（可以在任何字段中进行检索）即可。

简单检索还可以实现多个词汇的检索，在检索输入框内输入多个检索词汇，在词汇与词汇之间以空格间隔。

单击检索输入框内的问号，可查看检索输入示例，如图 3 - 4 - 125 所示。

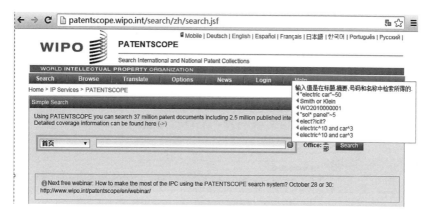

图 3 - 4 - 125　简单检索界面

（2）高级检索。

高级检索页面允许在输入框内输入字段内容。勾选"工具提示帮助"后，当鼠标放在检索窗口中时会显示检索介绍（见图 3 - 4 - 126）。

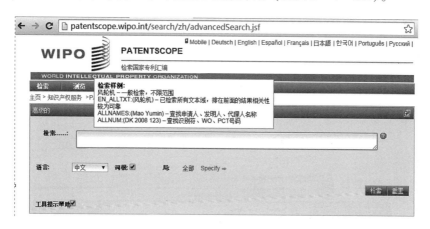

图 3 - 4 - 126　高级检索界面

高级检索界面可以选择语言（见图 3 - 4 - 127），也可以选择检索的国家（见图 3 - 4 - 128）。

在高级检索页面可以通过逻辑算符和括号构建复杂的布尔逻辑表达式来进行检索（见图 3 - 4 - 129）。在检索式中如果包含多种运算符号，如有括号时，括号中内容优先；没有括号时，依据从左到右的顺序进行检索。

图 3 - 4 - 127　选择检索语言

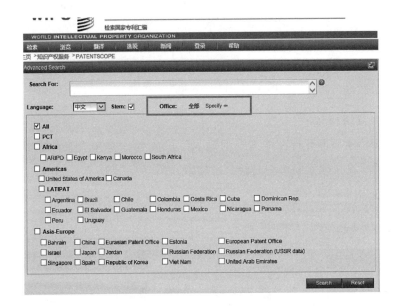

图 3 - 4 - 128　选择检索国家

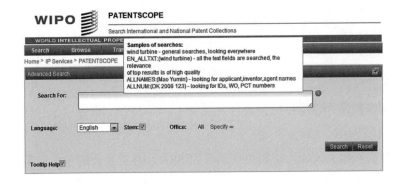

图 3 - 4 - 129　高级检索页面布尔逻辑检索方式

（3）表格检索。

在结构化检索模式下，下拉框可供选择的检索字段共有 50 个，检索输入窗口有 12 个。检索时，首先选择检索的字段。在右侧检索输入窗口输入检索内容，最后在左侧下拉窗口选择各个检索字段之间的逻辑关系。单击最右侧的小问号，能看到支持的表达式（见图 3 - 4 - 130）。

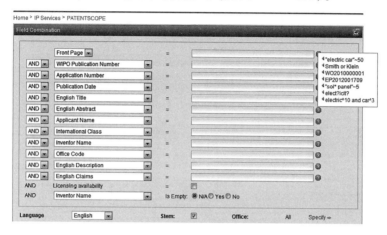

图 3 - 4 - 130　表格检索页面

（4）跨语言检索（Cross lingual Expansion）。

查询语言（Query Language）下拉框中提供 12 种语言，在查询窗口可输入关键词进行跨语言检索。具体的输入方式可参考页面右上角的"Help"。

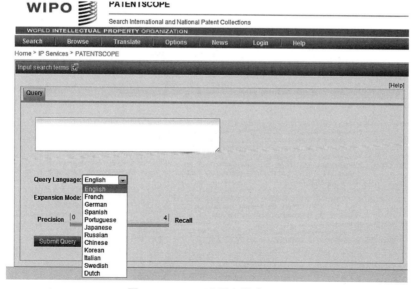

图 3 - 4 - 131　跨语言检索页面

例如，在查询窗口输入"phone"，单击查询按钮后，如图 3 - 4 - 132 所示。

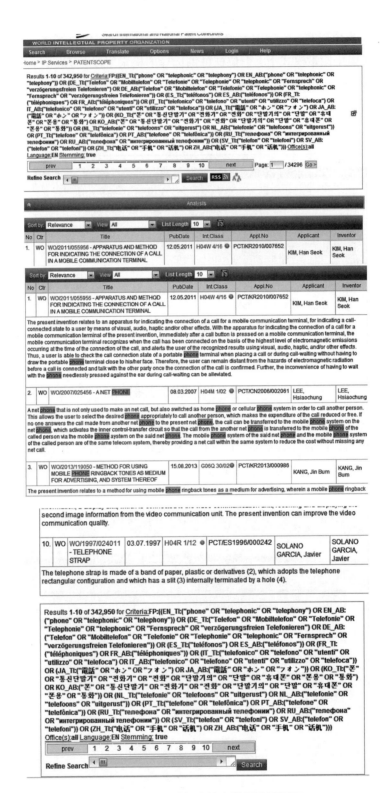

图 3 - 4 -132　跨语言检索结果显示页面

在检索结果列表页面上，将显示该检索命中的文献数量，并提示本页面仅显示前 10 件专利文献记录。单击"next"可以显示另外 10 件专利文献记录。"List Length"下拉窗口可以选择该页面显示的专利文献数量，提供 10 件、50 件、100 件、200 件作为选择。

选择一件专利的公开号，单击后可以查看该专利的详细信息，如图 3 - 4 - 133 所示。

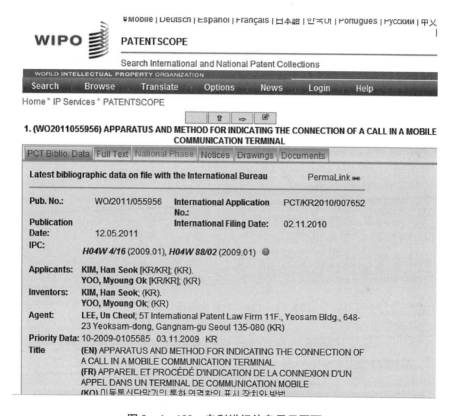

图 3 - 4 - 133　专利详细信息显示页面

单击"Full Text"可以查看该专利的全文信息（见图 3 - 4 - 134）。

单击"National Phase"，可以看到进入国家阶段的信息（见图 3 - 4 - 135）。

单击"Notices"，显示为通知发布后的变化（见图 3 - 4 - 136）。

单击"Drawings"可以看到该专利的附图信息（见图 3 - 4 - 137）。

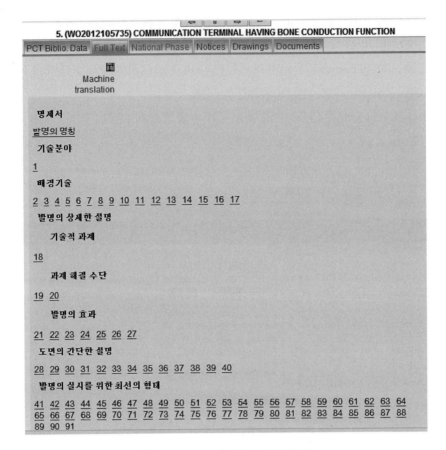

图 3 - 4 - 134　专利全文显示页面

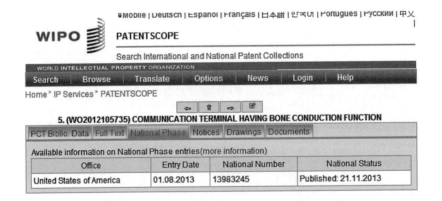

图 3 - 4 - 135　专利进入国家阶段信息

单击"Documents"可以看到"International Application Status"（国际应用现状）、"Published International Application"（发表国际申请）、"Related Documents on file at the International Bureau"（向国际局提交的有关文件）

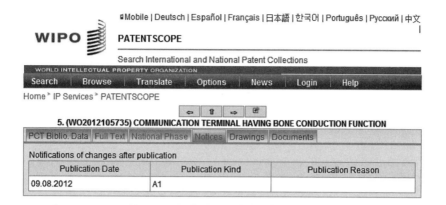

图 3 - 4 - 136　通知发布后变化信息

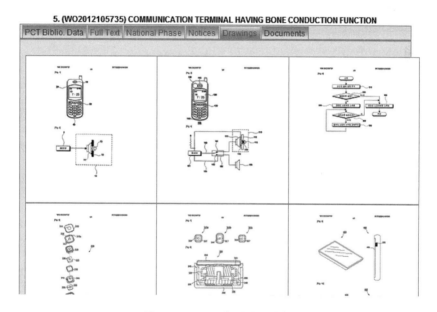

图 3 - 4 - 137　专利附图信息

三方面信息，如图 3 - 4 - 138 所示。

3.4.1.6　印　　度

1）概　　述

印度国家信息中心（National Information Center, NIC）是负责为印度各级政府的信息技术需求提供最新技术解决方案的信息技术组织。

印度国家信息中心专利检索网站就是该中心的世界专利信息服务网站。

印度国家信息中心是以 EPO 出版的 INPADOC – EPIDOS 数据库为数据源，经加工整合而成的世界专利检索系统。INPADOC – EPIDOS 收藏了全球

5. (WO2012105735) COMMUNICATION TERMINAL HAVING BONE CONDUCTION FUNCTION

PCT Biblio. Data | Full Text | National Phase | Notices | Drawings | Documents

International Application Status ⑦			
Date	Title	View	Download
04.09.2014	International Application Status Report	HTML, PDF	PDF, XML

Published International Application			
Date	Title	View	Download
09.08.2012	Initial Publication with ISR (A1 32/2012)	PDF (27p.)	PDF (27p.), ZIP(XML + TIFFs), XML

Related Documents on file at the International Bureau			
Date	Title	View	Download
06.08.2013	(IB/326) Notification of Transmittal of Copies of International Preliminary Report on Patentability Chapter I	PDF (1p.)	PDF (1p.), ZIP(XML + TIFFs)
06.08.2013	(IB/373) English Translation of International Preliminary Report on Patentability Chapter I	PDF (6p.)	PDF (6p.), ZIP(XML + TIFFs)
06.08.2013	(IB/373) International Preliminary Report on Patentability Chapter I	PDF (5p.)	PDF (5p.), ZIP(XML + TIFFs)

图 3 – 4 – 138　国际应用现状信息

65 个国家、地区及 5 个国际组织, 自 1968 年以来公布的约 3000 万件专利文献的著录数据。数据库的内容每周都在增长和更新, 目前每周增加约 25000 条著录数据。

2) 进入方法

(1) 网址为 http：//patinfo. nic. in。

输入网址后, 单击页面中的 "Click here for patent search", 即进入专利检索页面。再选择 "Click here for Indian patent search", 进入专门检索印度专利的页面 (见图 3 – 4 – 139)。

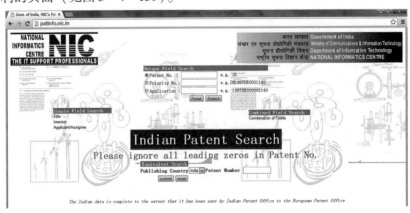

图 3 – 4 – 139　印度专利检索页面

（2）国家知识产权局网站。

网址为 http：//www. cnipa. gov. cn/。单击相关链接→国外知识产权网站→印度。

3）专利检索

印度国家信息中心专利检索网站供用户了解可供检索的数据库的内容、如何使用数据库、链接印度国家信息中心网站和各国及国际或地区性专利组织的网站，以及印度国家信息中心专利检索网站提供的各种专利资料服务。

（1）收录内容。

印度国家信息中心专利检索网站是以 INPADOC – EPIDOS 的数据库为数据源，经加工整合而成的世界专利著录数据检索网站。INPADOC – EPIDOS 的数据库由欧洲专利局出版。

（2）检索方法。

印度国家信息中心专利检索网站的专利信息检索界面上设有 4 个检索种类："Unique Field Search"（唯一字段检索），"Single Field Search"（单一字段检索），"Combined Search"（组合字段检索），"Equivalent Search"（同族专利检索）。每一个检索种类下又细分出不同的检索种类，以满足不同的检索需求。各检索种类有各自的检索方法。

①唯一字段检索。唯一字段检索设有 3 个单选检索式输入窗口："Patent No."（专利号），"Priority No."（优先申请号），"Application"（申请号）。唯一字段检索的 4 个单选检索式输入窗口全部列在印度国家信息中心专利检索网站的专利信息检索界面上（见图 3 – 4 – 140）。

检索时，用户只能选择上述 3 个检索入口中的任意一个，按照规定的检索式输入格式输入一个完整的字符串，就可以在以 INPADOC – EPIDOS 数据库为数据源的世界专利著录项目数据库中检索出对应的专利记录。

②单一字段检索（见图 3 – 4 – 141）。单一字段检索设有 4 个检索字段选项："Title"（发明名称）、"Inventor"（发明人）、"Applicant/Assignee"（申请人/受让人）、"IP. Classification"（国际专利分类）。单一字段检索的 4 个检索字段选项列在印度国家信息中心专利检索网站的专利信息检索界面上的 "Single Field Search" 选项下。只要单击其中一个检索字段名称，就能进入该检索字段的检索页面。其中，发明名称、发明人、申请人/受让人检索进入相同的检索页面。检索界面上设有一个年代范围选项窗口、一个字段选择窗口和一个字段输入窗口。

图 3 - 4 - 140　单一字段检索页面

国际专利分类显示如图 3 - 4 - 141 所示。

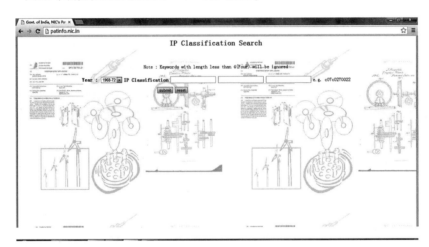

图 3 - 4 - 141　国际专利分类显示页面

　　检索时，选中检索时间范围，输入 IPC 分类号即可。

　　注意：输入 IPC 分类号时，只能输入 11 位数字的分类号，前 4 位为小类号，中间 3 位为大组号（不足 3 位的大组号在前方补 0），后 4 位为小组号（不足 4 位的小组号应在前方补 0）。

　　③组合字段检索（见图 3 - 4 - 142）。字段组合检索界面首先有一个年代范围选项窗口，此外还设有 4 个检索字段："I. P. Classification contains"（国际专利分类）、"Applicant contains"（申请人）、"Inventor contains"（发明人）、"Title contains"（发明名称）。

　　④同族专利检索。同族专利检索在印度国家信息中心专利检索网站的

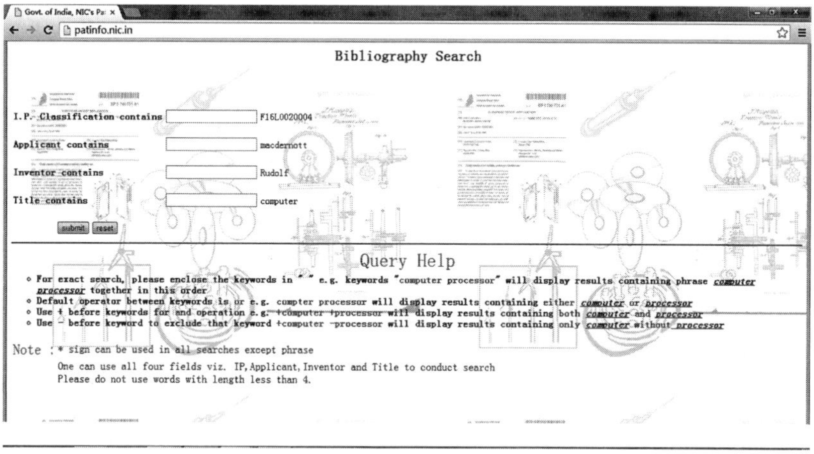

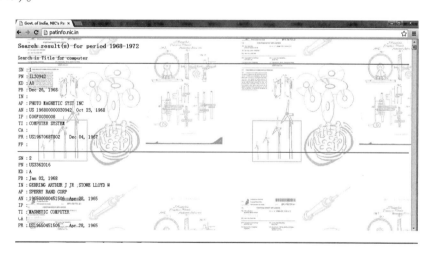

图 3 – 4 – 142　组合字段检索页面

专利信息检索界面的"Equivalent search"→"Publishing Country"（公布国家）选项（仅含 Indian）中，此外还有一个专利号码输入窗口。

4）检索结果的显示

（1）唯一字段、单一字段和组合字段检索结果输出（见图 3 – 4 – 143）。

图 3 – 4 – 143　唯一字段、单一字段和组合字段检索结果输出页面

检索结果以著录数据列表的方式体现，用户仅可以浏览基本的著录数据。拉动右边的滚动条可以查看更多信息。

（2）同族专利检索结果的输出（见图 3 – 4 – 144）。

检索结果页面，右上方显示检索结果的条数，正文中显示每一条记录的基本著录数据。在同族专利检索结果界面，系统对每一篇同族专利都按

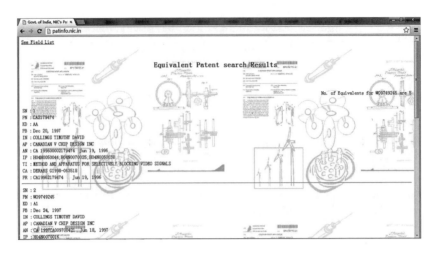

图 3 – 4 – 144 同族专利检索结果输出页面

字段列出该专利的著录项目数据信息。通过该检索途径检索出的同族专利结果与用欧洲专利局的 esp@ cenet 系统得出的结果相似，只是印度国家信息中心网站专利检索系统的检索结果中有时会出现重复信息，检索时需注意。

3.4.1.7 澳大利亚

1）概　述

澳大利亚于 1903 年建立专利制度，现行的专利法为 1990 年专利法（The Patents Act 1990），后经再次修订，于 1995 年 7 月 1 日起实施。

澳大利亚专利权分为标准专利、补充专利和小专利。2001 年 5 月 24 日，澳大利亚建立新的专利体系——创新专利，用以取代原有的小专利。标准专利和创新专利可大体对应于我国专利法中的发明专利和实用新型专利。

2）进入方法

（1）直接进入。

网址为 http：//www. ipaustralia. gov. au/。

（2）通过国家知识产权局网站链接进入。

国家知识产权局网站（网址为 http：//www. cnipa. gov. cn/）→相关链接→国外知识产权网站→澳大利亚。澳大利亚知识产权网站如图3 – 4 – 145所示。

3）专利检索

检索专利文献可单击图标“I Want To”→“Search for a patents”，进入新页面后单击“search for patent information”（见图 3 – 4 – 146 和图 3 – 4 – 147）。

图 3 – 4 – 145　澳大利亚知识产权网站

图 3 – 4 – 146　澳大利亚专利检索进入界面

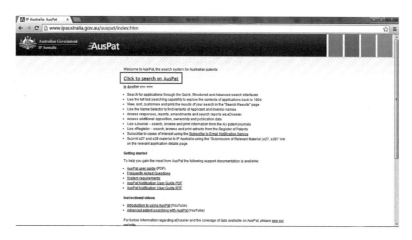

图 3 – 4 – 147　澳大利亚专利检索界面

检索页面提供 3 种检索方式：Quick Search（快速检索）、Structured Search（字段检索）、Advanced Search（高级检索）。

（1）Quick Search（快速检索）。

快速检索提供多个检索入口：专利号或申请号、发明名称、发明人、代理人、WIPO 号、PCT 号和摘要等。快速检索界面如图 3 - 4 - 148 所示。

图 3 - 4 - 148　快速检索界面

（2）Structured Search（字段检索）。

字段检索提供 25 个检索入口，单击"Add search term"或"x"可以选择增加或者减少检索框的数量（最多可以使用 25 个检索框）（见图 3 - 4 - 149），并且这些检索入口以逻辑符号（AND、OR、NOT）连接。单击页面右上角的小问号（即帮助选项）可以获得帮助（见图 3 - 4 - 150）。

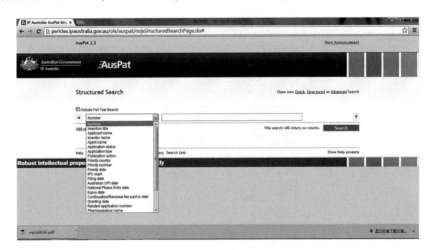

图 3 - 4 - 149　字段检索界面

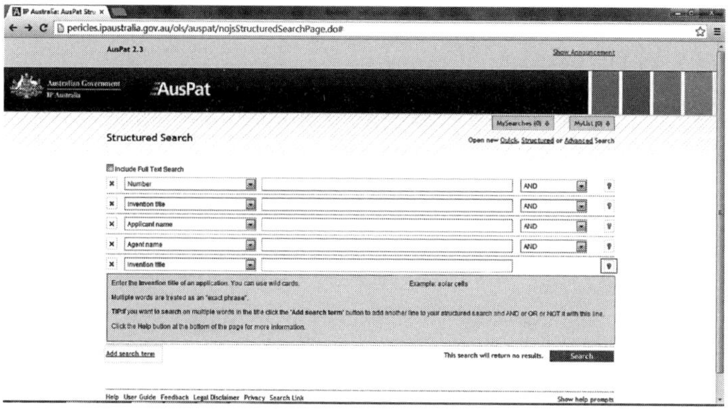

图 3 - 4 - 150　帮助选项

（3）Advanced Search（高级检索）。

高级检索提供多个检索入口、字段名和字段代码列表，输入格式为"检索信息 IN 字段代码"，如 photoelectric IN IT。当检索信息过多时，可以使用不同的逻辑运算符组织复杂的逻辑表达式。本检索方式还可以使用名字选择器（Name Selector），查找不同的申请人和发明人的名字（见图 3 - 4 - 151）。

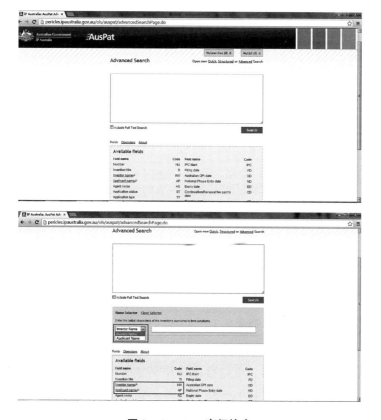

图 3 - 4 - 151　高级检索

单击检索输入框下方的"Operators",查看完整的检索策略和输入格式（见图 3 – 4 – 152）。

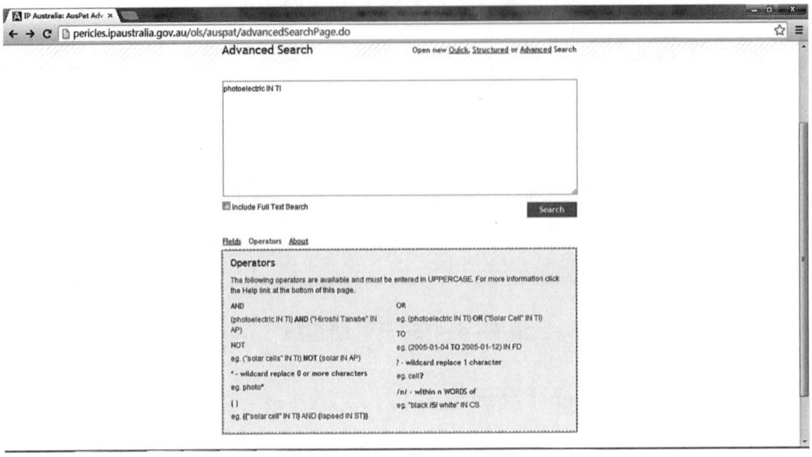

图 3 – 4 –152　检索策略和输入格式查看

（4）3 种检索方式的选择（见表 3 – 4 –4）。

表 3 – 4 – 4　三种检索方式的选择

检索方式	选择条件	备注
快速检索	查看某一特定的专利文献	申请号、专利号、PCT 号、WO 号
字段检索	查看某一特定技术领域内的所有专利文献	IPC
	通过一系列字段限定检索条件	使用算符组织检索式
高级检索	查看某一特定申请人或发明人的专利文献	使用名字选择器
	组织复杂的逻辑检索表达式	使用括号组织多个字段的检索

4）检索结果

检索结果以著录数据列表的方式体现，用户可以浏览基本的著录数据（见图 3 – 4 – 153）。检索页面每页可以显示 10 条、25 条、50 条或 100 条等。单击任意专利申请号，可以显示该申请的详细信息，包含著录数据、说明书、权利人、费用等相关信息。单击页面右上角的"Return to search results"，可回到检索结果页面（见图 3 – 4 – 154）。

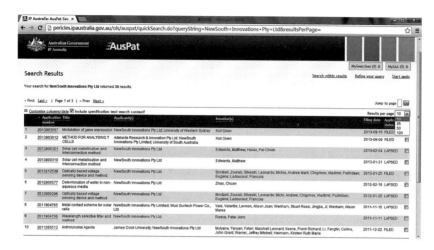

图 3 - 4 - 153　检索结果显示页面

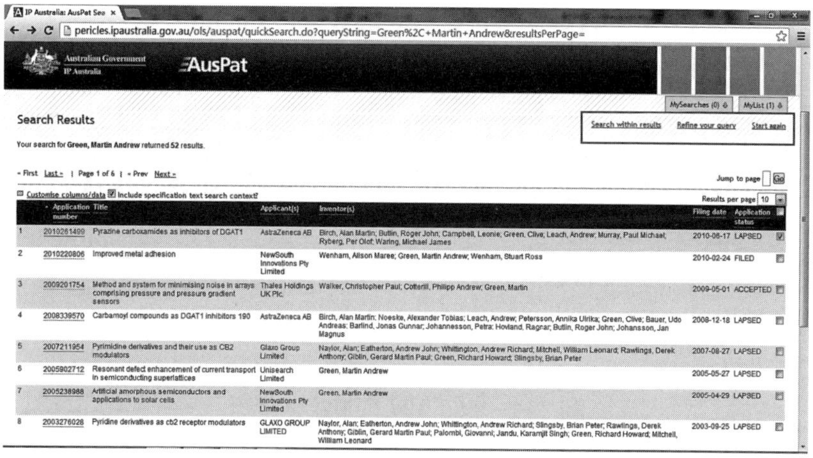

图 3 - 4 - 154　右上角"Return to search results"可回到检索结果页面

　　单击"Search within results"，页面将在当前检索结果中执行另一个检索；单击"Refine your query"，页面将回到刚刚提交的检索页面，并允许提交检索式之前再次修改；单击"Start again"，页面将打开一个空白检索页面，该空白页面与正执行检索的页面相同。页面右侧有选择选项，可下载主要著录项"PDF"或"CSV"格式（见图 3 - 4 - 155）。

　　单击申请号后，也可将主要著录项添加到"Add to MyList"进行下载（见图 3 - 4 - 156）。

　　单击"Publication history"下的数字，即可下载 PDF 全文（见图 3 - 4 - 157），专利全文显示页面如图 3 - 4 - 158 所示。

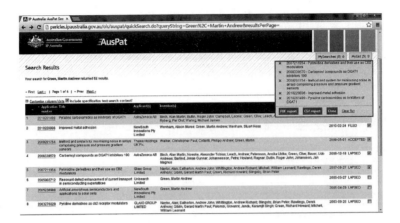

图 3 – 4 – 155　下载主要著录项"PDF"或"CSV"格式选项

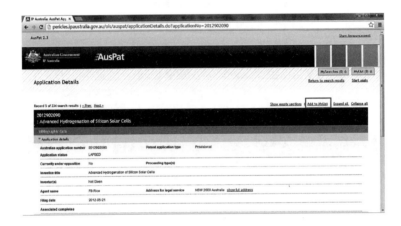

图 3 – 4 – 156　Add to MyList 选项

图 3 – 4 – 157　下载 PDF 全文

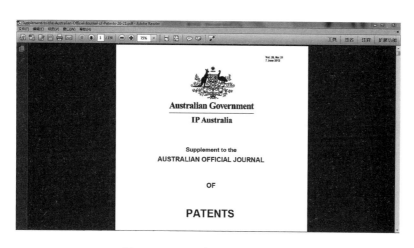

图 3 – 4 – 158　专利全文显示页面

3.4.1.8　加拿大

1）概　　述

加拿大专利文献的检索范围为 1978.8.15 以后的文摘、权利要求；1920 年 1 月 1 日以后的图形文件；1869 年 1 月 1 日以后的著录项目。

2）进入方法

（1）直接进入。

网址为 http：//www. opic. gc. ca/。

（2）通过国家知识产权局网站链接进入。

国家知识产权局政府网站（网址为 http：//www. cnipa. gov. cn/）→相关链接→国外知识产权网站→加拿大。加拿大知识产权局官网首页如图 3 – 4 – 159所示。

图 3 – 4 – 159　加拿大知识产权局官网首页

3）专利检索

加拿大专利网站提供的信息包括专利、商标、版权、工业品外观设计等。单击检索页面右侧的"Search patents"即可检索专利文献（见图3 - 4 - 160）。

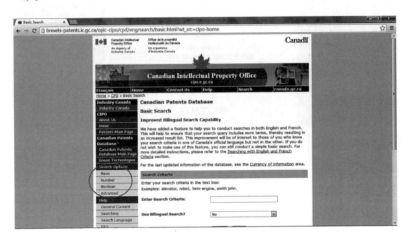

图 3 - 4 - 160 专利检索页面

检索页面提供 4 种检索方式：Basic Search（简单检索）、Number Search（号码检索）、Boolean Search（逻辑运算检索）和 Advanced Search（高级检索）。

（1）Basic Search（简单检索）（见图 3 - 4 - 161）。

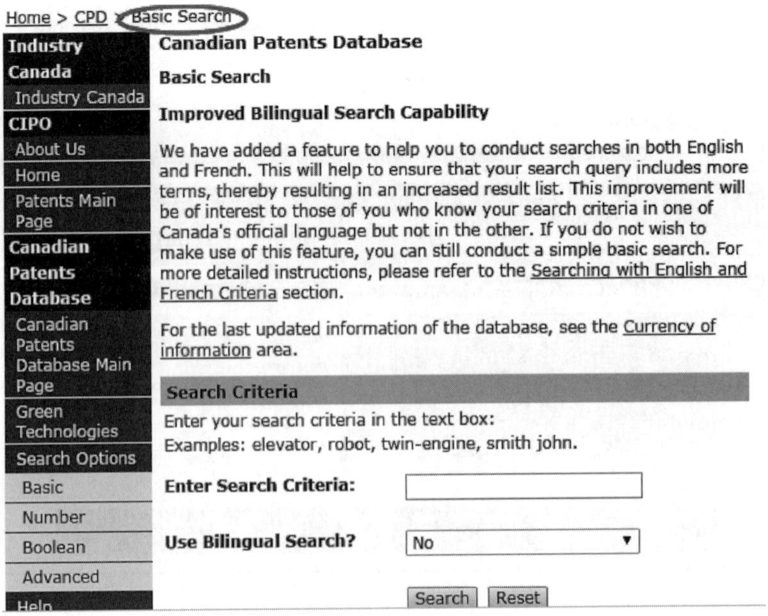

图 3 - 4 - 161 简单检索页面

（2）Number Search（号码检索）（见图 3 – 4 – 162）。

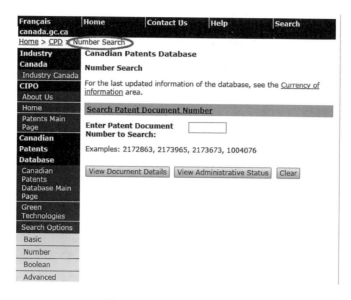

图 3 – 4 – 162 号码检索页面

（3）Boolean Search（逻辑运算检索）（见图 3 – 4 – 163）。

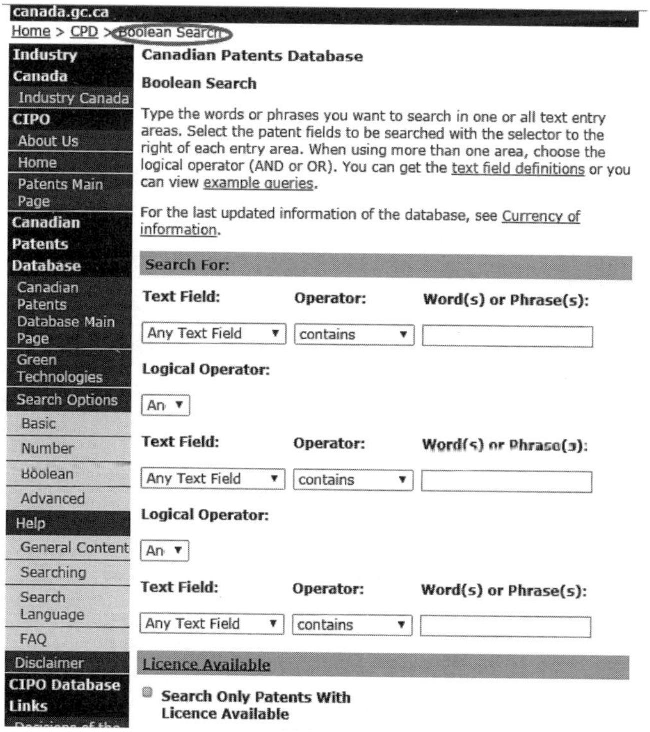

图 3 – 4 – 163 逻辑运算检索页面

(4) Advanced Search（高级检索）（见图 3 – 4 – 164）。

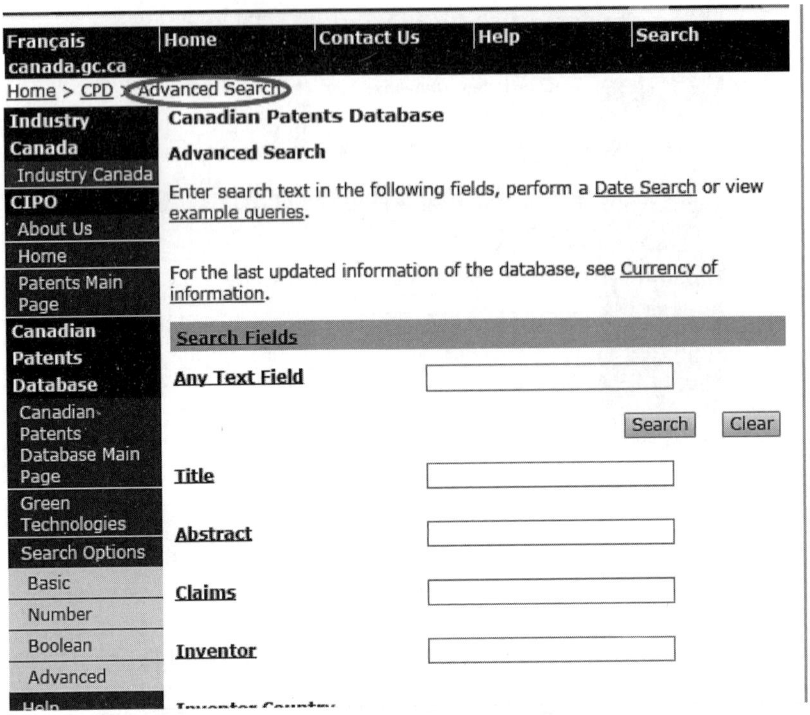

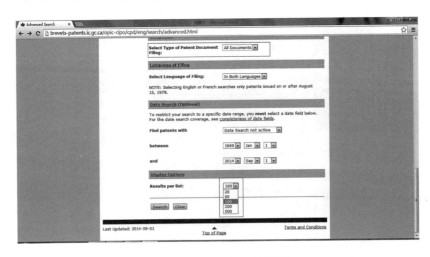

图 3 – 4 – 164 高级检索页面

具体检索的输入方式请单击"Help"（见图 3 – 4 – 165）。

图 3 – 4 – 165 "Help"页面

4）检索结果显示

检索结果以列表的方式显示，每页可显示 20 条、50 条、100 条等，包含专利号、专利名称及相关度（见图 3 - 4 - 166）。

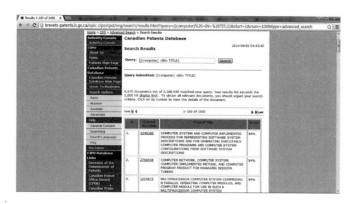

图 3 - 4 - 166　检索结果显示页面

单击专利号，显示文献的著录数据（见图 3 - 4 - 167）。

图 3 - 4 - 167　文献著录数据显示页面

单击著录数据页面的"View Administrative Status"可以查看该专利的法律状态（见图 3 - 4 - 168）。

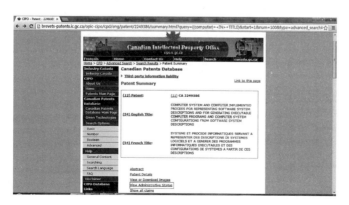

图 3 - 4 - 168　专利法律状态链接方式

图 3 - 4 - 169 为专利的法律状态页面。

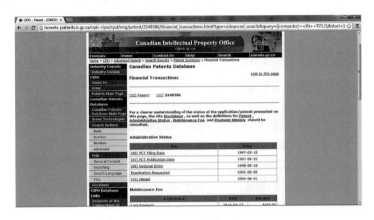

图 3 - 4 - 169　专利法律状态页面

单击著录数据页面的"View or Download Images",可单独查看或下载 "Abstract"(文献摘要)、"Description"(说明书)、"Claims"(权利要求) 或"Drawings"(附图)(见图 3 - 4 - 170)。

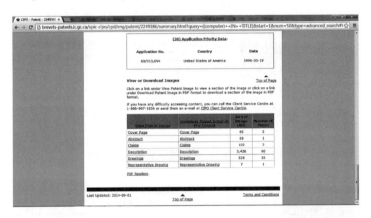

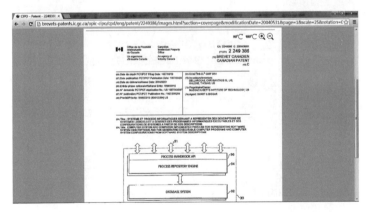

图 3 - 4 - 170　查看或下载文献摘要、说明书、权利要求或附图

3.4.2　主要商业机构提供的专利文献数据库

3.4.2.1　IncoPat 科技创新情报平台

1) 平台介绍

IncoPat 科技创新情报平台是一个涵盖世界范围海量专利信息的检索系统。该平台充分借鉴了国内外著名专利检索系统的先进功能,同时结合我国用户的使用习惯进行设计不仅适合普通研发人员的检索需求,同时也满足专业检索人员的高端需求。系统集成了专利检索、分析、数据下载、文件管理和用户管理等多项功能,具有数据全面可靠、功能专业、检索效率高、用户界面友好等特点,是企事业单位研发工程师和专利管理人员进行技术调研、竞争性分析和法律风险预警的有力工具。

IncoPat 提供了简单检索、表格检索、指令检索、批量检索、引证检索、法律检索等多种检索方式。在机器翻译系统的支持下,IncoPat 可以用中英文同时查询并对照浏览全球专利。该系统还配备了功能强大的辅助查询工具,可帮助用户实现 IPC、专利权人、同义词、国别代码、号码等字段的扩展检索;此外,用户可以对检索结果进行导出、收藏、统计筛选和在线分析,还可以对检索策略进行保存和监视。企业用户和专业个人用户可以在线自建数据库导航树。系统可设置多级用户管理权限,满足企业账户管理的需求。

IncoPat 网址为 https//：www. incopat. com。IncoPat 页面如图 3 - 4 - 171 所示。

图 3 - 4 - 171　IncoPat 科技创新情报平台页面

(1) 数据收录范围及数据更新说明。

①数据库收录的 102 个国家、地区和组织(见表 3 - 4 - 5)。

表 3 – 4 – 5 IncoPat 科技创新情报平台专利数据收录范围

序号	代码	国家/地区	序号	代码	国家/地区	序号	代码	国家/地区
1	AM	亚美尼亚	24	DO	多米尼加共和国	47	IS	冰岛
2	AP	非洲地区工业产权组织	25	DZ	阿尔及利亚	48	IT	意大利
3	AR	阿根廷	26	EA	欧亚专利组织	49	JO	约旦
4	AT	奥地利	27	EC	厄瓜多尔	50	JP	日本
5	AU	澳大利亚	28	EE	爱沙尼亚	51	KE	肯尼亚
6	BA	波斯尼亚和黑塞哥维那	29	EG	埃及	52	KR	韩国
7	BE	比利时	30	EP	欧洲	53	KZ	哈萨克斯坦
8	BG	保加利亚	31	ES	西班牙	54	LT	立陶宛
9	BR	巴西	32	FI	芬兰	55	LU	卢森堡
10	BY	白俄罗斯	33	FR	法国	56	LV	拉脱维亚
11	CA	加拿大	34	GB	英国	57	MA	摩洛哥
12	CH	瑞士	35	GC	海湾地区阿拉伯国家合作委员会专利局	58	MC	摩纳哥
13	CL	智利	36	GE	格鲁吉亚	59	MD	摩尔多瓦
14	CN	中国	37	GR	希腊	60	ME	黑山
15	CO	哥伦比亚	38	GT	危地马拉	61	MN	蒙古国
16	CR	哥斯达黎加	39	HK	中国香港	62	MO	中国澳门
17	CS	捷克斯洛伐克	40	HN	洪都拉斯	63	MT	马耳他
18	CU	古巴	41	HR	克罗地亚	64	MW	马拉维
19	CY	塞浦路斯	42	HU	匈牙利	65	MX	墨西哥
20	CZ	捷克	43	ID	印度尼西亚	66	MY	马来西亚
21	DD	东德	44	IE	爱尔兰	67	NI	尼加拉瓜
22	DE	德国	45	IL	以色列	68	NL	荷兰
23	DK	丹麦	46	IN	印度	69	NO	挪威

续表

序号	代码	国家/地区	序号	代码	国家/地区	序号	代码	国家/地区
70	NZ	新西兰	81	SE	瑞典	92	TW	中国台湾
71	OA	非洲知识产权组织	82	SG	新加坡	93	UA	乌克兰
72	PA	巴拿马	83	SI	斯洛文尼亚	94	US	美国
73	PE	秘鲁	84	SK	斯洛伐克	95	UY	乌拉圭
74	PH	菲律宾	85	SM	圣马力诺	96	UZ	乌兹别克斯坦
75	PL	波兰	86	SU	苏联	97	VN	越南
76	PT	葡萄牙	87	SV	萨尔瓦多	98	WO	世界知识产权组织
77	RO	罗马尼亚	88	TH	泰国	99	YU	南斯拉夫
78	RS	塞尔维亚	89	TJ	塔吉克斯坦	100	ZA	南非
79	RU	俄罗斯	90	TR	土耳其	101	ZM	赞比亚
80	SA	沙特阿拉伯	91	TT	特立尼达和多巴哥	102	ZW	津巴布韦

②数据更新说明（见图 3 - 4 - 172）。

（2）检索规则。

①逻辑运算符。系统支持逻辑运算符"AND""OR""NOT"，可以分别对指定的关键词执行"与""或""非"的操作。在表 3 - 4 - 6 中，逻辑运算符全部显示为大写。但是，这并不是必要条件，这样处理只是为了在视觉上区分运算符和周围的关键词。

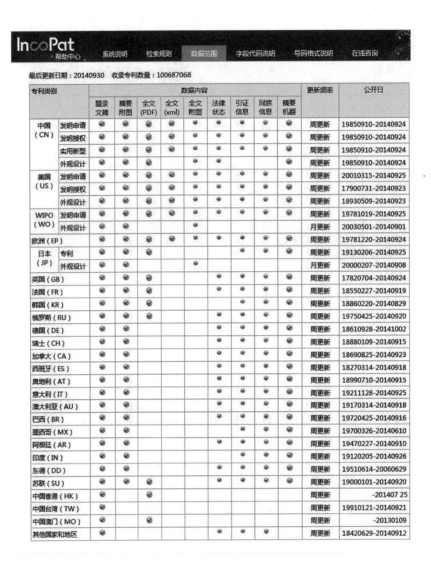

图 3 – 4 – 172　IncoPat 科技创新情报平台数据更新说明

表 3 – 4 – 6　逻辑运算符说明

运算符	用途和示例
AND	检索两个关键词都必须存在的记录；该运算符对于检索词的位置没有要求，仅要求同时出现在相同的文献中 示例：汽车 AND 发动机、car AND engine 可检索到关键词字段包含 "汽车" 和 "发动机" 的专利
OR	检索两个关键词，且至少存在其中一个关键词 示例：汽车 OR 发动机 可检索到关键词字段包含 "汽车" 或 "发动机" 的专利

续表

运算符	用途和示例
NOT	指定应排除在外的检索词 示例：汽车 NOT 发动机 可检索到关键词字段包含"汽车"，但不包含"发动机"的专利

注：如果关键词进行精确匹配检索，必须加半角状态的双引号，如"electronic vehicle"。

②截词符（见表 3 - 4 - 7）。

表 3 - 4 - 7　截词符说明

截词符	用途和示例
*	星号代表 0 个或者多个数量的字符，可在一个词内任意位置使用。 示例： ●comput *（comput 后可有 0 个或多个数量的字符） ●com * er（com 和 er 之间可有 0 个或多个数量的字符） ● * mputer（mputer 前可有 0 个或多个数量的字符）
?	问号代表一个字符，可以使用一个或多个问号代表检索词中的特定数量的字符。 示例： ●engin?（代表 engin 后必须有一个字符） ●en?? ne（代表 en 和 ne 之间必须有两个字符） ●? ngine（代表 ngine 前边必须有一个字符）

③位置运算符。系统支持 w/n 两种位置算符，可用于检索符合位置关系的两组关键字，位置算符的优先级高于逻辑算符。w 检索的每个单词均已指定顺序。如果前加数字，则代表在两个关键词之间插入 n 个单词（n 代表 1～9 的数字），且检索词的顺序不可颠倒记录。如表 3 - 4 - 8 和表 3 - 4 - 9 所示。

表 3 - 4 - 8　位置运算符 w 检索说明

运算符	介入词的数量
w 或者 1w	1
2w	2
9w	9

表 3 - 4 - 9 位置运算符 n 检索说明

运算符	介入词的数量
n 或者 1n	1
2n	2
9n	9

示例：car（w）engine 表示 car 和 engine 之间隔一个单词；钻（w）孔表示钻和孔之间隔一个字。

n 检索包含指定检索词且词序任意的记录。如果检索词前加数字则代表两个关键词之间插入 n 个单词（n 代表 1~9 的数字），且检索词顺序任意的记录。

示例：car（n）engine 表示 car 和 engine 之间隔一个单词，且 car 和 engine 的词序可以变换；电（n）机表示电和机之间隔一个字，且电和机的顺序可以变换。

④范围检索。系统支持范围检索。比如检索 2011 年 1 月 1 日 ~ 2013 年 1 月 1 日公开的专利，检索式为：pd =［20110101 to 20130101］。当前 IncoPat 支持范围检索的字段如表 3 - 4 - 10 所示（详见 IncoPat 帮助文档→字段代码说明）。

表 3 - 4 - 10 范围检索字段

字段名称	检索示例
简单同族个数 mfn	mfn =［007 to 010］
扩展同族个数 cfn	cfn =［008 to 010］
INPADOC 同族个数 ifn	ifn =［005 to 010］
公开日 pd	pd =［20110101 to 20130101］
优先权日 pr - date	pr - date =［2010 to 2011］
引证申请日 ct - ad	ct - ad =［201101 to 20121231］
引证公开日 ct - pd	ct - pd =［201101 to 20121231］
文档整体更新时间 doc - dc	doc - dc =［2012 to 2013］
引证整体更新时间 ref - dc	ref - dc =［2012 to 2013］
专利引证更新时间 cp - dc	cp - dc =［2012 to 2013］
非专利引证更新时间 cn - dc	cn - dc =［2012 to 2013］
专利被引证更新时间 fc - dc	fc - dc =［2012 to 2013］

续表

字段名称	检索示例
同族信息更新时间 fam – dc	fam – dc ＝ ［2012 to 2013］
转让执行日 assign – date	assign – date ＝ ［2002 to 2012］
复审无效决定日 ri – date	ri – date ＝ ［2011 to 2012］
法律文书日期 lgi – date	lgi – date ＝ ［2010 to 2013］
法律状态公告时间 lgd	lgd ＝ ［20110101 to 20121231］
被引证申请日 ctfw – ad	ctfw – ad ＝ ［2011 to 2013］
被引证公开日 ctfw – pd	ctfw – pd ＝ ［2011 to 2013］
质押期限 pledge – term	pledge – term ＝ ［20080625 to 20120624］

注意：

①若范围为某一具体值或者模糊值，可直接用括号，如 pd ＝（20110101）或 pd ＝（2011 * ）。

②若检索条件为某一范围时，to 前、后的数字格式表示要一致，而且必须用中括号。

③除日期外，其他格式数字为 3 位数，不足 3 位的需在前端补 0。

（3）字段代码说明（见表 3 – 4 – 11）。

表 3 – 4 – 11　字段代码说明

序号	字段名	英文字段名	检索语法	检索样例	说明
1	标题	Title	ti ＝	ti ＝（发动机）	原文的标题及翻译的标题
2	摘要	Abstract	ab ＝	ab ＝（汽车）	摘要原文及翻译
3	权利要求	Claim	claim ＝	claim ＝（发动机）	—
4	IPC 分类	IPC	ipc ＝	ipc ＝（A61L27/38）	—
5	洛迦诺分类	Locarno Classification	loc ＝	loc ＝（12 – 08）	仅外观设计
6	申请号	Application Number	an ＝	an ＝（CN201010196166）	—

序号	字段名	英文字段名	检索语法	检索样例	说明
7	申请日	Application Date	ad =	ad =（20080808）	—
8	公开号	Publication Number	pn =	pn =（CN1942853A）	—
9	公开（公告）日	Publication Date	pd =	pd =（20110104）或 pd =（2011 *）或 pd =［20110101 to 20130101］	—
10	申请人	Applicant Assignee	ap =	ap =（中兴）	专利申请人原始信息
11	受让人	Assignee	aee =	aee =（戴尔）	专利权转让的受让人
12	申请人地址	Applicant Address Information	ap－add =	ap－add =（北京市西城区）	—
13	申请人国别	Applicant Country	ap－country =	ap－country =（CN）	—
14	发明人	Inventor	in =	in =（邱则有）	—
15	许可人	Licensor	lor =	lor =（清华大学）	—
16	被许可人	Licensee	lee =	lee =（联想）	—
17	法律状态文字信息	Legal Free Text	lg =	lg =（联想）	—
18	复审无效全文	Reexamination－invalidationfulltext	ri－text =	ri－text =（豆浆机）	—
19	中国专利状态	CNstatus	status =	status =（审中 or 有效）	仅 CN，有效、审中、失效
20	诉讼当事人	Legal Party	lgi－party =	lgi－party =（邱则有）	—
21	标题	Title	ti =	ti =（发动机）	原文的标题及翻译的标题
22	标题（国内专利中文/国外专利英文检索）	Tio	tio =	tio =（发动机）或 tio =（engine）	—

续表

序号	字段名	英文字段名	检索语法	检索样例	说明
23	标题小语种	Ti – Otlang	ti – otlang =	ti – otlang = （브이형 내연 기관의 엔진블 록용 호닝가 공 장치）	—
24	标题翻译	Ti – Ts	ti – ts =	ti – ts =（engine）或者 ti – ts =（发动机）	—
25	摘要	Abstract	ab =	ab =（汽车）	原文的摘要及 翻译的摘要
26	摘要（国内 专利中文/ 国外专利英 文检索）	Abo	abo =	abo =（发动机）或 abo =（engine）	—
27	摘要小语种	Ab – Otlang	ab – otlang =	ab – otlang =（couche de vernis）	—
28	摘要翻译	Ab – Ts	ab – ts =	ab – ts =（engine）或者 ab – ts =（发动机）	—
29	标题摘要	Title And Abstract	tiab =	tiab =（发动机）	—
30	权利要求	Claim	claim =	claim =（发动机）	—
31	权利要求 数量	Number Of Claims	no – claim =	no – claim =（10）	—
32	标题摘要 权利要求	Title，Abstract，And Claims	tiabc =	tiabc =（发动机）	—
33	非专利引证	Citation – Nonpatent	ctnp =	ctnp =（nature）	—
34	说明书	Des	des =	des =（发动机）	说明书， 原来的 full 字段
35	公司名 和人名	Who	who =	who =（清华大学）	ap/apnor/in/ aee/aeenor/at
36	主要著录 信息	All	all =	all =（发动机）	tiabc/number/ who/class

续表

序号	字段名	英文字段名	检索语法	检索样例	说明
37	全文	Full	full =	full =（发动机）	tiabc/des
38	申请语言	Filing Language	filing - lang =	filing - lang =（eng）	取英文前三个字母，如中文：chi
39	专利寿命	Patent Life	patent - life =	patent - life =（10）	支持范围检索
40	审查时长	Examination Time	ex - time =	ex - time =（5）或者 ex - time =［05 to 10］	支持范围检索，此处数字代表月
41	提出实审时长	Put Forward Examination Time	pfex - time =	pfex - time =（5）或者 pfex - time =［05 to 10］	支持范围检索
42	说明书原始语言	Des - Or	des - or =	des - or =（エンジン）（日文：发动机）	—
43	优先权信息	Prd	prd =	prd =（20090126）或者 prd =（US10338820）	检索范围：号码、日期等
44	申请人	Applicant/ Assignee	ap =	ap =（中兴）	专利申请人原始信息和翻译信息
45	申请人原始语言	AP - OR		ap - or =“SOLIMAN SAMIR S.”	专利的原始专利权人
46	除中文外，其他语言申请人	AP - OT	ap - ot =	ap - ot =（清华大学）	不包括中国
47	申请人（国内英，国外中）	AP - TS	ap - ts =	ap - ts =（PANASONIC）（中国）	—
48	标准申请人	Normalized Applicant	apnor =	apnor =（中国移动 - C）	—

续表

序号	字段名	英文字段名	检索语法	检索样例	说明
49	受让人	Assignee	aee =	aee =（戴尔）	专利权转让的受让人
50	受让人州	AssigneesState	assign – state =	assign – state =（New York）	—
51	受让人城市	AssigneesCity	assign – city =	assign – city =（New York）	—
52	转让人	Assignor	aor =	aor =（飞利浦）	专利权转让的转让人
53	转让或受让人	Assignment Party	assign – party =	assign – party =（戴尔）	专利权转让的转让人或受让人
54	标准受让人	Normalized Assignee	aeenor =	aeenor =（中国移动 – c）	—
55	申请人地址	Applicant Address Information	ap – add =	ap – add =（北京市西城区）	—
56	除中文外，其他语言申请人地址	AP – OTADD	ap – otadd =	ap – otadd =（北京）	不包括中国
57	发明人	Inventor	in =	in =（邱则有）	—
58	发明人地址	Inventor Address	in – add =	in – add =（newyork）	—
59	发明人城市	Inventor City	in – ctiy =	in – ctiy =（newyork）	不包含中国
60	发明人所在州	Inventor state	in – state =	in – state =（tn）	仅美国、加拿大
61	许可人	Licensor	lor =	lor =（清华大学）	—
62	被许可人	Licensee	lee =	lee =（联想）	—
63	诉讼当事人	Legal Party	lgi – party =	lgi – party =（邱则有）	—
64	代理人姓名	Attorney	at =	at =（刘新宇）	仅 CN, US, EP, WO, JP, DE
65	代理机构	Agency	agc =	agc =（柳沈）	仅 CN 数据

序号	字段名	英文字段名	检索语法	检索样例	说明
66	代理人地址	Attorney Address	at – add =	at – add = （Cupertino CA）	仅 US
67	代理人城市	Attorney city	at – city =	at – city = （New York）	仅 US
68	代理人所在州	Attorney state	at – state =	at – state = （HI）	仅 US
69	复审请求人	Reexamination Applicant	re – ap =	re – ap = （联想）	—
70	无效请求人	Invalidation applicant	in – ap =	in – ap = （通用）	—
71	复审无效主审员	Reexamination – invalidation main examiner	ri – me =	ri – me = （刘路尧）	—
72	复审无效参审员	Reexamination – invalidationassitant examiner	ri – ae =	ri – ae = （崔宪丽）	—
73	复审无效合议组组长	Reexamination – invalidation leader	ri – leader =	ri – leader = （张琳）	—
74	出质人	Pledgor	por =	por = （电信科学技术研究院）	—
75	质权人	Pledgee	pee =	pee = （国家开发银行）	—
76	审查员，包括主审和陪审	Examiner	ex =	ex = （张伟）	—
77	IPC 分类	IPC	ipc =	ipc = （A61L27/38）	—
78	IPC 主分类	IPC Main	ipc – main =	ipc – main = （A61K31/44）	—
79	IPC 分类 – 部	IPC Section	ipc – section =	ipc – section = （F）	—

续表

序号	字段名	英文字段名	检索语法	检索样例	说明
80	IPC 分类 - 大类	IPC Class	ipc - class =	ipc - class = （F28）	—
81	IPC 分类 - 小类	IPC Subclass	ipc - subclass =	ipc - subclass = （F28C）	—
82	IPC 分类 - 大组	IPC Group	ipc - group =	ipc - group = （F28C1）	—
83	IPC 分类 - 小组	IPC Subgroup	ipc - subgrpup =	ipc - subgroup = （F28D9/00）	—
84	洛迦诺分类	Locarno Classification	loc =	loc = （12 - 08）	仅外观设计
85	欧洲 EC 分类	ECLA	ecla =	ecla = （A61L27/38B6）	—
86	欧洲 EC 分类 - 部	ECLA Section	ecla - section =	ecla - section = （A）	—
87	欧洲 EC 分类 - 大类	ECLA Class	ecla - class =	ecla - class = （A61）	—
88	欧洲 EC 分类 - 小类	ECLA Subclass	ecla - subclass =	ecla - subclass = （A61L）	—
89	欧洲 EC 分类 - 大组	ECLA Group	ecla - group =	ecla - group = （A61L27）	—
90	欧洲 EC 分类 - 小组	ECLA Subgroup	ecla - subgroup =	ecla - subgroup = （A61L27/38）	—
91	美国 UC 分类	UC	uc =	uc = （623/23. 64）	—
92	美国主 UC 分类	UC Main	uc - main =	uc - main = （623/23. 64）	—
93	CPC 分类	CPC	cpc =	CPC = （A61B17/0057）	—
94	CPC 分类 - 部	CPC Section	cpc - section =	cpc - section = （H）	—
95	CPC 分类 - 大类	CPC Class	cpc - class =	cpc - class = （A61）	—

序号	字段名	英文字段名	检索语法	检索样例	说明
96	CPC 分类 – 小类	CPC Subclass	cpc – subclass =	cpc – subclass = （A61B）	—
97	CPC 分类 – 大组	CPC Group	cpc – group =	cpc – group = （A61B17）	—
98	CPC 分类 – 小组	CPC Subgroup	cpc – subgroup =	cpc – subgroup = （A61B17/00）	—
99	日本 fi 分类	FI	fi =	fi = （H04L1/00）	—
100	日本 fterm 分类	Fterm	ft =	ft = （2D061/BA01）	—
101	分类号	Class	Class =	class = （B60B35/02）	ipc/ipc – main/ uc/uc – main/ ecla/cpc/loc/ fi/ft
102	中国范畴 分类	PHC	phc =	phc = 11B	仅限中国
103	申请人国别	Applicant Country	ap – country =	ap – country = （CN）	—
104	发明人 国别	Inventor Country	in – country =	in – country = （us）	—
105	专利申请 的国别	Application Authority	auth =	auth = （US）	专利申请的 国别，即专利 受理国
106	公开国别	Publication Authority	pnc =	pnc = （US）	—
107	优先权国别	Priority Authority	pr – au =	pr – au = （US）	—
108	代理人国别	Attorney Country	at – country =	at – country = （CN）	—
109	申请人 所在省市	Applicant province	ap – province =	ap – province = （11） 或 ap – province = （北京）	—

续表

序号	字段名	英文字段名	检索语法	检索样例	说明
110	中国省市代码	PC－CN	pc－cn＝	pc－cn＝11	仅中国
111	申请人省市	AP－PC	ap－pc＝	ap－pc＝11	仅中国
112	受让人国别	Assignees Country	assign－country＝	assign－country＝（CHINA）	仅美国
113	申请号	Application Number	an＝	an＝（CN201010196166）	—
114	申请号号码	Application Number without Auth	ann＝	ann＝（201010196166）	不包含国别代码
115	公开号	Publication Number	pn＝	pn＝（CN1942853A）	—
116	公开号号码	Document Number	pnn＝	pnn＝（168742）	不包含国别
117	优先权号	Priority Number	pr＝	pr＝（US10338820）	—
118	优先权号号码	Priority Number without Auth	prn＝	prn＝（10338820）	不包含国别代码
119	公开类型	Publication Type	pt＝	pt＝（1）	1 为发明公开 2 为实用新型 3 为外观设计 4 为发明授权 5 为国外不确定的类型
120	专利文献种类标识代码	Publication Kind	pnk＝	pnk＝（A）	—
121	简单同族	MainFamily	mf＝	mf＝（US20040131470A1）	—
122	扩展同族	CompleteFamily	cf＝	cf＝（US20040131470A1）	—
123	简单同族个数	MainFamily Number	mfn＝	mfn＝（4）或 mfn＝［7 to 10］	—

续表

序号	字段名	英文字段名	检索语法	检索样例	说明
124	扩展同族个数	CompleteFamily Number	cfn =	cfn =（003）或 cfn =［8to 10］	—
125	INPADOC 同族	INP ADOCFamily	if =	if =（JP2006223888A）	—
126	INPADOC 同族个数	INPADOCFamily Number	ifn =	ifn =（5）	—
127	同族国家	Fa - Country	Fa - country =	fa - country =（CNand US and jp）	—
128	号码	Number	number =	number = 201310624237	pn∕pnn∕an∕ ann∕pr∕prn
129	复审无效决定号	Reexamination - invalidation dicision number	ri - num =	ri - num =（FS33558）	—
130	复审无效委内编号	Reexamination - invalidation internal number	ri - inernal =	ri - inernal =（1F22751）	—
131	许可合同备案号	License record number	license - no =	license - no =（2012990000215）	—
132	质押号	Pledge number	pledge - no =	pledge - no =（2007110000354）	—
133	申请日	Application Date	ad =	ad =（20080808）	—
134	申请年	Ady	ady =	ady = 2013	—
135	申请月	Adm	adm =	adm =（201301）	—
136	公开（公告）日	Publication Date	pd =	pd =（20110104）或 pd =（2011＊）或 pd =［20110101 to 20130101］	—

续表

序号	字段名	英文字段名	检索语法	检索样例	说明
137	首次公开日	Date of Publication	pu－date＝	pu－date＝ （20060308）或者 pu－date＝ ［20130101 to 20131231］	支持范围检索
138	公开年	Pdy	pdy＝	pdy＝2013	—
139	公开月	Pdm	pdm＝	pdm＝（201301）	—
140	优先权日	Priority Date	pr－date＝	pr－date＝ （20100212）或 pr－date＝（2010＊） 或 pr－date＝ ［2010 to 2011］	—
141	优先权年	Pryear	pryear＝	pryear＝2013	—
142	引证申请日	Citation Application Date	ct－ad＝	ct－ad＝（20090105） 或 ct－ad＝ ［2012 to 2013］	前引证专利 的申请日
143	引证公开日	Citation Publication Date	ct－pd＝	ct－pd＝（20090108） 或 ct－pd＝ ［2012 to 2013］	前引证专利 的公开日
144	被引证 申请日	Citation－Forward Application Date	ctfw－ad＝	ctfw－ad＝ （20110101）或 ctfw－ad＝（2011＊） 或 ctfw－ad＝ ［2011 to 2013］	—
145	被引证公 开日	Citation－Forward Publication Date	ctfw－pd＝	ctfw－pd＝ （20110101）或 ctfw－pd＝（2011＊） 或 ctfw－pd＝ ［2011 to 2013］	—

序号	字段名	英文字段名	检索语法	检索样例	说明
146	后引证申请年	Ctyear	ctyear =	ctyear = 2013	—
147	实质审查生效日	Substantive Examination Date	subex – date =	subex – date = (20060503) 或者 subex – date = [20060501 to 20060531]	支持范围检索
148	授权公告日	Grant Date	grant – date =	grant – date = (20130612) 或者 grant – date = [20130601 to 20130630]	支持范围检索
149	失效日	Expiry Date	expiry – date =	expiry – date = (20140326) 或者 expiry – date = [20140301 to 20140331]	支持范围检索
150	PCT 进入国家阶段日	Ecd	ecd =	ecd = (20121213)	仅中国专利
151	无效申请年	Riyear	riyear =	riyear = 2013	—
152	质押解除年	Pledgeyear	pledgeyear =	pledgeyear = 2013	—
153	转让年	Assignyear	assignyear =	assignyear = 2013	—
154	许可年	Licenseyear	licenseyear =	licenseyear = 2013	—
155	文档整体更新时间	Document date changed	doc – dc =	doc – dc = [2012 to 2013] 或 doc – dc = (2010 *)	最近一条（被）引证或同族信息更新的时间

续表

序号	字段名	英文字段名	检索语法	检索样例	说明
156	引证整体更新时间	References Cited Date Changed	ref－dc＝	ref－dc＝〔2012 to 2013〕或 ref－dc＝（2010＊）	最近一条引证信息更新的时间
157	专利引证更新时间	Patent citations date changed	cp－dc＝	cp－dc＝〔2012 to 2013〕或 cp－dc＝（2010＊）	最近一条专利引证信息更新的时间
158	非专利引证更新时间	Nonpatent citations date changed	cn－dc＝	cn－dc＝〔2012 to 2013〕或 cn－dc＝（2010＊）	最近一条非专利引证信息更新的时间
159	专利被引证更新时间	Forward citations date changed	fc－dc＝	fc－dc＝〔2012 to 2013〕或 fc－dc＝（2010＊）	最近一条专利被引证信息更新的时间
160	同族信息更新时间	Family date changed	fam－dc＝	fam－dc＝〔2012 to 2013〕或 fam－dc＝（2010＊）	最近一条同族信息更新的时间
161	转让执行日	Assignment Execution Date	assign－date＝	assign－date＝（2005＊）或 assign－date＝〔2002 to 2012〕	专利权转让的执行日
162	复审无效决定日	Reexamination－invalidation dicision date ri－date＝	ri－date＝	ri－date＝（20110627）或 ri－date＝〔2011 to 2012〕	—
163	法律文书日期	Legal instrument date	lgi－date＝	lgi－date＝〔2010 to 2013〕或 lgi－date＝（2011＊）	—
164	法律状态公告时间	Legal Event Publication Date	lgd＝	lgd＝（20120104）	—

续表

序号	字段名	英文字段名	检索语法	检索样例	说明
165	中国专利有效性	CNstatus	status =	status = （审中 or 有效）	仅 CN，有效、审中、失效
166	中国最近法律状态	CN status lite	status－lite =	status－lite = （公开）	仅 CN，公开、实质审查、撤回、驳回、审定、授权、放弃、部分无效、部分撤销、全部撤销、权利终止、权利恢复
167	法律状态文字信息	Legal Free Text	lg =	lg = （联想）	—
168	法律状态中的法律事件	Legal Event	lge =	lge = （实质审查）	—
169	法律状态效果	Legal Event Effect	lgf =	lgf = （Positive）或 lgf = （Negative）	法律状态效果积极为"Positive"，消极为"Negative"
170	法律状态代码	Legal Event Code	lgc =	lgc = （FPAY）	—
171	复审无效类型	Reexamination－invalidation type	ri－type =	ri－type = （无效申请）或 ri－type = （复审申请）	仅 CN
172	复审无效全文	Reexamination－invalidation fulltext	ri－text =	ri－text = （豆浆机）	—
173	复审无效请求人	Reexamination－invalidation applicant	ri－ap =	ri－ap = （陆国强）	仅 CN

续表

序号	字段名	英文字段名	检索语法	检索样例	说明
174	复审无效法律依据	Reexamination – invalidation legal basis	ri – basis =	ri – basis = （专利法第 22 条）	—
175	复审无效决定要点	Reexamination – invalidation dicision point	ri – point =	ri – point = （新颖性）	—
176	裁决判决发生地	Legal Judgement region	lgi – region =	lgi – region = （北京）	—
177	法庭	Legal Court	lgi – court =	lgi – court = （山东省高级人民法院）	—
178	法官	Judge	lgi – judge =	lgi – judge = （Honorable Richard A. Posner）	仅美国
179	诉讼律师事务所	Lawfirm	lgi – firm =	lgi – firm = "Brooks Kushman"	仅美国
180	诉讼时间	Litigation Date	lt – date =	lt – date = （2013 * ） 或者 lt – date = （20130826）	—
181	诉讼案件号	Case Number	lgi – case =	lgi – case = （2：11cv11093）	仅美国
182	专利转移原因	Conveyance Text	assign – text =	assign – text = （ASSIGNMENT OF ASSIGNORS INTEREST）	仅美国
183	法律文书题目	Legal instrument title	lgi – ti =	lgi – ti = （专利权权属）	—
184	法律文书具体内容	Legal instrumentfulltext	lgi – text =	lgi – text = （豆浆机）	—

续表

序号	字段名	英文字段名	检索语法	检索样例	说明
185	法律文书种类	Legal instrumenttpye	lgi – type =	lgi – type = （民事判决书）	—
186	法律文书编号	Legal instrument number	lgi – no =	lgi – no = （第 66 号）	—
187	质押生效日	Pledge effective date	pledge – date =	pledge – date = （20120629）或 pledge – date = （201206＊）或 pledge – date = （2012＊）	—
188	质押期限	Pledge term	pledge – term =	pledge – term = ［20080625 to 20120624］ 或 pledge – term = ［200806 to 201207］ 或 pledge – term = ［2008 to 2012］	—
189	许可合同备案日期	License record date	license – date =	license – date = （20120426）或 license – date = （201204＊）或 license – date = （2012＊）	仅中国
190	许可类型	License Type	license – type	license – type = 独占许可	—
191	许可备案阶段	License Stage	license – stage	license – stage = 生效	—
192	当前许可备案阶段	Current License Stage	license – cs	license – cs = 变更	—
193	许可合同履行起始日	Licensing Start Date	license – sd	license – sd = （20090520）或者 license – sd = ［20130101 to 20140101］	支持范围检索

续表

序号	字段名	英文字段名	检索语法	检索样例	说明
194	许可合同履行终止日	Licensing Termination Date	license－td	license－td＝（20130828）或者 license－td＝〔20130801 to 20130831〕	支持范围检索
195	当前被许可人	Current Licensee	lee－current	lee－current＝（上海裕隆）	—
196	当前受让人	Patentee	patentee＝	patentee＝（三一汽车）	—
197	受让人地址	Assignee Address	assignee－add	assignee－add＝（北京）	—
198	当前受让人地址	Current Assignee Address	assignee－cadd	assignee－cadd＝（北京）	—
199	质押变更日	Pledge Change Date	pledge－cd＝	pledge－cd＝（20130620）或者 pledge－cd＝〔20130601 to 20130630〕	—
200	质押解除日	Pledge Release Date	pledge－rd＝	pledge－rd＝（20130809）或者 pledge－rd＝〔20130801 to 20130831〕	支持范围检索
201	当前质权人	Current Pledgee	pee－current＝	pee－current＝（成都生产力促进中心）	—
202	质押保全类型	Security Pledge Type	pledge－type＝	pledge－type＝（保全）	—
203	合同备案阶段	Security Pledge Stage	pledge－stage＝	pledge－stage＝（注销）	—

续表

序号	字段名	英文字段名	检索语法	检索样例	说明
204	法律状态全文	Lawtxt	lawtxt =	lawtxt = （实质审查的生效 IPC（主分类）：G03F7/26；）	—
205	转让标签	Assign – Flag	assign –flag =	assign – flag = 1	转让
206	许可标签	Licence – Flag	licence – flag =	licence – flag = 1	许可
207	质押标签	Plege – Flag	plege –flag =	plege – flag = 1	质押
208	复审无效申请标签	Ree – Flag	ree – flag =	ree – flag = 1	复审无效申请
209	诉讼标签	Lgi – Flag	lgi – flag =	lgi – flag = 1	诉讼
210	引证信息	Citation	ct =	ct =（US6212494B1）	前引证专利号
211	被引证信息	Citation – Forward	ctfw =	ctfw =（US7848362B2）	后引证专利号
212	引证次数	Citation Number of Times	ct – times =	ct – times =（010） ct – times =（010）	前引证专利的次数
213	被引证次数	Citation – Forward Number of Times	ctfw –times =	ctfw – times =（7）或 ctfw – times = [7to 10]	—
214	家族引证	Family Citation	fct =	fct =（US6212494B1）	—
215	家族被引证	Family Citation – Forward	fctfw =	fctfw =（CN101547122B）	—
216	引证申请人	Citation Applicant	ct – ap	ct – ap =（apple）	前引证专利的申请人
217	被引证申请人	Citation – Forward Applicant	ctfw – ap =	ctfw – ap =（apple）	后引证专利的申请人
218	家族引证申请人	Family Citation Applicant	fct – ap =	fct – ap =（apple）	专利家族前引证专利的申请人
219	家族被引证申请人	Family Citation – Forward Applicant	fctfw – ap =	fctfw – ap =（apple）	—

续表

序号	字段名	英文字段名	检索语法	检索样例	说明
220	引证号码	Citation Number	ct－no＝	ct－no＝（6386370）	—
221	被引证号码	Citation－Forward Number	ctfw－no＝	ctfw－no＝（7848362）	—
222	引证国别	Citation Authority	ct－auth＝	ct－auth＝（US）	—
223	被引证国别	Citation－Forward Authority	ctfw－auth＝	ctfw－auth＝（US）	—
224	引证类别	Citation Origin Code	ct－code＝	ct－code＝（A）或 ct－code＝（X）或 ct－code＝（Y）	—
225	家族引证次数	Family Citation Number of Times	fct－times＝	fct－times＝（5）	—
226	家族被引证次数	Family Citation－Forward Number of Times	fctfw－times＝	fctfw－times＝（20）	—

（4）号码格式说明（见表 3－4－12）。

表 3－4－12　号码格式说明

国家/地区/组织			号码组成	样例	类型码及说明
中国	发明公开	申请号	［2 位年份］［1 位类型码］［5 位顺序码］［．校验位］（1985～2003 年申请）	CN85102796	类型码：1 为发明；2 为实用新型；3 外观设计；8 为 PCT 发明申请；9 为 PCT 实用新型注：年份一般为申请日年份
			［4 位年份］［1 位类型码］［7 位顺序码］［．校验位］（2003 年至今申请）	CN200580011740	
		公开号	［2 位年份］［1 位类型码］［5 位顺序码］［A］（1985～1988 年公开）	CN86107474A	
			［1 位类型码］［6 位顺序码］［A］（1989 年至今公开）	CN1942853A	

国家/地区/组织			号码组成	样例	类型码及说明
中国	发明授权	申请号	[2位年份][1位类型码][5位顺序码][.校验位](1985～2003年申请)	CN85102796	
			[4位年份][1位类型码][7位顺序码][.校验位](2003年至今申请)	CN200580011740	
		公开号	[2位年份][1位类型码][5位顺序码][B](1985～1988年公告)	CN85106565B	
			[1位类型码][6位顺序码][B](1989～1992年公告)	CN1008323B	
			[1位类型码][6位顺序码][C](1993～2007年7月公告)	CN1029513C	
			[1位类型码][8位顺序码][C](2007年8月～2010年3月公告)	CN100575013C	
			[1位类型码][6-8位顺序码][B](2010年4月至今公告)	CN101927753B	
	实用新型	申请号	[2位年份][1位类型码][5位顺序码][.校验位](1985～2003年申请)	CN87205672	
			[4位年份][1位类型码][7位顺序码][.校验位](2003年至今申请)	CN200520127841	
		公开号	[2位年份][1位类型码][5位顺序码][U](1985～1988年公开)	CN87205672U	
			[1位类型码][6位顺序码][U](1989～1992年公开)	CN2053738U	
			[1位类型码][6位顺序码][Y](1993～2007年7月公开)	CN2359733Y	
			[1位类型码][8位顺序码][Y](2007年8月～2010年3月公开)	CN201174280Y	
			[1位类型码][8位顺序码][U](2010年4月至今公开)	CN202085635U	

国家/地区/组织			号码组成	样例	类型码及说明
中国	外观设计	申请号	[2 位年份][1 位类型码][5 位顺序码][．校验位]（1985 ~ 2003 年申请）	CN99336194	
			[4 位年份][1 位类型码][7 位顺序码][．校验位]（2004 年至今申请）	CN200530165441	
		公开号	[2 位年份][1 位类型码][5 位顺序码][S]（1985 ~ 1988 年公开）	CN87300092S	
			[1 位类型码][6 位顺序码][S]（1989 ~ 1992 年公开）	CN3009205S	
			[1 位类型码][6 - 8 位顺序码][D]（1993 ~ 2010 年 3 月年公开）	CN301099743D	
			[1 位类型码][6 - 8 位顺序码][S]（2010 年 4 月至今公开）	CN301775633S	
中国香港		申请号	[2 位年份][4 位顺序码]（1979 ~ 1996 年申请）	HK960005	申请号年份码：1979 ~ 1996 年采用申请年；1997 年至今采用公开年公开号年份码采用公开年
			[2 位年份][6 位顺序码]（1997 年至今申请）	HK14105917	
		公开号	0 + [2 位年份][4 位顺序码]（1979 ~ 1997 年公开）	HK0930763A	
			[7 位顺序码][X]（1997 年至今公开）	HK1020722A1	
中国台湾		申请号	[8 位顺序码]	TW90209127	
		公告号	[6 位顺序码][X]	TWI384436B	

续表

国家/地区/组织			号码组成	样例	类型码及说明
美国	发明	申请号	[XX][6位顺序码]（1899年及以前申请）	USXX030857	1884年及以前的申请，专利号与申请号相同。之后不同。类型码：01~28用于发明和植物专利申请，两者混合编排；29用于外观设计申请；60用于临时申请；90用于单方再审查请求；95用于双方再审查请求
			[2位类型码][6位顺序码]（1900年至今申请）	US12903127	
		专利号	[6-7位顺序码][X]（2001年3月及以前公开）	US1038227A	
			[4位年份][7位顺序码][X]（2001年3月至今公开）	US20010001020A1	
	外观设计	申请号	[XX][6位顺序码]或[3位顺序码]（1903~1969年申请）	USXX123218/US906	
			[8位顺序码]（1970~1991年申请）	US06169920	
			[2位类型码][6位顺序码]（1992年至今申请）	US29000791	
		专利号	D[7位顺序码]S（1920年至今公开）	USD0248872S	
	植物专利	申请号	[2位类型码][6位顺序码]（1931年至今申请）	US07578473	
		专利号	PP[6位顺序码]P（1932年至今公开）	USPP011973P2	
	再颁专利	申请号	[4-5位顺序码]D（1881~1971年申请）	US26933D	
			[8位顺序码]（1972年至今申请）	US09490494	
		专利号	RE[6位顺序码]E（1867年至今公开）	USRE009702E	
EPO		申请号	[2位年份][6位顺序码]	EP88302286	
		公开号	[7位顺序码][X]	EP1128299A1	

续表

国家/地区/组织		号码组成	样例	类型码及说明
PCT	申请号	［国别码］［2 位年份］［6 位顺序码］	WOUS88003780	
	公开号	［2 位年份］［6 位顺序码］［X］（2003 年前公布）	WO02091814A3	
		［4 位年份］［6 位顺序码］［X］（2004 年至今公布）	WO2006129647A1	
日本	申请号	［2 位年份］［6 位顺序码］（2000 年前）	JP09294247	类型码：A 为公开专利说明书；B1 为未经公开直接经过实质审查的专利说明书；B2 为经公开再经过实质审查的专利说明书；U 为公开实用新型；Y1 为未经公开直接经过实质审查的实用新型说明书；Y2 为经公开再经过实质审查的实用新型说明书；S 为外观设计说明书；2 位年份指传统纪年：昭和年 + 1925 = 公元年；平成年 + 1988 = 公元年
		［4 位年份］［6 位顺序码］（2000 年后）	JP2005042513	
	专利号	［7 - 8 位顺序码］［类型码］	JP11040413A	
		［4 位年份］［6 位顺序码］［类型码］（2000 ~ 2003 年）	JP2003001209A	
韩国	申请号	（［2 位类型码］）［4 位年份］［7 位顺序码］（1998 年及之前）	KR19900006074	顺序号 > 700000，PCT 申请类型码：10 为专利；20 为实用新型；30 为工业品外观设计；40 ~ 50 为商标
	专利号	［2 位类型码］［4 位年份］［7 位顺序码］（1999 年至今）	KR1020080102983	
		［2 位类型码］［7 位顺序码］［X］	KR101102950B1	

续表

国家/地区/组织		号码组成	样例	类型码及说明
英国	申请号	［2 位年份］［5 位顺序码］	GB7722418	
	公开号	［7 位顺序码］［X］	GB0028306D0	
法国	申请号	［7 位顺序码］［X］（1955 年及以前申请）	FR1127514D	
		［2 位年份］［6 位顺序码］（1956 年至今申请）	FR05001887	
	公开号	［7 位顺序号］［X］	FR2874313B1	
德国	申请号	［1 位类型码］［2 位年份］［5 位顺序码］（1995~2003 年）	DE19508037	1 位类型码； 1 为发明； 2 为实用新型；M 为工业品外观设计 为（1997 年前）； 4 为工业品外观设计（1997 年至今）； 5 为欧洲专利（用德文提交并指定德国的，1989 年开始使用）； 6 为欧洲专利（用英、法文提交并指定德国的，1989 年开始使用）第四位：8 或 9，PCT 申请 2 位类型号：10 为德国专利申请；11 为进入国家阶段的 PCT 专利申请；12 为补充保护证书申请； 20 为实用新型申请； 21 为进入国家阶段的 PCT 实用新型申请； 22 为拓扑图申请
		［2 位类型码］［4 位年份］［6 位顺序码］（2004 年至今申请）	DE102005040078	
	公开号	［2 位年份 –50］［1 位类型码］［3 位顺序码］（1994 年前公开）	DE3329820C2	
		［1 位类型码］［2 位年份］［5 位顺序码］（1995 年至今公开）	DE10106472A1	
瑞士	申请号	［4–6 位顺序码］［X］（1962 年及以前申请）	CH344345D	
		［6 位顺序码］［2 位年份］（1963 年至今申请）	CH00135297	
	公开号	［6 位顺序码］［X］	CH691484A5	

续表

国家/地区/组织		号码组成	样例	类型码及说明
俄罗斯	申请号	［7 位顺序码］［X］（1991 年及以前申请）	RU4456622	
		［2 位年份］［1 位类型码］［5 位顺序码］（1992 ~ 1998 年申请）	RU93014928	
		［4 位年份］［1 位类型码］［5 位顺序码］（1999 年至今申请）	RU2000100574	
	公开号	［6 - 7 位顺序码］［X］（2005 年及以前公布）	RU1003626C	
		［4 位年份］［1 位类型码］［5 位顺序码］［X］（2006 年至今申请）	RU2009124459A	

2）专利检索

IncoPat 提供了简单检索、表格检索、指令检索、批量检索、引证检索、法律检索等多种检索方式，在机器翻译系统的支持下，IncoPat 可以用中英文同时查询和对照浏览全球专利

（1）简单检索（见图 3 - 4 - 173）。

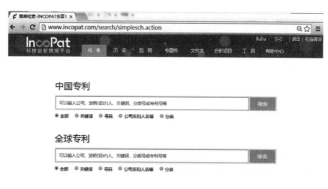

图 3 - 4 - 173　简单检索页面

（2）高级检索（见图 3 – 4 – 174）。

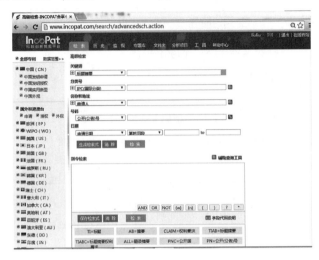

图 3 – 4 – 174　高级检索页面

（3）批量检索（见图 3 – 4 – 175）。

图 3 – 4 – 175　批量检索页面

（4）引证检索（见图 3 – 4 – 176）。

图 3 – 4 – 176　引证检索页面

（5）法律检索（见图 3 – 4 – 177）。

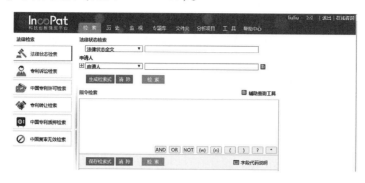

图 3 – 4 – 177　法律检索页面

（6）检索结果。

①检索结果有 4 种方式（见图 3 – 4 – 178 ~ 图 3 – 4 – 181）：列表显示、图文显示、首图浏览、深度浏览。

图 3 – 4 – 178　检索结果列表显示页面

图 3 – 4 – 179　检索结果图文显示页面

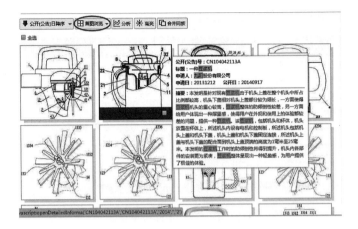

图 3 - 4 - 180　检索结果首图显示页面

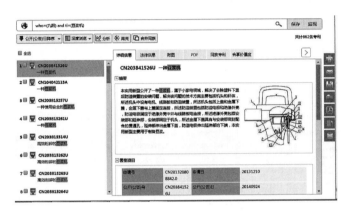

图 3 - 4 - 181　检索结果深度显示页面

②检索结果的二次检索以及检索结果的过滤筛选统计。系统在检索结果的左侧最上方提供二次检索输入框，用户可在标题、摘要、标题摘要、权利要求、公开号、申请号、申请人、发明人、IPC 9 个字段进行检索，以获得更加精确的检索结果（见图 3 - 4 - 182）。

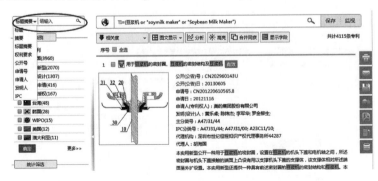

图 3 - 4 - 182　检索结果二次检索

系统在检索结果的左侧提供检索结果过滤筛选统计，包括专利类别、专利申请国家、法律信息、申请人、申请人国别、发明（设计）人、IPC分类号、中国省市、申请日、公开（公告）日（见图 3 - 4 - 183）。其中，中国专利包括专利文献类型（发明申请、实用新型、外观设计、发明授权）。用户可以根据需要使用该功能来选择合适的文献浏览或进行简单的统计。

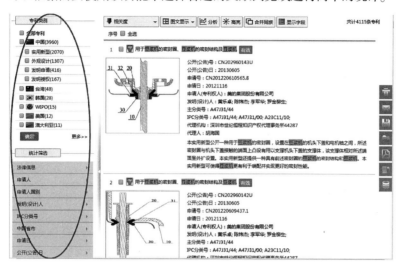

图 3 - 4 - 183　检索结果过滤筛选统计

③设置排序方式。系统提供按相关度、公开（公告）日降序、公开（公告）日升序、申请日降序、申请日升序、申请人、被引证次数、同族数量降序、专利价值度降序 9 种排序方式，用户可根据需要进行选择（见图 3 - 4 - 184）。

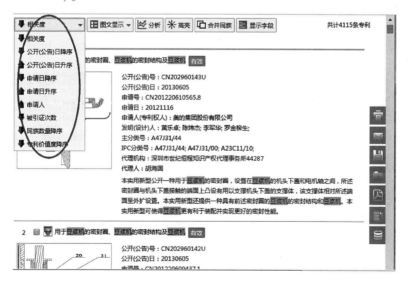

图 3 - 4 - 184　检索结果设置排序方式

④检索结果的管理。检索结果的右侧为检索结果的分类管理，方便用户操作。管理项目包括打印文件、发送邮件、保存文件、收藏到文件夹、PDF 下载、引证专利、导入专业库（见图 3 - 4 - 185）。

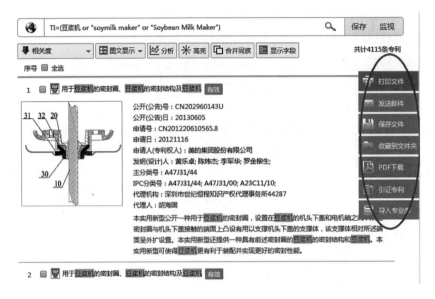

图 3 - 4 - 185　检索结果分类管理

⑤浏览查看专利信息。单件专利信息内容包括详细信息、法律信息、附图、PDF、同族专利、合享价值度、引证分析等（见图 3 - 4 - 186 ～ 图 3 - 4 - 193）。

图 3 - 4 - 186　专利详细信息

图 3 - 4 - 187 专利法律信息

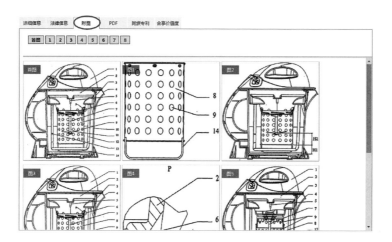

图 3 - 4 - 188 专利附图信息

图 3 - 4 - 189 专利 PDF 文件

图 3 – 4 – 190   同族专利信息

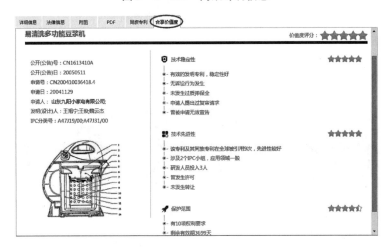

图 3 – 4 – 191   合享价值度

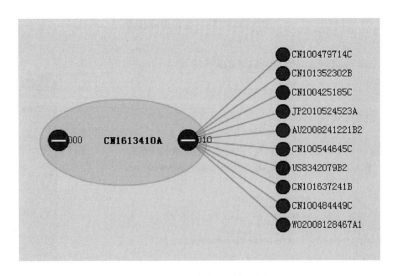

图 3 – 4 – 192   专利引证信息

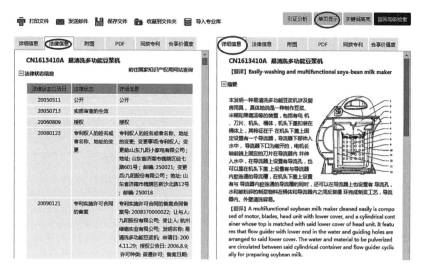

图 3 - 4 - 193 双页显示

(7) 检索历史。

系统提供自动保存检索历史的功能,为注册用户自动保存检索历史。用户可以通过检索结果列表页面直接管理检索历史,包括检索式运行、保存、分析、监视、删除等。

在检索历史中,可以使用检索式查看检索结果,也可以执行相应的检索策略进行再次检索,从而得到便于浏览的检索结果(见图 3 - 4 - 194)。其中,检索历史列表中的编号为按检索时间倒序排列。

图 3 - 4 - 194 检索历史显示页面

3)专利分析

IncoPat 整合了 40 余种常用的专利分析模板,可以快速对专利进行时间趋势分析、区域分析、专利权人分析、发明人分析、技术分类分析、代理机构和代理人分析等（见图 3 - 4 - 195）分析结果以表格或图形方式呈现出来，用户也可自定义二维统计分析内容，在线保存分析结果和自动生成分析报告（见表 3 - 4 - 13 和表 3 - 4 - 14）。

图 3 - 4 - 195　专利分析

表 3 - 4 - 13　专利分析模板

图形名称	显示效果
折线图	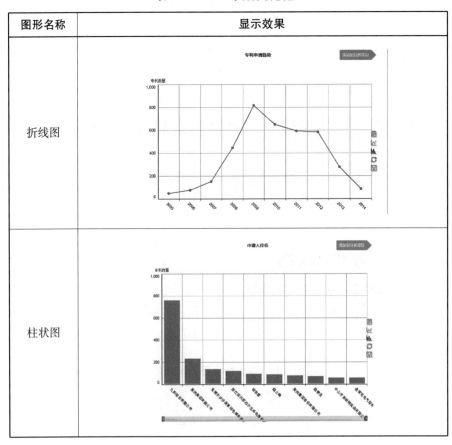
柱状图	

续表

图形名称	显示效果
饼图	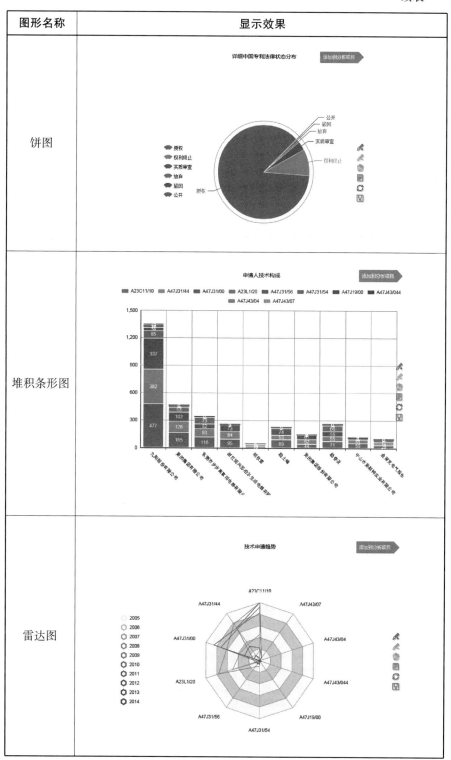
堆积条形图	
雷达图	

图形名称	显示效果
气泡图	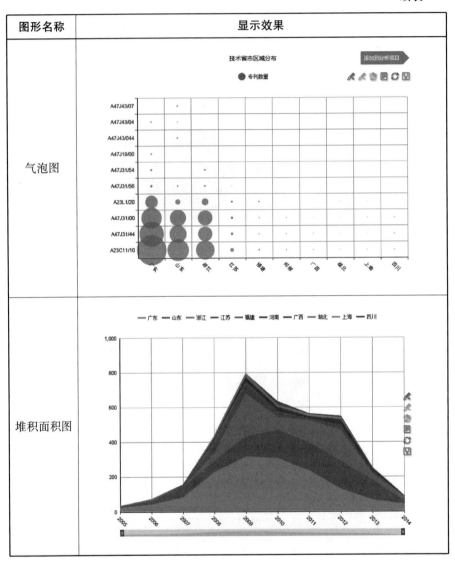
堆积面积图	

表 3 – 4 – 14　专利分析模板选择

分析功能	分析项目	分析图表类型
时间趋势分析	专利申请趋势	折线图
	专利公开趋势	折线图
区域分析	全球申请排名	条形图
	全球申请趋势	折线图、堆积面积图、雷达图
	全球公开趋势	折线图、堆积面积图、雷达图
	全球技术构成	堆积条形图、气泡图
	申请人各国布局	堆积条形图、气泡图

分析功能	分析项目	分析图表类型
区域分析	发明人各国布局	堆积条形图、气泡图
	各国申请人在华专利申请布局	饼图
	简单中国专利类别	饼图
	详细中国专利类别	饼图
	各省市发明专利申请授权量	中国地图
	各省市专利类型分布	堆积条形图、中国地图
	各省市专利申请趋势	折线图、堆积面积图、雷达图、中国地图
	各省市专利公开趋势	折线图、堆积面积图、雷达图、中国地图
	简单中国专利法律状态分布	饼图
	详细中国专利法律状态分布	饼图
专利权人分析	申请人排名	柱状图
	申请人发明专利分析	堆积条形图
	申请人申请趋势	折线图、堆积面积图、雷达图
	申请人公开趋势	折线图、堆积面积图、雷达图
	申请人区域分布	世界地图
	申请人省市分布	中国地图
	申请人技术构成	堆积条形图、气泡图
	申请人专利类型分布	堆积条形图
发明人分析	发明人排名	柱状图
	发明人发明专利分析	堆积条形图
	发明人申请趋势	折线图、堆积面积图、雷达图
	发明人公开趋势	折线图、堆积面积图、雷达图
	发明人区域分布	世界地图
	发明人技术构成	气泡图
技术分类分析	技术构成	饼状图
	技术申请趋势	折线图、堆积面积图、雷达图
	技术公开趋势	折线图、堆积面积图、雷达图
	技术区域分布	气泡图
	技术省市区域分布	气泡图、中国地图
	技术申请人	堆积条形图、气泡图
	技术发明人	堆积条形图、气泡图

续表

分析功能	分析项目	分析图表类型
代理机构和代理人分析	代理人排名	柱状图
	代理机构排名	柱状图
	代理人技术分类分布	堆积条形图、气泡图
	代理机构技术分类分布	堆积条形图、气泡图
	代理人发明专利	堆积条形图
	代理机构发明专利	堆积条形图
自定义分析		

4）专利监视

IncoPat 平台可根据需要设定监视策略，监视最新检索命中或监视重要专利的法律状态变化（见图 3-4-196）。

图 3-4-196　专利监视页面

5）辅助查询工具

IncoPat 平台在提供专利文献检索的基础上，还提供 IPC 分类查询、洛加诺分类查询、申请人查询、国别代码查询、省市查询功能。

（1）IPC 分类查询。

IPC 分类查询主要用于查询 IPC 分类号及其中文含义，可通过查询框进行查询，或是直接点击树状目录前的三角按钮进行查看（见图 3-4-197）。

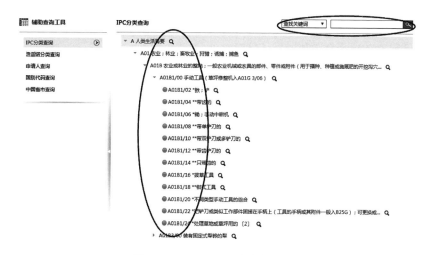

图 3 - 4 - 197　IPC 分类查询页面

（2）洛迦诺分类查询。

洛迦诺分类查询主要用于查询洛迦诺分类号及其中文含义，可通过查询框进行查询，或是直接点击树状目录前的三角按钮进行查看（见图 3 - 4 - 198）。

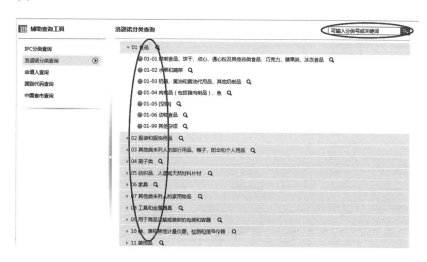

图 3 - 4 - 198　洛迦诺分类查询页面

（3）申请人查询。

申请人查询主要用于查询申请人的名称（包括别名、英文名），可通过查询框进行查询（见图 3 - 4 - 199）。

（4）国别代码查询（见图 3 - 4 - 200）。

（5）省市查询（见图 3 - 4 - 201）。

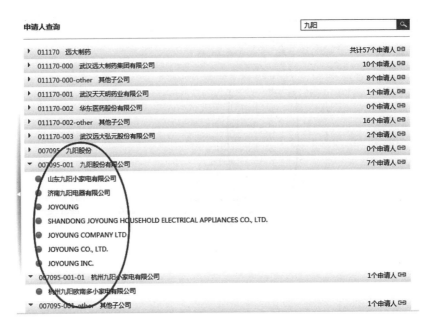

图 3 – 4 – 199　申请人查询页面

国别代码

国别代码	国家	国别代码	国家	国别代码	国家	国别代码	国家
AD	安道尔共和国	AE	阿拉伯联合酋长国	AF	阿富汗	AG	安提瓜和巴布达
AI	安圭拉岛	AL	阿尔巴尼亚	AM	亚美尼亚	AO	安哥拉
AP	非洲区域知识产权组织 (ARIPO)	AR	阿根廷	AT	奥地利	AU	澳大利亚
AW	阿鲁巴	AZ	阿塞拜疆	BA	波斯尼亚和黑塞哥维那	BB	巴巴多斯
BD	孟加拉国	BE	比利时	BF	布基纳法索	BG	保加利亚
BH	巴林	BI	布隆迪	BJ	贝宁	BM	百慕大群岛
BN	文莱	BO	玻利维亚	BQ	博内尔岛,圣尤斯特歇斯岛和萨巴	BR	巴西
BS	巴哈马	BT	不丹	BV	布韦岛	BW	博茨瓦纳
BX	比荷卢知识产权办公室（BOIP）	BY	白俄罗斯	BZ	伯利兹	CA	加拿大
CD	刚果民主共和国	CF	中非共和国	CG	刚果（布）	CH	瑞士
CI	科特迪瓦	CK	库克群岛	CL	智利	CM	喀麦隆

图 3 – 4 – 200　国别代码查询页面

3.4.2.2　CNIPR 中外专利数据库服务平台

1）概　　述

（1）平台介绍。

CNIPR 中外专利数据库服务平台是在原中外专利数据库服务平台的基

中国省市代码

省市代码	省市	省市代码	省市	省市代码	省市	省市代码	省市
11	北京	12	天津	13	河北	14	山西
15	内蒙古	21	辽宁	22	吉林	23	黑龙江
31	上海	32	江苏	33	浙江	34	安徽
35	福建	36	江西	37	山东	41	河南
42	湖北	43	湖南	44	广东	45	广西
51	四川	52	贵州	53	云南	54	西藏
61	陕西	62	甘肃	63	青海	64	宁夏
65	新疆	66	海南	71	台湾	81	广州
82	长春	83	武汉	84	南京	85	重庆
86	杭州	88	济南	89	沈阳	90	成都
91	大连	92	厦门	94	深圳	95	青岛
97	宁波	HK	香港				

图 3 - 4 - 201　省市查询页面

础上，吸收国内外先进专利检索系统的优点，采用国内先进的全文检索引擎开发完成的。该平台主要提供对中国专利和国外（美国、日本、英国、德国、法国、加拿大、EPO、WIPO、瑞士等 98 个国家和组织）专利的检索。

网址为 http：//search. cnipr. com/。平台首页如图 3 - 4 - 202 所示。

图 3 - 4 - 202　CNIPR 中外专利数据库服务平台

（2）数据范围。

专利服务的数据范围：中国专利（包括发明、实用新型、外观设计、发明授权、失效专利及中国香港、中国台湾专利）和国外专利（包括美国、日本、英国、德国、法国、加拿大、EPO、WIPO、瑞士等 98 个国家和组织）（见表 3 - 4 - 15）。

表 3 - 4 - 15 　CNIPR 中外专利数据库服务平台数据范围

数据库名称	数据范围	数据量
中国发明专利	1985. 09. 10 ~ 2014. 10. 08	4087894
中国发明授权	1985. 09. 10 ~ 2014. 10. 08	1473538
中国实用新型	1985. 09. 10 ~ 2014. 10. 08	3871178
中国外观设计	1985. 09. 10 ~ 2014. 10. 08	2961893
中国发明专利（失效）	1985. 09. 10 ~ 2014. 10. 08	1317375
中国实用新型（失效）	1985. 09. 10 ~ 2014. 10. 08	1675957
中国外观设计（失效）	1985. 09. 10 ~ 2014. 10. 08	1781449
中国台湾专利	1911. 02. 21 ~ 2014. 08. 21	1340029
中国香港特区	1976. 03. 05 ~ 2014. 09. 05	100428
美国	1790. 07. 31 ~ 2014. 09. 25	13290002
日本	1913. 02. 06 ~ 2014. 08. 14	22194476
EPO	1978. 12. 20 ~ 2014. 09. 17	5050899
WIPO	1978. 10. 19 ~ 2014. 09. 12	3129934
英国	1782. 07. 04 ~ 2014. 09. 17	3567218
德国	1861. 09. 28 ~ 2014. 09. 18	7267845
法国	1819. 11. 12 ~ 2014. 09. 12	3040083
瑞士	1888. 01. 09 ~ 2014. 08. 29	718072
韩国	1973. 10. 23 ~ 2014. 06. 30	3546209
俄罗斯	1919. 02. 28 ~ 2014. 08. 27	2228874
非洲地区	1971. 03. 07 ~ 2014. 03. 31	10207
奥地利	1899. 07. 10 ~ 2014. 08. 15	1103737
澳大利亚	1917. 03. 14 ~ 2014. 08. 28	1702532
意大利	1921. 11. 28 ~ 2014. 09. 16	1055878
瑞典	1888. 07. 07 ~ 2014. 09. 09	1126355
加拿大	1863. 05. 18 ~ 2014. 09. 05	2542457
西班牙	1827. 03. 14 ~ 2014. 09. 11	1369472
阿拉伯地区	2002. 10. 30 ~ 2010. 09. 30	415
东南亚地区	1953. 12. 31 ~ 2013. 12. 31	151592
其他国家和地区	1842. 06. 29 ~ 2014. 09. 12	6468919

2）专利检索

CNIPR 中外专利数据库服务平台系统提供中国专利、国外及中国港澳台专利、全部专利 3 个检索数据库，默认使用中国专利数据库。用户可以根据检索需要选择其他数据库。该系统包括简单检索、高级检索、法律状态检索、运营信息检索、失效专利检索、热点专题、专利管理七大块内容。

（1）简单检索。

在专利信息服务平台检索框内输入检索词（见图 3 - 4 - 203），系统将在名称、申请（专利权）人、发明（设计）人、优先权号、专利代理机构、代理人、地址、申请国代码、国省代码、摘要、主权项中进行检索。或是在检索框中输入一段话，点击智能检索进行语义检索。

图 3 - 4 - 203　简单检索页面

（2）高级检索。

高级检索提供 18 个检索字段和 1 个逻辑检索式的输入框，检索界面如图 3 - 4 - 204 所示。

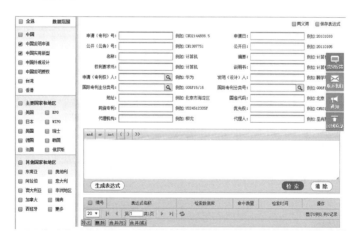

图 3 - 4 - 204　简单检索页面

检索字段分为以下几种。

①号码：申请号、公开（公告）号、优先权、同族专利。

②日期：申请日、公开（公告）日。

③公司/人名/地址：申请人、发明人、代理人、地址、代理机构、国省代码。

④技术信息：名称、摘要、权利要求、国际专利主分类号、国际专利分类号。

通过"生成检索式"命令可以将多个检索字段的检索式在逻辑检索式输入框实现多个检索字段间的逻辑运算。

（3）法律状态检索。

法律状态检索提供 4 个检索字段：专利申请号、法律状态公告日、法律状态、法律状态信息。检索界面如图 3 - 4 - 205 所示。

图 3 - 4 - 205　法律状态检索页面

法律状态信息项目主要有：公开、实质审查请求生效、审定、授权、专利权的主动放弃、专利权的自动放弃、专利权的视为放弃、专利权的终止、专利权的无效、专利权的撤销、专利权的恢复、权利的恢复、保护期延长、专利申请的驳回、专利申请的撤回、专利权的继承或转让、变更、更正等。

申请号检索结果如图 3 - 4 - 206 所示。

图 3 - 4 - 206　法律状态申请号检索结果页面

（4）运营信息检索。

运营信息检索包括专利权转移检索、专利质押保全检索、专利实施许可检索 3 大块内容。专利权转移检索提供 12 个检索字段（专利申请号、名称、分类号、摘要、主权项、生效日、变更前权利人、变更后权利人、当前权利人、变更前地址、变更号地址、当前地址）和 2 个转移类型选项。专利质押保全检索提供 12 个检索字段（专利申请号、名称、分类号、摘要、主权项、生效日、变更日、解除日、合同登记号、出质人、质权人、当前质权人）和 2 个质押保全类型选项以及 3 个合同状态选项。专利实施许可检索提供 11 个检索字段（专利申请号、名称、分类号、摘要、主权项、备案日、变更日、解除日、合同备案号、让与人、受让人）和 5 个许可种类选项以及 3 个合同备案阶段选项。

①专利权转移检索（见图 3 - 4 - 207）。

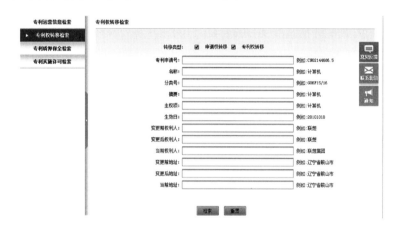

图 3 - 4 - 207　专利权转移检索页面

②专利质押保全检索（见图 3 - 4 - 208）。

图 3 - 4 - 208　专利质押保全检索页面

③专利实施许可检索（见图 3 - 4 - 209）。

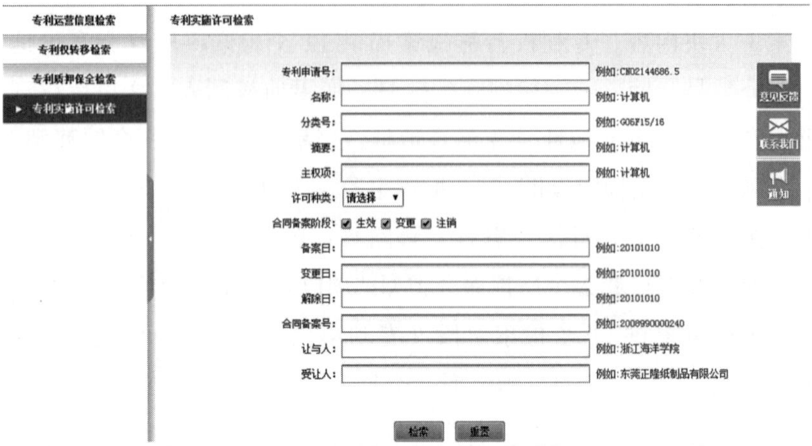

图 3 - 4 - 209 专利实施许可检索页面

（5）失效专利检索（见图 3 - 4 - 210）。

图 3 - 4 - 210 失效专利检索页面

（6）热点专题。

热点专题是人工总结标注的数据库导航，方便用户在自己所关心的领域进行专利检索，检索界面如图 3 - 4 - 211 所示。点击"国内""国外"，可以查看该热点专题的相关专利情况。

图 3 − 4 − 211　热点专题页面

3）专利分析

　　将专利数据经过系统化处理后，分析整理出直观易懂的结果，并以图表的形式展现出来。通过把专利数据升值为专利情报，可以帮助用户全面、深层地挖掘专利资料的战略信息，分析系统的分析结果将以表格或者图形的方式呈现出来，其中分析图形有多种显示方式。

　　（1）分析图形列表（见表 3 − 4 − 16）。

表 3 − 4 − 16　分析图形列表

图形名称	显示效果
折线图	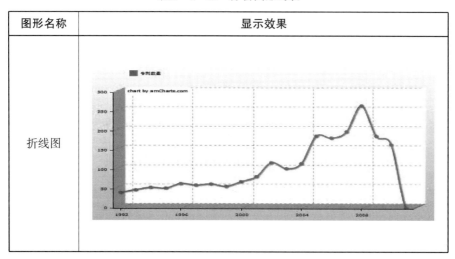

续表

图形名称	显示效果
柱状图	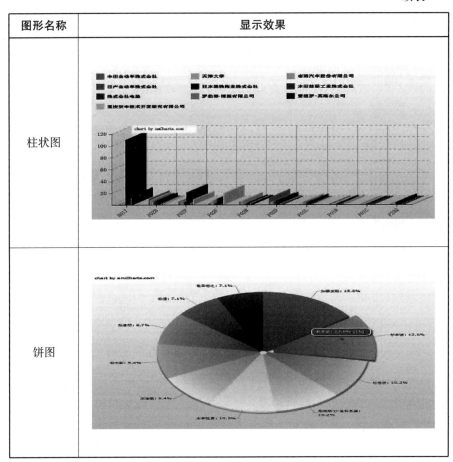
饼图	

（2）分析项目（见图 3 - 4 - 212）。

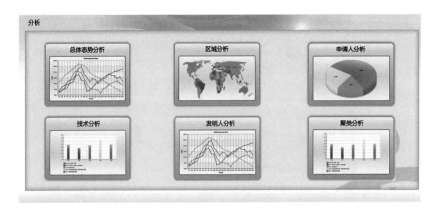

图 3 - 4 - 212　分析项目列表

系统提供了总体态势分析、区域分析、申请人分析、技术分析、发明人分析、聚类分析 6 大类。具体分析项目如表 3 – 4 – 17 所示。

表 3 – 4 – 17　分析项目详细信息

分析功能	分析项目	分析图表类型
总体态势分析	专利趋势分析	折线图、表
	产出规模指数	表
	产出质量指数	表
	产出趋势指数	表
	最新竞争动态	表
区域分析	区域趋势分析	折线图、表
	区域构成分析	地图
	区域技术分析	柱状图、表
	区域申请人分析	柱状图、表
	区域发明人分析	柱状图、表
申请人分析	申请人趋势分析	折线图、表
	申请人构成分析	饼图、表
	申请人区域分析	柱状图、表
	申请人技术分析	柱状图、表
	申请人合作分析	表
	申请人综合分析	表
技术分析	技术趋势分析	折线图、表
	技术构成分析	饼图、表
	技术区域分析	柱状图、表
	技术申请人分析	柱状图、表
	技术发明人分析	柱状图、表
	技术关联度分析	表
发明人分析	发明人趋势分析	折线图、表
	发明人构成分析	饼图、表
	发明人区域分析	柱状图、表
	发明人技术分析	柱状图、表
	发明人合作分析	表

4）专利预警

定期预警：根据给定表达式和一定的预警周期，由系统根据设定条件周期性地检索指定领域的文献信息。用户可在相关模块对其进行查看，从而跟踪了解关注领域的技术发展动态。

（1）定期预警任务的建立。

①途径1：进入"我的专利管理"页面（图 3-4-213）。在页面上单击"我的表达式"，每条表达式后均有"创建定期预警"链接，如图 3-4-214 所示。单击表达式后的"创建定期预警"弹出如图 3-4-215 所示的对话框。在"新建定期预警"对话框输入定期预警名称，单击确定按钮，该定期预警任务就自动添加成功了。页面自动跳转到"我的定期预警"界面。

图 3-4-213　"我的专利管理"页面

	序号	表达式名称	检索日期	数据库	操作
□	1	平板型集热器	2014.10.10	中国发明专利 中国实…	▣ 🔍 ✕ ➕ 创建导航　创建定期预警
□	2	豆浆机	2014.10.10	中国发明专利 中国发…	▣ 🔍 ✕ ➕ 创建导航　创建定期预警

您已保存 2 条表达式，最多保存100条！

图 3-4-214　"我的表达式"页面

如图 3-4-216 所示，该定期预警任务已经添加到任务列表中，其中，表格中各项内容的具体意义如下所述。

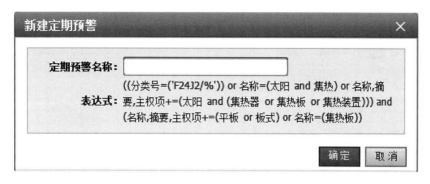

图 3 - 4 - 215　"新建定期预警"对话框

●定期预警名称：即设定的标识该定期预警任务的名称。

●表达式：是该定期预警任务对应的表达式，也就是开始检索时所采用的表达式。

●周期：如图 3 - 4 - 216 中设定的预警周期，系统将根据用户设置的预警周期性地提供新增专利。

●状态：表示该定期预警任务当前是否可用。默认情况下，对于一个定期预警任务，系统自动按照设定的预警周期执行 10 次预警。超过 10 次之后，其状态变为"不可用"。此时，在"操作"栏中出现"续订"，如用户希望继续预警，则单击"续订"即可。

●操作：包括"查看最新""删除""续订""修改"等功能。

图 3 - 4 - 216　查看定期预警页面

②途径 2：在检索结果页面的下方有"定期预警"选项，如图 3 - 4 - 217 所示。单击"定期预警"，弹出新的对话框，提示新建定期预警，按步骤进行操作。

（2）查看定期预警结果。

对于某个定期预警任务，随着时间的增加，在"操作"一栏中会出现"查看最新"的选项，用户单击时，显示最新一个预警周期中该预警任务所对应的新专利。

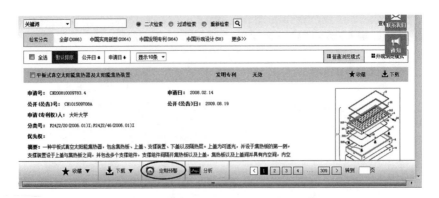

图 3 - 4 - 217　检索结果页面下方的"定期预警"选项

同样，当用户单击某个具体的定期预警名称时，会显示该预警任务的详细预警历史。单击某条预警记录后会进入相应的专利概览页面。

5）专利管理

系统提供了"我的专利管理"，包括"我的表达式""我的导航""我的定期预警""我的专题库"。页面如图 3 - 4 - 218 所示。

图 3 - 4 - 218　专利管理页面

3.4.2.3　TotalPatent 全球专利检索数据库

1）平台介绍

TotalPatent 专利平台是由美国律商联讯（LexisNexis）集团在收购荷兰某科技公司的专利平台的基础上全新推出的面向全球用户提供所有国家和组织的专利信息在线检索、在线分析、预警和翻译等功能的综合性的商业收费平台。其前身是 1983 年推出的第一款在线专利检索系统"Lexpat™"。在此基础上，2007 年，推出 TotalPatent 全球多国家和地区专利检索、研究和分析数据库。该平台的数据包括附图信息、法律状态信息、引证信息、专利同族信息、可检索的文本化全文、PDF、专利转让以及涉诉专利诉讼信息（见图 3 – 4 – 219）。

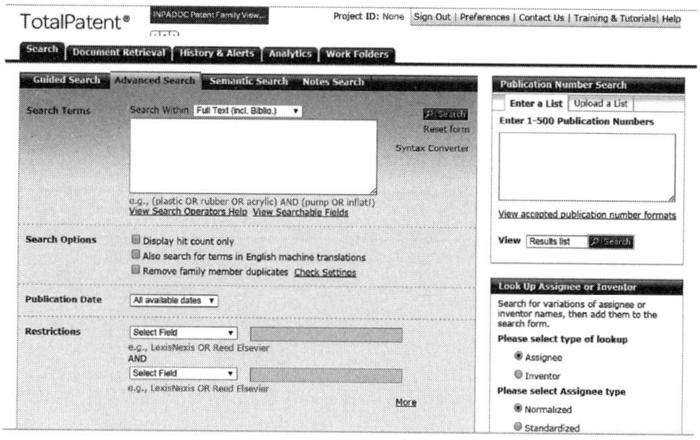

图 3 – 4 – 219 TotalPatent 全球专利检索数据库

TotalPatent 全球专利检索数据库收录全球 100 个国家和地区的专利，总计近亿件专利，其中包括 32 个专利机构或国家的专利全文（含原始专利语言与英译资料，且可同时双语显示）和 68 个国家专利著录项目和摘要数据，支持多国语言检索（见图 3 – 4 – 220）。

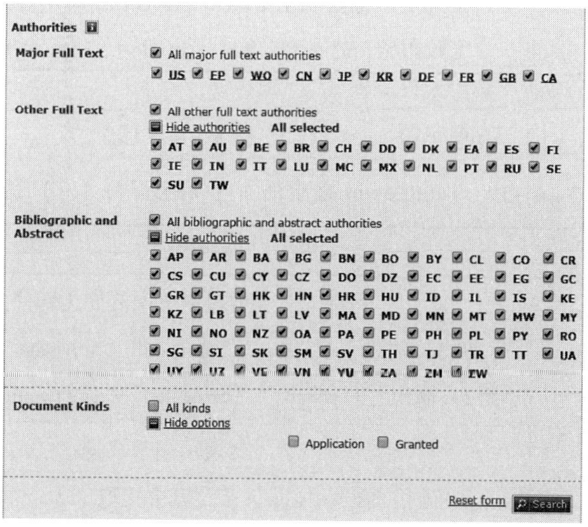

图 3 – 4 – 220 TotalPatent 全球专利检索数据库数据范围

在初始界面提供检索（search）、批量下载（document retrieval）、历史与提醒（history & alerts）、分析（analytics）、工作文件夹（work folders）；并有 Preferences 设定。用户可根据使用习惯设定 Preferences 首选项。

2）专利检索

检索界面包括表格检索（guided search）、高级检索（advanced search）、语义检索（semantic search）、笔记检索（notes search）。

（1）检索规则。

①逻辑运算符（见表 3 - 4 - 18）

表 3 - 4 - 18　TotalPatent 逻辑运算符说明

运算符	含义
AND	并且
OR	或者
AND NOT	排除
PRE/n	A pre/n B：A、B 中间不超过 N 个字，且 A 在 B 之前
W/n	限定两个关键字出现的距离不超过 N 个字
W/s	限定关键字要出现在同一个句子中
W/p	限定关键字要出现在同一个段落中
ATLEASTn（）	表示括号中的词在文中至少出现 n 次
ALLCAPs	被检索的关键词中所有字母必须大写
CAPs	被检索的关键词中存在大写字母
NOCAPs	被检索的关键词中不存在任何大写字母
SINGULAR	单数限定，键入 SINGULAR（BOOK），将不会出现 BOOKS
PLURAL	复数限定，键入 PLURAL（BOOK），将不会出现 BOOK

②截断符（!）和通配符（＊）（见表 3 - 4 - 19）。

表 3 - 4 - 19　TotalPatent 截断符（!）和通配符（＊）说明

运算符	含义
!	利用"!"，可提取单词的变化部分。 例1：输入"! vision""division""provision"等被提取 例2：输入"! vision!""divisional""provisioning"等被提取
＊	"＊"表示一个字符 例1：输入"wom＊n"，就会提取 woman 和 women 例2：输入"int＊＊net"，就会提取 internet 和 intranet
-	用连字符划分的词变成了两个词 Pretrial……1 个词 Pre - trial……2 个词 Pre trial……2 个词

（2）表格检索（见图 3 - 4 - 221）。表格检索适于初学者使用。

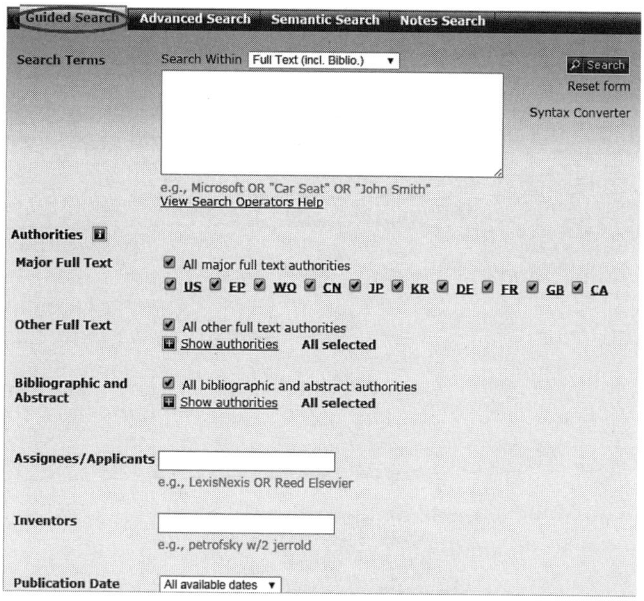

图 3 - 4 - 221　表格检索

（3）高级检索。

高级检索具有 200 多个可检索字段，支持 8 种语言（中文、英文、德文、法文、西班牙文、日文、俄文、韩文）的全文检索，支持布尔检索式（见图 3 - 4 - 222）。

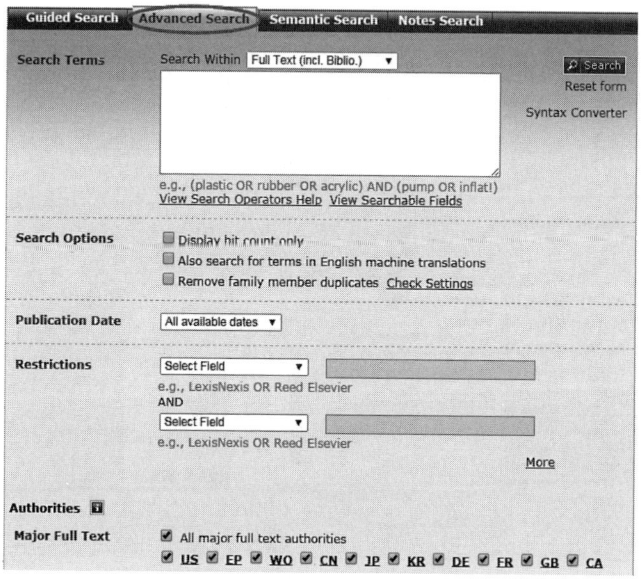

图 3 - 4 - 222　高级检索

（4）语义检索。

语义检索需在一个普通的检索中输入 3 个以上的单词和句子。该检索方式可找到内容更贴近的记录（见图 3 - 4 - 223）。

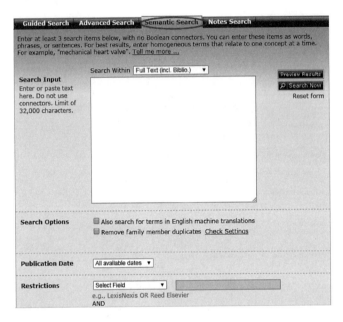

图 3 - 4 - 223　语义检索

在检索框中输入检索关键词后，单击"Preview Results"按钮，屏幕中将罗列出系统测算出来的和检索关键词相关的 20 个词语。黑色具有较高的优先级，粉色、蓝色重要程度依次降低（见图 3 - 4 - 224）。

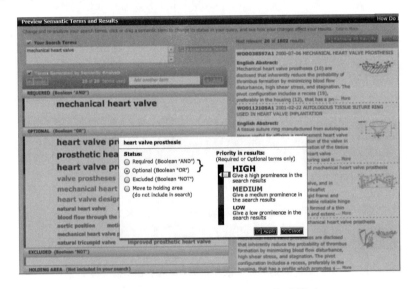

图 3 - 4 - 224　"Preview Results" 功能

（5）笔记检索（见图 3 - 4 - 225）。

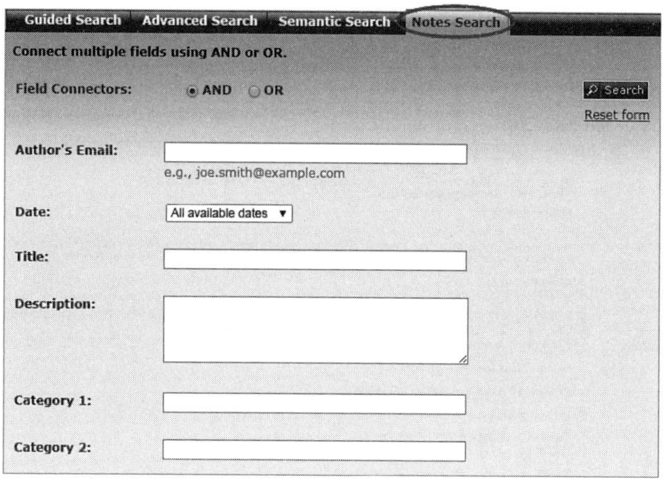

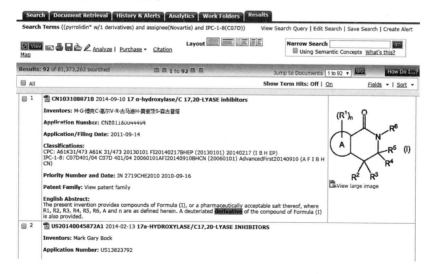

图 3 - 4 - 225　笔记检索

（6）查看检索结果。

检索结果可以通过选择检索页面上方的 Layout ▤ ▤ ▤ ▤ 布局来显示。

①列表格式▤（见图 3 - 4 - 226）。该页面的检索结果以紧凑列表的形式显示，可通过页面右上角的"Fields"选择显示项目，也可通过页面右上角的"Sort"指定显示顺序。

图 3 - 4 - 226　列表格式显示检索结果

②全文显示格式▦（见图3-4-227）。

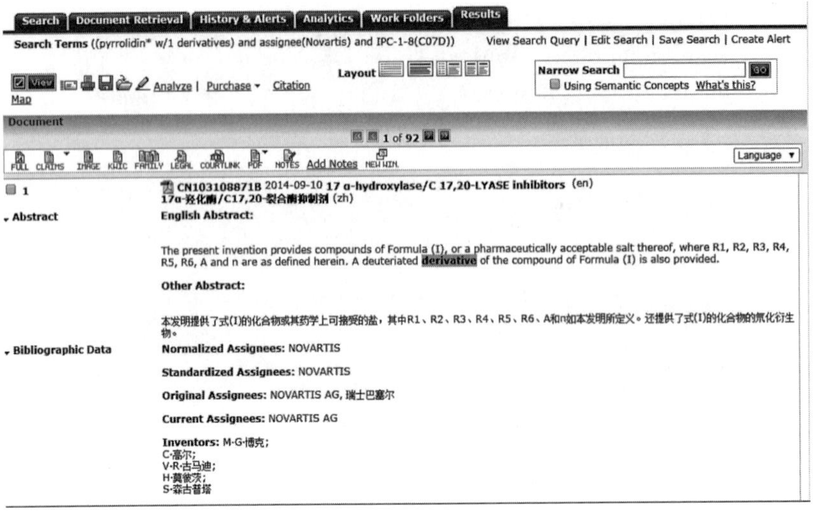

图3-4-227　全文格式显示检索结果

a）可在页面右上角的"Language"的下拉菜单中切换语言选项。该语言选择功能在 FULL、CLAIMS、KWIC 的格式下可以使用。在全文显示的情况下，如果专利使用多种语言，可以从"Language"的下拉菜单中选择查看特定语言的部分。

b）在页面左上角中有 FULL、CLAIMS、IMAGE、KWIC、FAMILY、LEGAL、COURTLINK、PDF、Add Notes、NEW WIN 等选项。

c）专利家族。可以选择下述3种方式查看专利家族：INPADOC（欧洲专利局收录的专利家族）；Main（基本同族，拥有相同优先权号，在不同国家申请的专利）；Extended（TP专门收集的拓展同族，具有一项相同优先权的相关专利）。

d）美国诉讼情报。点击页面左上方的"COURTLINK"，可显示有关美国专利诉讼的信息。

③分割画面显示▦▦（见图3-4-228）。页面左侧显示检索结果列表，所选记录的详细信息将显示在右侧。

④双页显示▦▦（见图3-4-229）。在页面左右两侧同时查看同一文件的不同部分，如在左侧观看全文，同时在右侧显示图片。

3）批量下载（Document Retrieval）

批量下载设置一次可支持20000条专利的批量下载，可保存成多种格式（CSV、HTML、PDF、Plain Text、RTF、TSV、Word、BPD、XML、

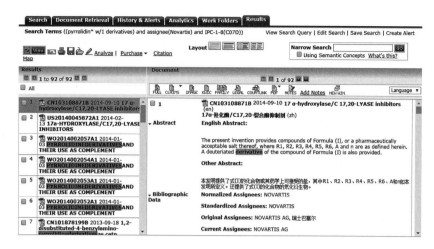

图 3 - 4 - 228　分割画面格式显示检索结果

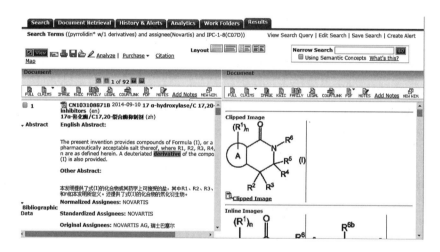

图 3 - 4 - 229　双页显示检索结果

XLSX、PUBS）。

单击检索结果左上角的 💾 图标，可将检索结果进行下载输出，其设置页面如图 3 - 4 - 230 所示。用户根据需要进行选择、设定，从而下载相关文件。

4）历史与提醒（History & Alerts）

记录并保存检索历史，或者自动将符合预先设定的检索条件的结果发送到指定邮箱，可随时获知最新的技术与竞争者动态，从而监控产业趋势与发展。

①Recent Searches：保存过去 24 小时内的检索，并可进行永久保存、

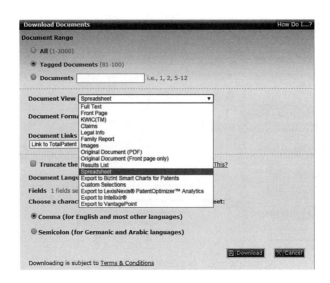

图 3 – 4 – 230　批量下载设置页面

设定提醒等操作。

②Saved Searches：保存检索结果。

③Alerts：设定提醒功能，按自定义检索式自动检索，或跟踪指定条件的专利发送到指定邮箱。通过设置 Alert，可保存检索表达式和专利号的检索记录，在每次新的信息添加到数据库后，会自动提取其中符合检索条件的专利文献发送到邮箱。通过 Alert 设定，还可监测（Monitoring）特定专利的变化情况，获得其更新信息及这些专利或专利家族的法律状态。

④Download Manager：对过去 72 小时内的下载文件进行管理和保存。

5）数据分析功能（Analytics）

工作文件夹具有对储存数据进行统计分析的功能。数据分析的操作步骤包括：单击分析所选文件夹；单击分析将会对存储在选定文件夹中的结果进行统计分析；显示分析结果；所显示的图标可以打印或保存为图片。

（1）选定专利。

All Data———所有专利。

Selected Data———指定专利。

（2）项目

从下拉菜单中选择两个项目进行分析，最多指定两项。可选择的项目包括：Authority、Kind Code、Inventor Name、Assignee Name、Normalized Assignee、First Published Date、Filing Date、Priority Date、Granted Date、US Class、IPC Class、ECLA Class、Most Recent Legal code、Legal Status – Total

Positives、Legal Status – Total Negatives、Attorney/Registered Agent、US Ex – aminer。

（3）图表类型（见表 3 – 4 – 20）。

表 3 – 4 – 20 图表类型

图形名称	显示效果
条形图（Bar Chart）	
折线图（Line Chart）	
柱状图（Column Chart）	
饼图（Pie Chart）	

6）工作文件夹（Work Folders）

每个用户可以创建 100 个文件夹，每个文件夹可存储 20000 条结果记录。文件夹中的内容可以统一去除重复数据，按照专利号和发行日期等生成报告或分析图表。

工作文件夹具有删除重复记录的功能。在工作文件夹的上方，"Remove Duplicates"有两个选项：Exact Duplicates（删除重复记录）、Family Duplicates（删除同一专利家族中的重复记录）。

7）引证地图

在检索结果中选择不超过 20 项的专利，点击 citation 按钮，可以查看特定专利之间的引证关系（见图 3 - 4 - 231）。

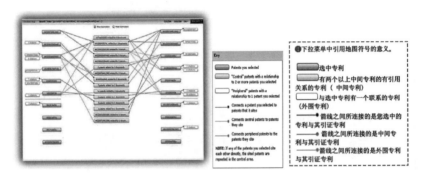

图 3 - 4 - 231 引证地图

3.4.2.4 Derwent Innovation

1）平台介绍

Derwent Innovation 简称为 TI，是由全球知名的信息服务公司科睿唯安开发的含有世界主要国家和组织的原始专利信息和德温特专家深加工的专利信息的检索、分析、预警等综合性商业专利平台。该平台界面设计简洁，有中英文页面，支持英语、法语等语言进行检索，概览和细览界面可以英译中，但无法用中文进行检索。

该平台包含主要国家和组织的原始专利的著录项目信息和特色德温特世界专利索引（DWPI）信息，如经过德温特专家改写的德温特名称、摘要、分类和公司代码等；有 US/EP/WO 等主要国家和组织的代码化专利全文，有 JP/KR 的机翻英文说明书全文代码化数据。该平台上主要国家和组织的专利信息更新较及时，中国专利为英文信息，可进行英译中机器翻译。其有强大的在线分析功能，分析图形丰富、具有特色；专利预警提供定期预警和法律状态预警两种预警方式。该平台还提供批量导出功能，导出格

式丰富，可以批量导出最多 500 条专利原文，但是导出 RU 等一些非 US/
EP/WO 等国家和组织的专利全文时，需要按照每条 9 美元进行付费。网址
为 https：//derwentinnovation. clarivate. com. cn/login/。

2）专利检索

（1）专利检索字段。

原始专利信息字段如表 3 – 4 – 21 所示。DWPI 数据库字段如图 3 – 4 –
232 所示。

表 3 – 4 – 21　原始专利信息字段

Abstract	INPADOC Legal Status	Priority Data
... Abstract – Original	... INPADOC Legal Status Code	... Priority Number
...... Abstract – Original （English）	... INPADOC Legal Status Date	... Priority Country
...... Abstract – Original （French）	... INPADOC Legal Status Text	... Priority Date（s）
...... Abstract – Original （German）	... INPADOC Legal Status Impact	...... Priority Date – Earliest
...... Abstract – Original （Spanish）	Any IPC or ECLA	... Priority Year
Application Country	Any IPC	...... Priority Year – Earliest
Application Date	... IPC – Current	Publication Date
... Application Year	...... IPC – Current – Version	... Publication Year
Application Number	...... IPC – Current　Core	Publication Number
Assignee/Applicant	.... IPC – Current – Core – Inventive	... Country Code
... Assignee/Applicant – Standardized	.... IPC – Current – Core – Additional	... Kind Code
... Assignee/Applicant – Original	...... IPC – Current – Advanced	Related Applications

Abstract	INPADOC Legal Status	Priority Data
. . . Assignee/ Applicant Address	. . . . IPC – Current – Advanced – Inventive	. . . Related Applications – App Date
Attorney – Agent/Correspondent	. . . . IPC – Current – Advanced – Additional	. . . Related Applications – Pub Date
. . . Attorney – Agent	. . . IPC – Original	Text Fields
. . . . . . Attorney – Agent Address	. . . . . . IPC – Original – Edition	. . . Title/Abstract
. . . Correspondent	. . . . . . IPC 7 – Original – Main	. . . Title/ Abstract/Claims
. . . . . . Correspondent Address	. . . . . . IPC – Original – Core	Title
Background/Summary	. . . . IPC – Original – Core – Inventive	. . . Title – Original
Citations	. . . . IPC – Original – Core – Additional	. . . . . . Title – Original (English)
. . . Cited Patents	. . . . . . IPC – Original – Advanced	. . . . . . Title – Original (French)
. . . . . . Relevance Category	. . . . IPC – Original – Advanced – Inventive	. . . . . . Title – Original (German)
. . . Cited Non – patents	. . . . IPC – Original – Advanced – Additional	. . . . . . Title – Original (Spanish)
. . . Citing Records	Language	Title/Abstract
Claims	License	Title/Abstract/Claims
. . . Claims (English)	. . . Licensee Name	US Class
. . . Claims (French)	. . . License Date	. . . US Class – Current
. . . Claims (German)	Litigation	. . . US Class – Current Main
. . . Claims (Spanish)	. . . Plaintiff	. . . US Class – Original
DE Translation Of	. . . Defendant	. . . US Class – Original Main

续表

Abstract	INPADOC Legal Status	Priority Data
Description	. . . Court	US Maintenance Status
Designated States	. . . Litigation Filing Date	US Post − Issuance
Drawing Description	. . . Litigation	US Reassignment
ECLA	. . . Docket Number	. . . US Reassignment Assignee
EPO Procedural Status	. . . Subsequent Action	. . . US Reassignment Assignor
. . . EPO Procedural Status − Date	Locarno Class	. . . US Reassignment Date
. . . EPO Procedural Status − Event	Opposition	. . . US Reassignment Convey − ance
Examiner	. . . Opponent	. . . US Reassignment
JP F Terms	. . . Date Opposition Filed	
Family	. . . Opposition Attorney	
JP FI Codes	Parent Case	
Government Interest	PCT Applications	
Inventor	. . . PCT Applications − App Number	
. . . Inventor − Original	. . . PCT Applications − App Date	
. . . Inventor Address	. . . PCT Applications − Pub Number	
	. . . PCT Applications − Pub Date	

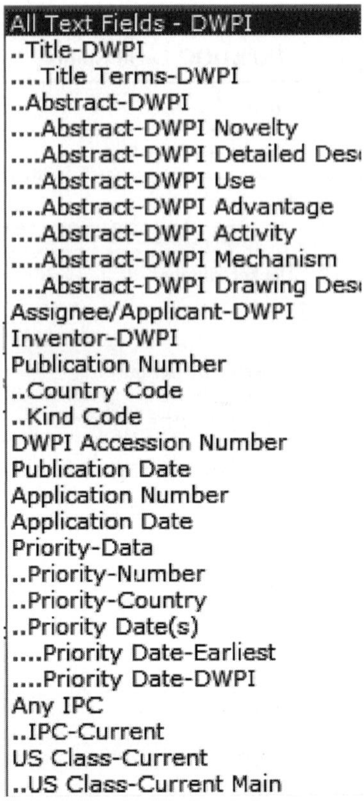

图 3 - 4 - 232　DWPI 数据库字段

（2）运算符及截词（见表 3 - 4 - 22）。

表 3 - 4 - 22　运算符及截词说明

AND	Both specified search terms must occur in the record or field.	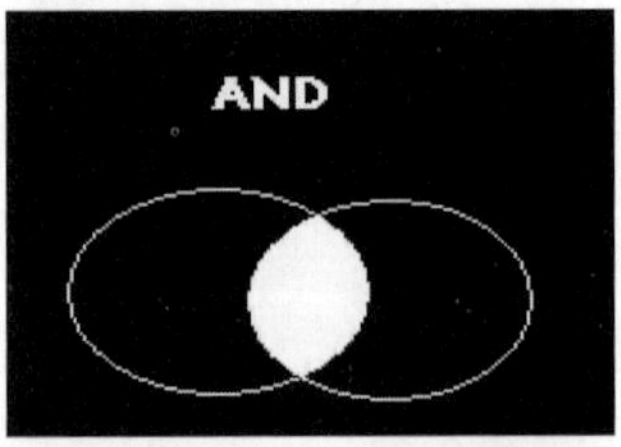
OR	One or both of the search terms must occur in the record or field	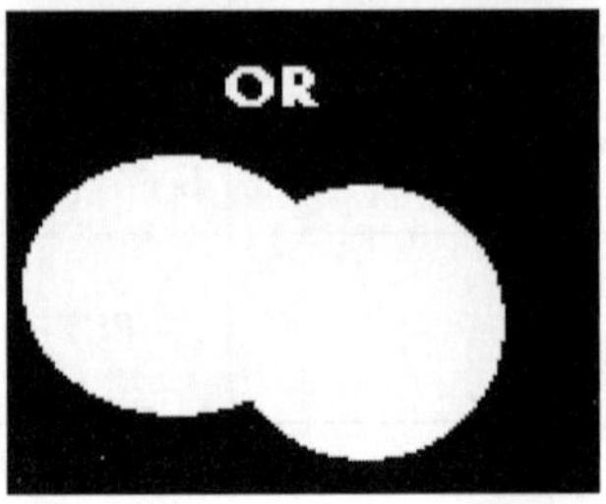

续表

NOT	Records that contain the first search term but not the second	
XOR	Either one of the search terms, but not both	
ADJn	Retrieve keywords in the order specified and within n words of one another	
NEARn	Retrieve keywords appearing within n words of one another, but in either order	
WITH	Retrieve keywords in the same SENTENCE (The end of a SENTENCE is a period, question mark or exclamation point followed by a space.)	
SAME	Retrieve keywords in the same PARAGRAPH (The end of a PARA-GRAPH is a carriage return followed by a space.)	

续表

*	replace any number of characters, including no character	CAR * 1　CAR, CARS AUTOMO *　AUTOMOTIVE, AUTOMOBILE ISO * 5ENE　ISOPROPYLENE, ISOBUTLYLENE * CYCLIC *　HETEROCYCLICPROTEASE, POLYCYCLIC SUL * ER　SULPHER, SULFER
?	replace one character in the search term	SM? TH　　　Smith, Smyth ORGANI? E　　Organize, Organise PRO? ARYOTE　　Procaryote, Prokaryote T?? TH　　　Tooth, Teeth

注: 运算符的优先顺序为 ADJ, NEAR……SAME……AND, NOT……OR。

（3）快速检索（见图 3 - 4 - 233）。

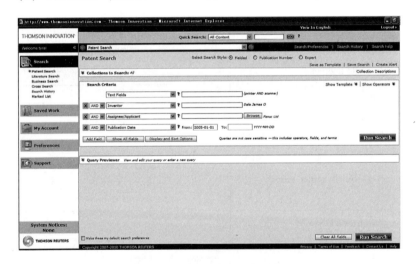

图 3 - 4 - 233　快速检索页面

①快速检索（Quick Search）。在该入口输入一个检索词或具体的专利号进行快速检索。注意：输入具体的专利号时，要选择"Publication Number"选项。

②检索面板（Search）。在该页面下，可以选择检索入口：专利检索（Patent Search）、文献检索（Literature Search）、商业信息检索（Business Search）或跨 3 种文献类型的检索（Cross Search）。单击检索历史（Search History）进入检索历史界面，查看用户账号下所做的所有检索。注意：文献检索和商业检索只有在拥有检索该两种文献类型的权限账户下才有该检

索选项。

③保存文件面板（Saved Work）。在该面板下，可以查找账户下所保存的所有文档，包括检索历史、Alert 跟踪、个人文件夹（Personal Folder）、工作文件夹（Work File）、公共文件夹（Publication Folder）、所创建的图表等。

④我的账户设置面板（My Account）：个人参数设置、账户信息、密码变更等修改个人信息的入口等。

⑤使用偏好设置面板（Preferences）：对用户的 clarivate Innovation 系统进行个性化设置，包括默认的显示检索字段、检索结果显示字段的预置等。

⑥技术支持面板（Support）：查看"Help"帮助文档，技术支持信息等。

⑦专利数据库的选择（Collections to Search）。可以单击选项前方的小图标，来展开专利数据来源的选项，选择所需要的各国专利数据、德温特 DWPI 专利数据或 WIPO 的专利数据。

⑧检索字段（Search Criteria）。单击下拉菜单选择需要的检索字段；单击字段旁边的按钮，可以查看所选字段的含义。

⑨检索帮助选项（Browse）。在选择特定字段时，文本框后会出现选项，可以点开查看关于该字段下的代码帮助文档，例如 IPC 分类代码、Derwent 分类代码等。

⑩检索选项（Run Search）。在数据库选择完成和构造完检索式后，单击"Run Search"来运行检索式。

（4）字段检索（fielded search）。

（5）公开号检索（Publication Number）。

（6）专家检索（Expert Search）。

（7）检索结果显示（见图 3 - 4 - 234）。

①Return to Search Form。该功能用于返回检索式构造页面，查看或修改的检索式。

②检索历史选项（Search History）。单击该选项可以进入检索历史界面，查看账号下所构造的所有检索式。

③重新设置检索式（Refine Search）。可以在"Edit Search Query"界面中直接编辑修改检索式；也可以在"Search Within Result Set"中，对检索结果选择检索字段，输入检索词进行 2 次精炼检索。（注：可以单击选项前方

图 3 - 4 - 234　检索结果显示页面

的小图标来展开该选项。)

　　④过滤检索结果（Filter Results）。在该选项中可以针对不同检索字段的具体内容对检索结果进行过滤。例如，需要查找 2008 年的专利，可以在"Publication Year"选项下勾选"2008"，单击下方的"Filter Results"选项即可。（注：未选任何字段时，该选项是灰化无法点击的。）

　　⑤检索结果显示和排序字段（Display and Sort Options）。单击该选项，可以设置在检索结果中需要显示的字段，包括：DWPI 德温特题名、Drawing 专利图示等内容；也可以设置检索结果排序方式"Sort by"，专利家族归并"Collapse by"等选项。

　　⑥详细专利记录。在该记录中包括：专利号、题名、专利权人等信息。单击蓝色的专利号超链接可以进入到一条专利的全记录页面。

　　●Save：在该选项下，可以将检索结果保存到已有文件夹或新建文件夹中。

　　●Alert：对检索式创建预警跟踪，或者针对个别专利创建预警跟踪。

　　●Marked List：对检索结果中的记录进行标记识别。

　　●Document Delivery：下载检索结果中选中的专利 PDF 全文，Order Patent Documents。

　　●Analyze：对检索结果进行分析，包括 3 种分析功能（Charts 图表分析，Themescape 专利地图，Text Clustering 文本聚类）。

　　●Exports & Reports：该选项用于将检索结果中的专利题录信息导出，包括专利号、题名、摘要、图示等字段的信息。

　　●Highlight：用于在检索结果中标亮所设定的关键词，提高阅读检索结的效率。

●Print：打印检索结果获选中的专利。

（8）单件专利显示。

①Add to Work File：将该条专利记录保存到已有文件夹中。

②Mark Record：对该条专利记录进行标记，标记完后，会在检索结果集中显示黄色标记。

③Watch Record：对该条专利记录创建预警跟踪，跟踪该专利法律状态变化、专利家族变化、专利转让等信息。

④Document Delivery：下载该篇专利 PDF 全文的选项，Order Patent Documents。

⑤Translate：将英文专利的全记录页面翻译成中文。

⑥Citation Map：将单篇专利的引证关系以可视化的方式展现出来，用以追踪技术发展、竞争情报。

⑦Highlight：用于在检索结果中标亮用户所设定的关键词，提高对关键词的读取效率。

⑧Jump to：用于快速跳跃到需要阅读的专利全记录具体信息上（不需要拖动右侧的滑块来寻找需要阅读的信息）。例如，当需要了解专利的法律状态时，可直接单击"Legal Status"。

⑨PDF：点击该图标可以直接获取该篇专利的全文。

⑩Show Highlighting Panel：选择需要显示或隐藏 Highlight 面板。

3）专利分析

（1）图表分析（见图 3 - 4 - 235）。

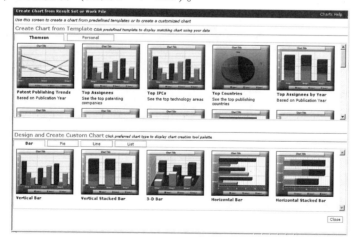

图 3 - 4 - 235　图表分析页面

（2）引证图分析（见图3-4-236）。

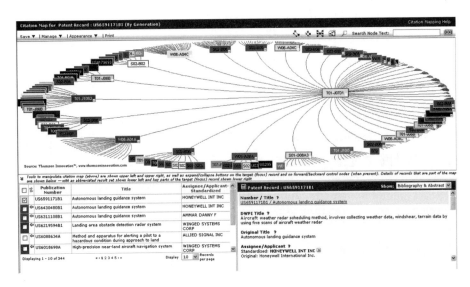

图3-4-236　引证图分析页面

（3）文本聚类。

（4）专利地图分析（见图3-4-237）。

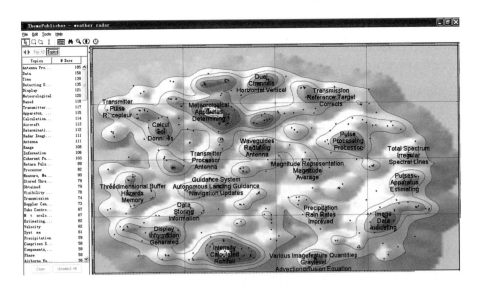

图3-4-237　专利地图分析页面

4）专利预警

专利预警如图3-4-238所示。

图 3 − 4 − 238　专利预警

3.4.2.5　Orbit 专利平台

1）平台介绍

Orbit 专利平台是由法国 Questel 公司研发的可提供多国语言进行专利在线检索、在线分析、预警和翻译等功能的综合性专利平台。该平台包含 Fampat（包含 99 个国家以发明为基础的专利家族数据库）、PlusPat（仅包含 99 个国家专利的标题和文献数据）、Fulltext（仅包含 22 个国家原文数据）和外观数据库等 4 个数据库；收录约 100 个国家及组织的专利数据，包括 22 个国家及组织的全文专利数据，14 个国家及组织的外观设计专利数据；可同时使用中文、英文、法文、德文、日文、韩文、俄文进行检索；可下载全文专利文献数据。该平台为用户提供专利分析、专利管理和同族专利合并功能；引证分析简洁直观，分析功能较全面、分析类别和图形种类较多，专利的文本聚类功能有特色。该平台还提供公司树查询功能；提供号码检索助手功能；提供美国专利诉讼信息数据库；提供主要国家和地区专利定期预警和法律状态预警功能，法律状态时间轴显示较直观、易懂，专利预警功能较强大。

①Fampat 收录范围：包含 99 个国家以发明为基础的专利家族数据库、40 余国专利原文文献、51 个国家法律状态数据、22 个国家全文数据（含原文数据）、21 个国家的引用与被引用数据、美国专利转让记录。

Fampat 数据库特征：以发明为基础的专利家族数据库；专利号及专利

权人标准化；语义提取；可检索大部分的专利全文；可以用源语言进行检索；增加关键内容（在 Fampat 记录中增加发明目的、优缺点、独立权利要求 3 部分内容）；对全文进行语义分析提取关键概念。

②PlusPat 收录范围：包含 99 个国家专利的标题和文献数据。

③Fulltext 收录范围：包含 22 个国家原文数据。

④外观数据库：包括 BX、CA、CH、CN、DE、ES、EU、FR、GB、JP、KR、RU、US、WO。可用源语言及英语进行检索。显示第一图像及所有图像。

平台网址为 https：//www. orbit. com。Orbit 专利平台首页如图 3 – 4 – 239 所示。

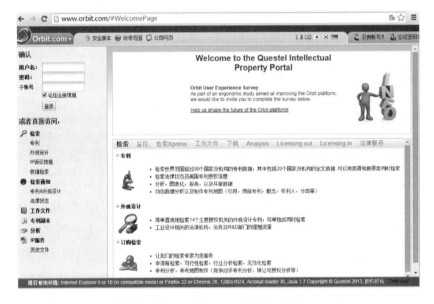

图 3 – 4 –239　Orbit 专利平台首页

2）专利检索

Orbit 专利平台检索式包括一般检索、专利权人检索、专利号检索、引用与被引用检索。

（1）运算符与通配符。

①运算符如图 3 – 4 –240 所示。

②通配符如图 3 – 4 –241 所示。

（2）一般检索。

一般检索包括关键字、分类、姓名/名称、号码、日期 & 国家、法律状态、其他检索项、集合（见图 3 – 4 –242）。

OR	Finds records containing at least one of the words (in the case of a FamPat record, at least one of the members will have one or more of your terms)	sulfur or sulphur
AND	All words	plutonium AND isotope
NOT	The first term without the second term	suv NOT vesicle
F	The terms in the same field	sodium f chlorine
S	The terms in the same sentence	sodium s chlorine
P	The terms in the same paragraph	sodium p chlorine
D	The terms adjacent in any order	redundancy d check
nD	The terms adjacent, regardless of the order, separated by a maximum of n words (n value between 1 and 99)	conduct 2d electric 2d adhesive
=nD	The terms adjacent, regardless of the order, separated by exactly n words (n value between 1 and 99)	electric+ =2d conduct+ =2d adhesive
W	The terms adjacent in the order specified; treatment applied by default for two terms entered without operator	smart w card? smart card?

图 3 - 4 - 240　运算符说明

+ or *	Truncation replacing any number of characters	bicycle-shed+ *inflammatory
?	Truncation replacing zero or one character Up to nine ?s may be used in a term	bicycle? alumin?um
#	Truncation replaces exactly one character Up to nine #s may be used in a term	polymeri#ation

图 3 - 4 - 241　通配符说明

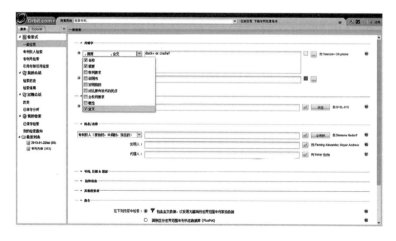

图 3 - 4 - 242　一般检索页面

①关键字检索（见图 3 - 4 - 243）：包括名称、摘要、权利要求、说明书、发明目的、对比原有技术的优点、主权利要求、概念、全文。关键字检索有多语言助手，包括法语、英语、德语，类似词字典，可编辑并调整多

语言关键词；可使用不同颜色高亮关键词或关键概念；可使用布尔逻辑运算/通配符检索。

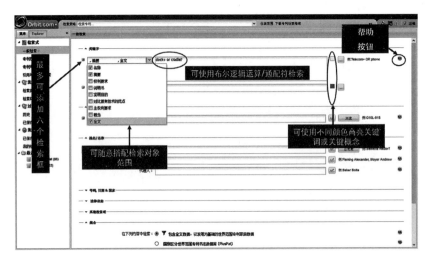

图3-4-243 关键字检索页面

②分类（见图3-4-244）：包括 IPC、CPC、IPC，CPC、ECLA，ICO、美国分类（主）、美国分类（主及副）、FI、F-Terms。

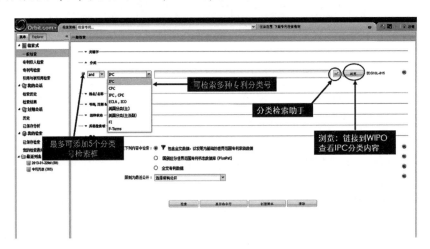

图3-4-244 分类检索页面

分类检索有分类检索助手，可链接到 WIPO 查看 IPC 分类内容。

③姓名/名称（见图3-4-245）：包括专利权人（原始的、中间的、现在的）、发明人、代理人。可使用公司树功能查找相关子公司。

④号码、日期和国家（见图3-4-246）：包括公开号、申请号、优先权号、申请日、优先权日、专利公开国（专利公开国家）。

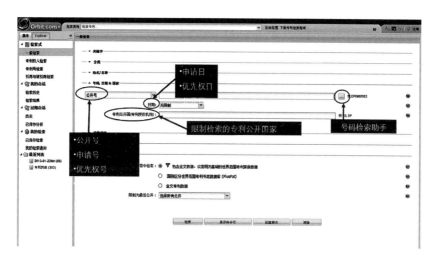

图 3 - 4 - 245　姓名/名称检索页面

图 3 - 4 - 246　号码、日期和国家检索页面

　　可使用号码检索助手对专利号进行自动格式化，即可以输入包括逗号、连字符、斜线、句号、空格等符号在内的专利号，通过号码检索助手进行自动规范化。

　　⑤法律状态（见图 3 - 4 - 247）：包括状态（授权、申请中、过期、放弃、被拒绝）、法律事件（异议、专利授权、专利权延长、专利转让、提交到国家阶段、无异议、指定州）、届满日。

　　⑥其他检索项（见图 3 - 4 - 248）：包括被引用专利、引用文献、指定国、Fampat 系列号码、PCT 公开号、PCT 申请者数目、申请/专利权人所在国、美国申请/专利权人所在州、发明人所在国、美国发明人所在州、

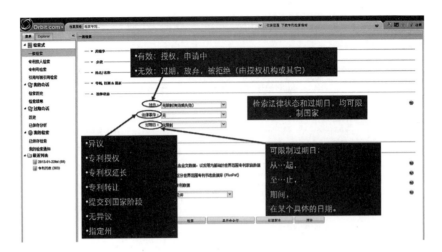

图 3 – 4 – 247　法律状态检索页面

代理人所在国、申请详细（美国、法国）、实施例（美国）、初始申请公开日、授权公告的初始日期、最后的授权专利公开日、系列优先权的初始日期、其他公开日期、EPO 荷兰分类、Fampat 中的专利数目、Fampat 系列中的优先权数目、USPTO 的审查员或美国代理人、主权项序号（美国）、权利要求数（美国）、图像号码（美国）、US 审判 ID。

图 3 – 4 – 248　其他检索项态检索页面

⑦集合（见图 3 – 4 – 249）。

（3）专利权人检索（见图 3 – 4 – 250）。

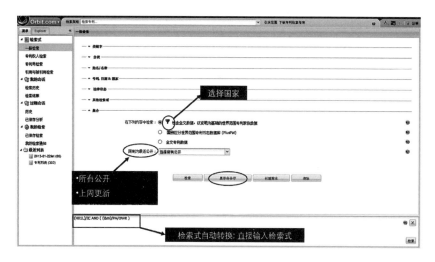

图 3 – 4 – 249　集合检索页面

图 3 – 4 – 250　专利权人检索页面

（4）专利号检索。

专利号检索可进行专利号的批量检索，并具备类似专利检索及 Inpadoc 系列检索功能（见图 3 – 4 – 251）。可使用号码检索助手对专利号进行自动格式化，即可以输入包括逗号、连字符、斜线、句号、空格等符号在内的专利号，通过号码检索助手进行自动规范化。

（5）引用与被引用检索。

可选择检索引用专利、被引用专利，显示专利引用信息分析图（见图 3 – 4 – 252）引用分析范围：AU、BE、CH、CY、DE、DK、EP、ES、FI、FR、GB、IT、JPA、JPB、NL、PCT、TR、US。

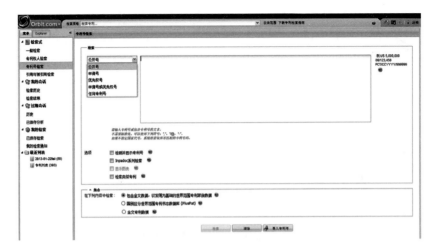

图 3 - 4 - 251　专利号检索页面

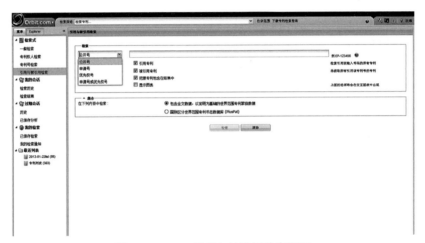

图 3 - 4 - 252　引用与被引用检索页面

引文与被引文图表显示如图 3 - 4 - 253 所示。

（6）检索结果显示及处理。

①检索结果列表（见图 3 - 4 - 254）。

a）加入文件夹：将所选记录存入列表或工作文件的文件夹中。保存在"我的列表"中的记录会随着系统的数据更新而更新；保存在"工作文件"中的记录不会随着系统的数据更新而更新。

b）结果导出：将所选结果导出，导出格式有 txt、pdf、rtf、xls、xlsx、csv、xml、bizint、vantagepoint、ris export、intellixir。

c）PDF 原文下载。

d）相似检索。

e）引用/被引用专利。

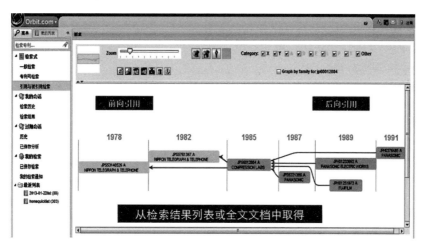

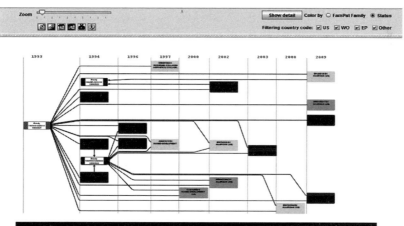

图 3 - 4 - 253　引用与被引用图表显示

图 3 - 4 - 254　检索结果列表

f）排序：包括申请/专利权人排序、欧洲专利分类排序、CPC 分类排序、美国分类排序、IPC 排序、FI 分类排序、F-term 排序、概念。

g）聚类分析。

h）显示：检索结果显示方式包括简单列表、详细列表、Kwic、图像、自定义。

i）筛选。

j）翻译：具有翻译功能，可快速翻译成 40 多种语言。

k）超链接：检索结果列表以专利家族表示，包括各种超链接（PDF 专利文献、缩略图、授权机构、引用信息、专利家族图像及专利历史文献）。

②权利要求比较（见图 3-4-255）。

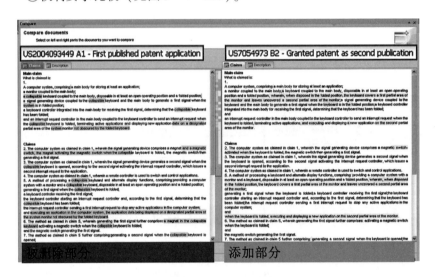

图 3-4-255　权利要求比较

③详细信息（见图 3-4-256）：包括书志目录、权利要求、说明书、关键内容、概念、全文、法律状态、引用、时间表、PDF 图像、PDF 完整。

a）概念（见图 3-4-257）：技术概念分析是指对全文数据进行语义分析并提取关键内容。其特征为：字体越大、颜色越鲜艳，该技术概念出现的频率越高，即重要度更高。动态表示：链接专利数据，专利家族数量提示。

b）法律状态（见图 3-4-258）：法律状态用颜色区别表示，绿色背景为有利事件，红色背景为不利事件。

图 3 - 4 - 256　专利详细信息

图 3 - 4 - 257　技术概念分析

图 3 - 4 - 258　法律状态

c）法律状态时间轴（见图 3 – 4 – 259）：从检索结果列表或全文文档
中取得。

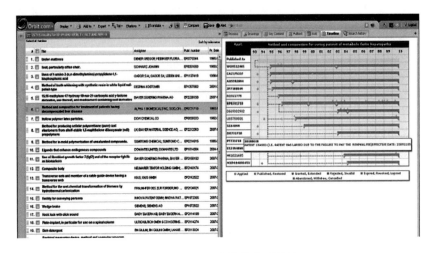

图 3 – 4 – 259　法律状态时间轴

3）数据分析

Orbit 的分析模块分为基本版、高级版和专业版 3 种（见表 3 – 4 –
23）。账户越高级能使用的分析模板越多。

表 3 – 4 – 23　3 种分析模块的不同

版本	每次分析可执行的最大专利家族数	概念分析	地图分析	自定义分析（对象）值	每年可存储专利分析总数	每次保存专利分析可保存专利家族（检索记录）总数
基本版	15000	无	无	无	不限	15000
高级版	30000	有	无	无	不限	15000
专业版	2000000	有	有	有	不限	30000

（1）基本版可用分析模板（见图 3 – 4 – 260）。

（2）高级版可用的分析模板（见图 3 – 4 – 261）。

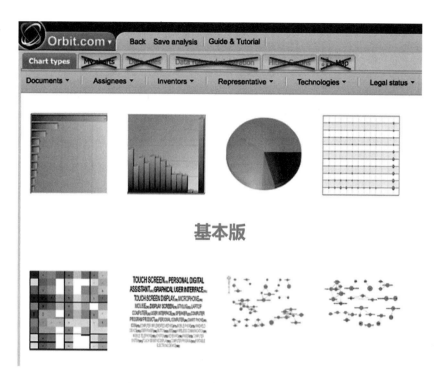

图 3 – 4 – 260　基本版可用分析模板

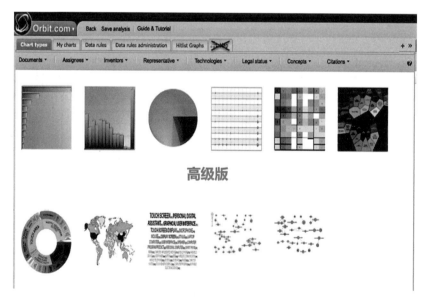

图 3 – 4 – 261　高级版可用分析模板

4）数据管理

（1）我的列表或工作文件（见图 3 – 4 – 262）。

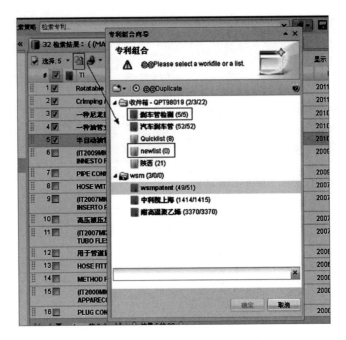

图 3 - 4 - 262　我的列表或工作文件

工作文件功能：保存检索文档；浏览、下载检索文档；管理检索文档；排序、显示、添加高亮；二次检索保存的文档；添加附件；添加用户注解；共享。

（2）Alert 检索通知功能（见图 3 - 4 - 263）

图 3 - 4 - 263　Alert 检索通知功能

（3）保存检索式（见图 3 - 4 - 264）。

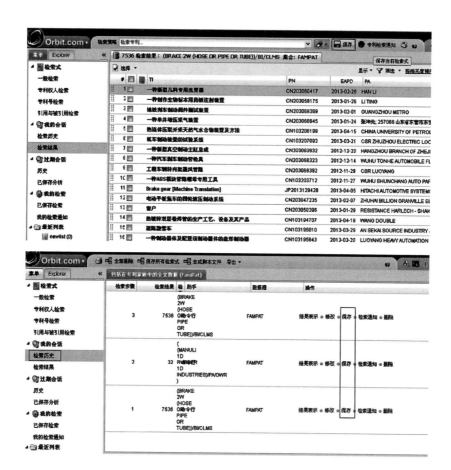

图 3 - 4 - 264   保存检索式

第4章 专利分析实务

4.1 专利分析概述

专利不仅是企业保护发明创造的一种途径，也是企业、科研机构或国家等机构组织获取科技情报的重要信息来源。专利分析的理论基础是专利地图（Patent Map，PM）理论。20世纪60年代末，日本的专利专家依据彻底的调查和丰富的图标，揭示了专利技术的可能发展动向，专利地图由此起源。随后，专利地图的应用扩展到工业领域，一些以技术为基础的大型公司开始运用专利地图获取情报。1974年，WIPO在苏联举办专利地图研讨会，此后专利地图理论开始在全世界范围内被广泛研究和应用。

专利地图通过对专利情报进行加工，将加工结果用直观的图表进行归纳而建立，因其具有类似地图的指向功能被形象地称为专利地图。专利地图特别针对专利情报中的著录项（如申请人、申请日、发明人等）、技术项（如技术分类、技术用语、IPC分类等）和专利情报专有的权利信息（如申请专利范围、专利有效期、同族专利等）进行组合，绘制出符合要求的图表。通过图表建立专利战略、专利管理的理论与方法。目前，专利地图已经成为专利分析的一种重要研究方法和表现形式。

专利分析是指对专利信息进行分析、加工、组合，并利用统计学方法和技术手段把专利信息转化为科技情报，从而为企业、科研机构、国家或其他组织机构的决策提供支持的科技情报分析工作。信息技术的发展使得专利检索、专利统计和分析变得更加简单方便，专利分析已经成为政府和企业情报分析的重要方法之一。对政府而言，不论是产业发展布局规划的战略考虑、招商引资中的知识产权评估，还是工业园区知识产权实力和建设规划，专利分析已成为一种必要的依据和支撑。对企业而言，专利分析不仅是企业了解技术发展趋势、抢占技术空白点、明确行业技术发展动态的信息来源，也是指导企业专利布局、市场规划的有力保障，更是企业评估竞争对手实力以及掌握竞争对手技术进展、专利布局和市场战略用以克敌制胜的有力武器。

按照传统的分析方法进行划分，专利分析可以分为定量专利分析、定性专利分析和两者结合的分析法。定量分析又称为统计分析，主要围绕专利文献的外部特征项和专利数据量进行，比如利用申请日期、申请人、申请国家、专利相对产出指数、同族专利指数、引证次数、技术生命周期等专利分析指标，对专利文献有关项进行统计与排序并从技术和经济的角度对有关统计数据的变化进行解释，从而得到研究对象的发展态势等信息。定性分析又称为技术分析，是指通过专利说明书、权利要求书及附图等技术内容，即专利的"质"来识别专利，以获得技术动向、企业研发动向、特定权利状况等方面的信息。在某些定性分析中，比如需要对不同企业的专利内容进行收集、分析其技术特色及开发重点时，专利量同样具有重要地位。

按照分析范围进行划分，专利分析可以分为技术专利分析、行业专利分析、产业专利分析、区域专利分析、专利权人分析等；按照实际目的进行划分，专利分析可以分为产业布局专利分析、行业发展战略专利分析、技术发展趋势专利分析、技术机会识别专利分析、竞争对手专利分析、企业技术并购专利分析、产品成熟度预测专利分析等。一般来说，专利分析师会根据客户的实际需求，为客户量身打造合适的分析项目，并提供全面且针对性强的情报信息。

在一般的专利分析工作中，专利分析师需要对数据进行整理和概念分组，即对数据进行标准化处理，然后选择以列表、直方图或者比较矩阵等方式将数据的分析结果呈现出来。在信息量庞大或者借助分析工具的专利分析工作中，还需要对数据进行有结构或者无结构聚类，生成文档聚类地图。此外，专利分析方法中还会运用引文分析、"主语/行为/宾语"的语言处理技术、人工智能等各种技术方法和手段。

对专利分析师来说，根据分析任务的需求选择适当的分析工具是非常重要的。除了工作中常用的图表等分析工具之外，国内外众多专利信息服务商都开发了专利分析软件、平台产品。随着信息和科技的发展，专利分析工具开发者们对多种数据的融合度和可扩展性不断增强，对专利信息的挖掘越来越深入。开发者运用各种技术手段使得专利分析工具的使用越来越灵活，分析的范围越来越广，能够实现的分析可视化水平越来越强，相信专利分析工具的功能也会越来越强大。

4.2　专利分析的价值

据 EPO 的统计，有效利用专利信息可以节省 60% 的研发时间和 40%

的研发经费。大众早已意识到专利的技术和经济价值，但专利的情报价值却不被众人所知或者不被重视。

专利文献是世界上反映科学技术发展最迅速、最全面、最系统的信息源。在当前科技飞速发展及经济全球化的大环境下，专利文献日益成为能够相对全面、完整地反映科学发展，特别是技术发展态势的重要情报源。其作用和影响力在全世界范围内日益扩大，被广泛应用于技术创新、变革及管理研究中，既可以用于识别竞争对手及其研发状况，还能够辅助企业明确其研发战略及方向、避免重复性研究等。专利不仅可以给专利权人带来巨大的经济效益，还具有较高的情报价值。专利分析作为有效利用专利信息的重要环节，是企业、科研机构和国家制定战略必要的科学依据和重要的情报支撑。

第一，专利分析帮助企业、科研机构、国家或其他组织机构了解当前的技术、行业或产业发展现状。通过对专利信息的分析获取技术发展速度、技术分支领域、技术分支领域发展速度、技术成熟度、技术衰老程度、技术研究进展、技术发展趋势、专利技术来源、重点申请人、核心专利等信息。通过将专利与技术、行业、产业状况结合进行综合分析，获取行业、产业发展状况情报，帮助企业、国家或其他组织机构掌握当前技术、行业或产业发展形势。

第二，通过专利分析获取技术来源情况，确认企业、科研机构、国家或其他组织机构自身技术、行业或产业地位。通过分析技术领域专利来源、重点专利权人、专利权人技术情况、专利权人或企业、国家等组织机构的原始创新能力、技术市场布局、当前技术的强势技术创新领域、各国研发实力等信息，对比发展状况，找出技术、行业或产业优势或差距，认清自身行业地位，做到"知己知彼"，为"百战不殆"夯实基础。

第三，专利分析可以明确竞争对手和竞争环境的信息，为国家科技战略或企业经营活动提供有价值的情报支撑。首先，专利分析可以帮助决策者认清谁是竞争者。一般来说，同类专利的申请人或专利权人是竞争对手。竞争对手申报的专利越多，竞争力越强。其次，专利分析可以确定竞争对手的不同类型，确认竞争对手的特点，明确竞争环境，以便确定不同的竞争战略。比如，竞争对手可以分为技术上的竞争对手和产品上的竞争对手。技术上的竞争对手更侧重技术研发，而产品上的竞争对手通常具备相当规模的产品生产能力。通过对比各竞争者的专利信息，可以确定某产品未来技术的主攻方向、各竞争者的技术和市场特点和未来的发展重点等重要情报信息，以判断其是市场主导者、市场挑战者还是市场利己者。最后，通过专利信息了解竞争对手的战略意图。通过相对简单的专利分析，就可以获取竞争对手技术发展的路径信息，预测未来技术的发展趋势；或者跟踪竞争对手的技术发展，进而了解竞争对手的战略意图，以便作出及时的反应甚至采取必要的应对策略。此外，通过专利分析获取专利技术的法律状态信息，可以使企业了解法律竞争环境，在可能的法律诉讼上掌握主动权。

第四，专利分析借助信息挖掘技术识别技术机会，有助于企业或其他组织制定研发和技术创新对策、战略。当成熟的技术从鼎盛时期走向衰退时，相应专利就会逐步减少；在原来技术基础上的新技术会不断产生，新的相关专利就会随之出现。一方面，通过专利分析掌握整个行业技术的发展状况，可以考察行业发展历程，掌握目前技术发展重点、技术热点和技术变化转移态势，寻找技术空白点并预测未来技术的热点和走向。另一方面，有效利用国内远远落后于国外先进技术的失效专利来获取经济价值，已成为国内某些重视专利工作的企业瞄准的方向并从中获取了巨大的经济效益。目前，国外有很多技术识别的成功案例，然而国内在应用层面开展技术机会识别的研究相对较少。因此，借鉴国外研究为国内企业提供情报支持并结合中国实际情况开展相关研究和应用，是一项既有挑战又意义重大的工作。此外，在产业专利信息利用方面，利用专利信息分析的方法，通过对技术的基础性、应用范围及效益 3 个方面进行评估，能够逐步筛选出符合客观实际的产业共性技术。

第五，专利分析可以帮助企业及其他组织机构完善专利管理和保护制度。通过专利分析，可在一定程度上提高企业或其他组织机构的技术成果保护力度、市场布局情况和技术保护强度，从而为企业或其他组织机构进一步制定专利管理和保护策略指明方向。

第六，专利分析用于寻找研究开发的潜在合作伙伴。如今经济科技发展迅速，正所谓"没有绝对的敌人"，企业可以结合众多竞争者的特点和自己的战略，与合适的竞争者化对手为伙伴，构建战略联盟，从而增强双方的实力，获得双赢或者共赢的战略目标。

第七，通过专利分析获取以上信息后，对这些信息进一步整合加工并结合当前技术、行业或产业发展信息，即可为企业、科研机构等制定技术、行业或产业发展战略；或为政策提供可靠的发展建议、创新策略、竞争策略等。随着国家政策的推进和企业专利信息情报利用意识的增强，专利分析也正逐渐被广泛地应用于企业并购、专利质押融资、专利预警、知识产权评议、专利导航等企业或国家的战略部署活动中。

随着大数据时代的来临，人们对于数据的需求也在发生翻天覆地的变化；通过"加工"实现数据的"增值"将是大数据的关键与核心。大数据为专利检索和分析提供了一种新的技术手段，专利分析与大数据的结合，或将碰撞出更多彩的智慧火花，帮助发明家开启新的创新模式。伴随大数据时代的到来，专利分析服务将会更具决策力和洞察力，并可有机地融入社会经济发展运行中。专利分析或将向更前端延伸，实现对产业的精准分析和预测，并可有机融入产业运行决策的全过程。同时，专利信息将会与商业、经济、贸易、技术等其他信息综合运用，并将这些信息组合为一个有机的生态系统，使得其更有价值的隐性信息浮出水面。三分技术，七分管理，十二分数据。大数据时代，专利分析的价值将大有可为。

4.3　专利分析方法

4.3.1　国内外专利分析方法介绍

4.3.1.1　概　　况

美国是世界上较早建立专利制度的国家之一。早在17世纪中叶的殖民时期就已经出现早期的专利。18世纪末美国独立战争后，美国在经济上面临与欧洲其他国家相比极其落后的发展局面。为了促进科技和实用技艺的发展，在其社会尚处于农业社会时期时，就依据宪法建立了专利制度。同时，美国也较早开始专利信息的应用。早在1947年，H. C. Harry就向US. PTO专员Ooms提议建立专利引文系统以便进行专利分析。1949年，A. H. Seidel正式著文提议专利引文体系，并给出具体的实现方案。之后，随着技术的发展，企业开始通过利用专利信息开展相关的研发活动以及制定相关的竞争策略。1928年成立的美国摩托罗拉公司曾在20世纪六七十年代日本公司大举进入美国市场时陷入困境。因此，在20世纪80年代初，美国建立自己的竞争情报部门，并对竞争对手的实力进行全面了解。摩托罗拉公司通过不断对竞争对手的技术信息进行大量的收集和分析，评估其技术实力，并对比自身的技术水平，发现自身的优势和不足，从而不断进行自我完善。经过有针对性地适当调整研发方向，美国大大提高了原有产品的技术工艺，最终发展成为通信巨头。20世纪90年代末，在数据挖掘技术和信息技术的大力推动下，专利分析方法开始真正被企业普遍重视，并在企业的技术发展和科研创新中起到了大力推动作用。与此同时，关于专利分析的方法和模型开始不断建立，并在实际应用和研究中发展和完善。

在亚洲，日本是占全世界专利申请总数约 30% 的"专利大国"，也是进行专利分析最早、技术最成熟的国家。"二战"后，日本工业百废待兴，日本企业大量从美国引进新技术，这样的侵权行为遭到美国公司的多次起诉。此后，日本企业便开始着重进行专利信息分析，在对专利信息消化吸收的基础上进行自主创新，并将研发的新产品、新技术在国内外进行专利申请。20 世纪 80 年代中期，JPO 的一项调查显示，专利情报信息分析和管理部门成为绝大多数企业的一个部门机构，其职能是负责追踪、查新、分析专利文献，然后依据专利数据分析的结果来评估本企业的技术发展现状以及竞争对手的技术发展现状和趋势。

我国专利制度是随着我国实行改革开放而诞生的。现行专利法自 1985 年 4 月 1 日起施行，因而我国对专利信息的分析及应用还处于稍落后的阶段。近年来，我国部分大型企业开始注重专利信息的分析研究工作，并将之应用到企业的技术创新中，用以确定企业的发展方向、制定专利战略。华为技术有限公司（以下简称"华为"）作为一家高新技术企业，十分重视对专利信息分析的应用。1995 年，华为成立知识产权部，结合企业实际情况，运用定量分析和定性分析的方法，分析研究专利信息，并对其进行统计研究，为企业的生产研发和策略制定提供重要依据。华为每年收入的 10% 都用于技术研发中，连续多年蝉联中国企业专利申请数量第一位。在走向国际市场的过程中，面对国外通信巨头联合发起的专利攻击，华为依托自身庞大的专利积累及知识产权分析队伍，制定应对措施并努力减小损失，最终成功实现了自身产品走出国门的战略布局。目前，我国很多大型企业已经建立自己的专利信息情报分析部门并开展相关的专利分析，且已取得了一定的成效；但总体来说，全国企业对于专利情报信息的利用程度较美国、日本等国偏低。因此，提高我国企业对于专利信息的认识和利用程度，加快我国专利信息分析研究的发展，对于推动技术创新具有重要的意义。

4.3.1.2 方法举例

国外在专利分析方面的研究起步较早且已发表了许多关于专利分析的文章，涉及专利分析的不同方面。Byungun Yoon 和 Yongtae Park 等人将形态分析、专利引文分析、连接分析以及专家调查方法相结合，形成一种新的组合方法，并将这种方法应用到薄膜场效应晶体管 LCD 技术的专利库；Young Gil Kim 等人提出了一种新的可视化专利分析方法，对专利文献中的关键词进行 K - Means 聚类分析，形成语义网络，并利用该网络建立专利地图；Sungjoo Lee 等人提出了一种新的技术机会发现方法，该方法采用主成分分析法减少关键词数量后画出专利地图，通过专利地图找出可行的技术空白点，用于发展新技术；Allen L. Porter 教授将数据挖掘技术引入专利分析当中，形成技术挖掘（Tech Mining），该方式主要将聚类算法、分类算法以及关联等挖掘算法应用于海量专利文献的特征分析中，找出其中隐含的规律，发现技术机会。

我国虽然在专利研究方面起步比较晚，但随着相关部门、企业和科研机构对于专利信息的重视，近年来，专利分析研究也取得了一定的成就。刘林青、夏清华运用文献计量、系统生态学和社会网络分析等方法对专利动态竞争模型进行研究；刘冰通过研究专利信息和专利战略之间的动态关系，建立了企业专利情报战略体系模型；王克奇等人运用 TRIZ 理论对专利进行分析，并开发了基于 TRIZ 的专利分析系统，可以在产品设计时就产生的技术冲突给出解决方案。

4.3.2　专利分析模型

目前，虽然对专利信息进行分析的方法有许多种，但根据专利文献的特征，通常可以分为：定量分析方法、定性分析方法和拟定量分析方法 3 类。

4.3.2.1　定量分析模型

定量分析，又称统计分析，主要是通过对专利文献的外部特征项按照一定的指标进行统计，并对有关数据进行解释和分析。定量分析的对象主要是专利信息中的著录信息，如申请日期、申请人、专利权人、发明人、分类号、申请国家等。定量分析通过数量、时间、排名等方式来进行统计分析，将零碎的信息转化为系统、完整、有价值的信息，通过量与量之间的变化反映事物之间的相互关系；结合技术、经济和法律等对统计结果作出合理化解释，从而揭示研发和市场热点等信息，并进一步评估预测发展动向。

定量分析的一般方法是通过相应的检索分析软件搜集数据，在确定研究目标和指标后，选择数学模型以及计算参数，将数据分类整理，绘制成专利统计图表，更直观地从中获取信息和寻找规律。根据目的不同，定量分析可分为以下几种方法。

1）技术生命周期法

技术生命周期法是专利定量分析中最常用的方法之一。通过分析专利技术所处的发展阶段，可了解相关技术领域的现状并推测未来技术的发展方向。通常，技术生命周期分为萌芽期、成长期、成熟期和衰退期 4 个阶段。

在技术萌芽期，专利申请量和申请人数量都较少，领域内研究者不多，研究成果较少，多处于实验开发阶段；但此时的专利多为原理性基础发明专利，可能会出现产生重要影响的发明专利，专利等级较高，并且多集中在少数几个公司。在技术成长期，申请量和申请人数量均大幅增长，较多力量进入该技术市场，技术有了突破性的进展，多为产品导向性专利，专利集中度降低，技术分布范围不断扩大。在技术成熟期，专利数量继续增加，但增长速度变慢，申请人数量基本维持不变，前期取得优势的有限几家公司掌握了主要技术并主导着该技术发展，技术已相对成熟，以产品改良设计型专利为主。在技术衰退期，专利申请量和申请人数量下滑，商品形态固定，技术无进展，以小幅改良型专利为主，大量企业因收益减少退出市场。此后，技术能否进入复活期主要取决于是否有突破性的创新技术为该领域注入活力。

基于技术生命周期以上 4 个阶段，不少学者就提出了许多方法来测算专利技术生命周期。其中专利数量测算法是通过计算技术生长率（γ）、技术成熟系数（α）、技术衰老系数（β）和新技术特征系数（N）的值来测算专利技术生命周期的，计算公式如表 4 - 3 - 1 所示。

表 4 - 3 - 1　技术生命周期测算参数

计算参数	计算公式	统计意义
技术生长率（γ）	$\gamma = \alpha/A$	连续计算数年，γ 值递增则说明该项技术处于萌芽或生长期
技术成熟系数（α）	$\alpha = a/(a+b)$	连续计算数年，α 值递减则说明该项技术已日趋成熟
技术衰老系数（β）	$\beta = (a+b)/(a+b+c)$	连续计算数年，β 值变小则说明该项技术日渐落后
新技术特征系数（N）	$N = \sqrt{\gamma^2 + \alpha^2}$	反映某项技术新兴或是衰老的综合指标，N 值越大新技术特征越强，预示着这项技术越有发展潜力

注：a 为当年发明专利申请（公布）数；b 为当年实用新型专利申请（公布）数；c 为当年外观设计专利或商标申请（公布）数；A 为追溯 5 年的发明专利申请（公布）累积数。

2）统计频次排序法

对专利数据进行统计和频次排序分析时，定量分析是专利信息中的一项最为基础和重要的工作。频率排序分布模型主要用来探讨不同计量元素频度值随其排序位次变化的规律。专利定量分析一般是以专利件数为单位，统计对象包括专利申请（授权）数量、分类号、国别、申请人、发明人、主题词频次、专利种类、法律状态等。统计对象的变化能从不同角度体现专利中包含的技术、经济和法律信息。频率－排序分布模型可以有效、直观地将有关信息展现出来。

（1）专利申请（授权）量。

通过对某领域历年专利申请（授权）量的统计分析，可根据历年专利件数的变化，观察该领域专利产出的数量，有助于了解该领域的整体发展态势和发展动向。

（2）分类号。

由于分类号是根据专利申请涉及的技术方案所属的领域来确定的，因此可以利用分类号预先初步地确定专利申请的内容。分类号大致反映专利涉及的技术范围。通过分析某领域内的专利涉及的所有分类号和这些分类号下分别包括的专利数量，就能够获知该领域的技术构成情况以及该领域内市场经营主体关注的技术点。

（3）国别（区域）。

对于专利文献信息，市场主体的国别或区域能够从优先权字段或公开号字段中获得。优先权中的国别信息能够反映出该专利的技术输出地，即研发中心所在地，体现出该输出地（国家或区域）在该领域的研发实力；公开号中的国别信息能够反映出市场主体希望在该国别或区域获得专利保护，体现出专利布局策略。

（4）申请人（竞争对手）。

申请人专利申请量的多少，在某种程度上能代表该申请人在这个技术领域的发展水平。通过对某领域的专利申请人进行统计排序，有助于了解该领域中研发和创新能力较强的单位或个人。通过对竞争对手在某领域专利申请数量进行统计分析，有助于了解竞争对手的总体研发实力以及研发合作关系，为竞争策略的制定提供依据。对于申请人或竞争对手的统计分析中，需要注意申请人的合并情况，主要包括专利原始数据加工过程中申请人字段的错误、申请人不同名称的改变、从属公司和中外公司名称翻译等。

（5）发明人。

发明人即研发团队，是技术创新的源泉。对发明人进行统计分析，挖掘领域内的重要研发团队或个人，可为相关人才的引进提供参考；通过发明人和申请人信息的结合，可以发现企业人员的流动状况和企业并购等信息。

（6）主题词频次。

通过对某领域专利文献的技术主题词进行聚类分析，按照词频统计排序，其中排名靠前、所占份额较大的技术主题词对应的技术内容为该领域的重点技术。

（7）专利种类。

不同国家对于专利种类有不同规定。我国专利分为发明、实用新型和外观设计专利。其中，发明的创新程度高于实用新型，并且整体稳定性高于实用新型。因此，通过对某领域的专利文献按照其专利种类统计分析，可以一定程度上得出该领域的研发创新整体质量。

（8）法律状态。

专利法律状态数据是指根据专利法和专利法实施细则的规定，在出版的专利公报中公开和公告的法律信息（包括专利的授权、专利权的终止、专利权的无效宣告等），是专利权法律性的突出表现。对某领域专利法律状态（申请、授权、失效）、专利寿命的分析，可以帮助该领域人员了解该领域的技术发展和更新状况；对某个竞争对手的专利授权率（授权率 = 授权专利数量/申请专利数量）、专利存活率等情况的分析，有助于更有针对性地制定竞争策略。

3）布拉德福文献离散定律

布拉德福文献离散定律是由英国著名文献学家 B. C. Bradford 于 20 世纪 30 年代率先提出的描述文献分散规律的经验定律，其主要内容为：如果将科技期刊按其刊载某学科专业论文的数量多少，以递减顺序排列，则可分出对该主题最有贡献的核心区和相继的几个区域，每区刊载的论文量相等，此时核心期刊和相继区域期刊数量成 $1:n:n2:\dots$ 的关系。布拉德福文献离散定律反映的是同一学科专业的期刊论文在相关的期刊信息源中的不平衡分布规律。专利文献与科学技术论文文献有许多方面是相似的。专利文献所涉及的技术领域以 IPC 分类号进行标记。一件专利文献记载的专利技术可能涉及多个领域，因此，一件专利文献可能有多个 IPC 分类号。同时，这些 IPC 分类号也可能出现在其他的专利文献中。因此，专利文献的分布也存在高度集中与分散的现象。

在专利信息分析系统中应用布拉德福文献离散定律，主要是应用这个定律的等级排列方法和分析思路。在应用布拉德福文献离散定律进行专利信息分析时，具体可以分为以下 3 个过程。

①选用统计资料。根据需要选择期望分析的数据集合。

②等级排列统计资料。对专利申请按照分析字段（分类号或申请人、发明人等）对应的专利申请量的大小进行排列。

③分析统计资料，得出统计分析结果。

其中，一般对采集到的专利数据按分类号划分为 3 个区域。

①核心技术分类。该区域的专利文献相对集中在少量的核心分类位置上。

②一般性分类。该区域的分类号较多，但每一个分类号下集中的专利数量不是很多。

③与本领域相关的分类。该区域的分类号是那些主题与本领域技术内容有关联的类别。

具体地，埃格的布拉德福系数计算公式为 $n - (e^E \times Y)^{1/p}$，n 为布拉德福系数，P 为分区数目，E 为欧拉系数 $E = 0.5772$，Y 为最高 IPC 分类号对应的文献数量。

应用布拉德福文献离散定律对专利信息进行分析，可以科学准确地定量分析出某领域的核心技术、核心申请人或发明人，有助于该领域人员准确把握技术发展方向，为研发和开拓市场提供参考。

4）时间序列法

时间序列法是就历史资料和数据，按时间顺序排成一系列，根据时间序列所反映的经济现象的发展过程、方向和趋势，将时间序列外推或延伸，以预测经济现象未来可能达到的水平。专利信息分析中，通常以专利分类、申请人、专利被引用次数、申请人所在国家等作为变量，研究其随时间变化的规律。通过时间序列信息分析方法，对相关变量的历史数据随时间变化情况进行分析，找出其中发展演化的规律性，并揭示出技术发展轨迹和该技术的发展阶段。

5）移动平均法

移动平均预测法是对时间序列观察值由远及近按照一定跨越期计算平均值的一种预测方法，适用于既有趋势变化又有波动的时间序列，主要用来处理一组在一定范围内无规则波动的数据。其中，相比于只能用于短期预测的一次移动平均预测法，二次移动平均预测法不但可以用于短期预测，也可以用于远期预测，适用面更广。

一次移动平均预测模型为

$$F_{t+1} = \frac{X_t + X_{t-1} + X_{t-2} + \cdots + X_{t-n+1}}{n} = \frac{\sum_{t=t-n+1}^{i} X_i}{n}$$

二次移动平均预测模型为

$$F_{t+T} = \alpha_t + b_t T$$

$$\alpha = 2M_t^{(1)} - M_t^{(2)}; b = \frac{2}{n-1}(M_t^{(1)} - M_t^{(2)})$$

$$M_t^{(1)} = \frac{x_t + x_{t-1} + x_{t-2} + \cdots + x_{t-n+1}}{n}; M_t^{(2)} = \frac{x_t + x_{t-1} + x_{t-2} + \cdots + x_{t-n+1}}{n}$$

6）指数平滑法

指数平滑法是取预测对象的全部历史数据的加权平均值作为预测值的一种预测方法。该方法是对移动平均法的改进，修正了权重方面的缺陷。其预测模型为

$$S_{t+1} = \alpha y_t + (1 - \alpha)S_t$$

式中，S_t 为时间 t 的平滑值；y_t 为时间 t 的实际值；S_{t+1} 为时间 $t+1$ 的平滑值即预测值；α 为平滑常数，取值 $[0,1]$。

7）趋势回归法

趋势回归法是通过数学模型的方法，研究对象间相关关系的一种方法。其中，专利信息分析中通常应用一元线性回归模型进行相关变量的分析，其模型为

$$\overline{Y}_i = \alpha + bX_i$$

式中，α 表示直线在 Y 轴上的截距；b 为直线的斜率，为回归系数。其中参数 α、b 是通过最小二乘法推导出的，求解方程为 $\alpha = \overline{Y} - b\overline{X}, b = \frac{\sum(X_i - \overline{X})(Y_i - \overline{Y})}{\sum(X_i - \overline{X})^2}$，$X$ 为 $\overline{X}$ 的总体平均值，Y 为 $\overline{Y}$ 的总体平均值。

4.3.2.2 定性分析模型

定性分析，又称技术分析，是指通过对专利文献的内在特征，即对专利技术的内容进行归纳总结、演绎、分析与综合抽象以及概括等，了解和分析某一技术发展状况的方法。一般根据专利内容特征来进行分类或聚类，再结合时间、空间进行组合分析、比较分析、关联分析、预测分析、序列分析等。围绕特定技术主题，对专利技术内涵进行分析，判断专利重要性。定性分析的本质是对专利信息进行"质"方面的分析。

1）专利技术功效矩阵分析

专利技术功效矩阵分析是指通过对专利文献反映的技术主题内容与技术方案的主要技术功效之间的特征研究，揭示它们之间的相互关系（常用气泡图或综合性表格表示）。专利技术功效矩阵分析一般为以下 5 个步骤。

①拟定技术及功效分析架构。

②专利文献解读分析。

③制作专利文献摘要分析表（专利标的、目的、功效、技术及专利要件）。

④数据归纳整理（技术图表、功效图表）。

⑤制作技术功效矩阵图。

其中，步骤①~②是分析的重点和难点，需要通过对专利文献的阅读和人工标引实现。

通过技术功效矩阵分析，可以看出技术密集区和空白区。专利数量较多的技术点为当前的技术热点，应该予以关注；专利数量较少甚至为零的技术点为空白点，其中一些为采用该技术手段无法实现的技术效果，不须关注；而有些为可以实现相应技术功效的技术手段，为技术创新点，具有重要意义。

2）技术动向分析法

从原理、结构、用途、材料和方法等 5 个方面对有关专利进行重点考察，判断该项技术的成熟程度，及时发现技术生长点。一般来说，专利内容以原理为主，表明该技术还未完全成熟，尚属探索型专利。专利内容以用途为主，表明该技术可能是新的技术生长点，将来可能会有所发展，属于实用目标型专利。以实用新型专利的申请件数和发明专利的申请件数为横坐标，以发明专利的申请件数和累计发明专利的申请件数为纵坐标，对此绘图进行比较分析。根据某项技术在图中所处位置对技术发展程度进行判断。

3）技术发展路线

技术发展路线图是一种重要的战略规划工具。自 20 世纪 70 年代末至今，国际上的诸多成功应用使其备受推崇。技术路线图按照技术发展的时间先后，将分析记录中专利文献的简要内容用图示的方式直接展示，可用于规划科技资源，用以明确研究规划、发展规划、能力目标以及要求之间的联系。

技术路线图的基本框架为"市场—产品—技术"或"市场—产品—技术—研发计划"。首先，市场层明确制定技术路线图的原因，即明确需求。

其次，产品层明确技术路线图的任务，即界定技术路线的范围、结果，找出满足需求的任务。在此，技术层明确如何达到目标，即描述达到目标所需的关键技术现状，确定多层次的技术投资策略。最后，研发层明确具体如何执行研发计划，定义关键技术开发的计划和资源、评估风险，最终决定研发项目的投资策略。

技术路线图从应用角度大体分为国家层面、行业层面、企业层面三大类。

（1）国家层面的应用。

当今社会科技实力的竞争已成为国家之间竞争的焦点，很多国家都在利用技术发展路线图明确发展的战略重点、规划科技发展路线。通过国家技术路线图对国家现状和未来需求进行系统分析，提出国家发展目标、战略任务、发展重点及相互关系，明确技术发展的优先顺序、实现时间以及发展路径，从而进行合理规划。

（2）行业层面的应用。

行业技术路线图能够为行业内企业精确预测未来市场的需求和满足这些需求的科学和技术领域，引导研发，诱导资源配置，构建新的创新联盟，加强创新主体的协作，为产业抓住未来市场发展机会指明方向。

（3）企业层面的应用。

企业技术路线图可以为企业在产品研发管理、技术管理、知识管理及项目规划上提供重要参考，从而帮助企业制定更科学合理的发展战略。

4）重点专利分析

重点专利一般是比较重要的、能有效阻止他人非法使用的专利；通常从专利的技术价值、经济价值以及受重视程度等层面来确定，常见评价指标如表 4 - 3 - 2 所示。

表 4 - 3 - 2　重点专利常见评价指标

评价角度	具体评价指标	指标属性	说明	不足
技术价值	被引频次	定量	存活时间相同的专利文献，被引频次越高，越可能成为关键专利	国家不同，引用信息的完整度不同
	引用科技文献数量	定量	引用科技文献数量大，说明研发和创新紧跟最新科技发展	领域差异较大，传统产业相关性不显著

评价角度	具体评价指标	指标属性	说明	不足
技术价值	技术发展路线关键点	定性	由技术发展路线图找出技术关键点	需专业技术人员，且工作量较大
	技术标准化指数	定性	专利文献是否属于某技术标准，以及其所涉及的标准数量、类别	标准与专利间关系较难查全
	主要申请人	定性	筛选和辨别出行业内主要申请人，选取其重点专利	申请人的申请量较大时，需进一步筛选
	主要发明人	定性	选取引领本领域技术进步的主要带头人	需要进一步筛选和扩展
经济价值	专利许可情况	定量	专利被许可企业越多，说明其为某类产品必要技术	信息较难查全
	专利实施情况	定量	专利实施率越高，说明其技术贡献越大	信息较难查全
受重视程度	同族专利数量	定量	同族专利数量较多，某种程度上说明其价值较高，有时可用三方专利族	准确性较差
	政府支持	定性	专利技术研发是否获得政府支持，美国专利可通过 USPTO 网站检索字段 GOVT（Government Interest）检索	除美国专利外，其他国家信息较难查找
	专利维持期限	定量	专利维持期限的长短，某种程度上反映了其重要性	不适合近期专利
	专利复审无效、异议及诉讼	定量	"抵御成功"的专利稳定性更强、价值更高	重要专利较难查全

5）专利群分析

专利群分析，也称为投资组合分析。不同的技术方案在多数情况下都不能容纳在一个专利之中，而必须将这些可能的技术方案都分别申请专利，以形成一个"专利群"。不是简单地申请单一专利，而是需要进一步演绎该技术可能实现的多种结构；对生产该产品的多种工艺及专用设备都进行研究，确保在该技术领域中，由点到面地攻破多项技术难关后，再来申请组合专利或多项专利。用一个专利群把该新产品进行严密保护，从而最大限度地保护自己的专利技术。专利组合的价值高于单一专利。将有关专利按技术内容的异同分成各个专利群，对某一公司拥有的不同专利群或对不同时期专利群变化情况进行分析，可以对某项技术或产品发展过程中的关键问题、今后发展趋势及应用动向与其他技术的关系等进行分析与预测。专利申请数量增加表明投资增加，而专利申请数量减少则意味着投资减少以至于没有强有力的经济能力支撑技术研发，将市场与技术相关联，可以预测未来的技术发展动向。

6）专利文献对比分析

专利文献对比分析是从各个方面对专利文献进行具体分析，包括专利文献三性的评判和稳定性分析等，一般用于有针对性的、数量较少的专利分析。

4.3.2.3　拟定量分析模型

拟定量分析是专利定量分析与定性分析相结合的分析方法，通常由数量统计入手，然后进行全面系统的技术分类和比较研究，再有针对性地量化分析，最后进行抽象的定性描述，整个分析过程由宏观到微观逐步深入。最常采用的拟定量分析方法为专利引文分析和专利数据挖掘。

1）专利引文分析

将专利引文分析技术大规模地应用于国家政策的制定起源于美国的"科学指标"报告。科学引文索引（SCI）出现在 20 世纪 60 年代，由 Eugene Garfield 提出的将引文看作确认科学论文对未来科学影响的一种方法。20 世纪 80 年代初期，CHI 公司（CHI Research，Inc.）将科学引文索引的方法应用到对技术的研究，利用专利引文分析检测国家技术强度。专利引文（Patent Citation）是指在专利文件中列出的与本申请相关的其他申请，如专利文献和科技期刊、论文、著作、会议文件等非专利文献。发明者在发明创造过程中，不可避免地要借鉴、吸取前人的经验和成果，因此专利引用行为是一种普遍的现象。根据引用目的不同，专利引文分为审查对比文件和说明书中的引用参考文献两类。审查对比文件是指专利审查员在审查专利申请时，根据申请的权利要求等文件进行专利性检索找到的文献。说明书中的引用参考文献通常是由专利撰写者以文字描述方式写入"背景技术"部分中，表明对以往科学研究成果和专利技术的借鉴，突出本发明对以往技术的改进或技术突破。

根据引证关系，专利引证可以分为前向引证和后向引证。前向引证是指研究对象被在后申请的专利所引用，而后向引证是指研究对象引用在先专利，专利引证模型如图4-3-1所示。在图4-3-1中，相对于研究对象A来说，专利P1和P2是专利A的前向引证，专利M1、M2和M3是专利A的后向引证。由于专利之间存在引用和被引用的关系，因此，通过了解专利间的关系，可识别大量被其他专利引用的专利，发掘技术间的交叉点，从而可以寻求技术的热点和空白点。此外，专利引证分析方法还包括平行专利研究、专利引证与专利权人关系研究、专利引证率分析、引用时差分析等。

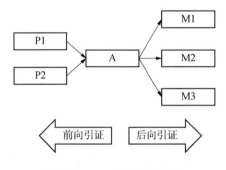

图4-3-1 专利引证模型

通过专利引文分析方法，可以了解相关专利的技术层次以及组合技术之间的关联、国家或地区之间的技术关联、特定技术领域的技术关联度等。同时，专利引文分析还可以揭示技术的发展过程以及围绕该技术的相关专利申请和主要技术持有人，帮助技术领域人员准确把握技术的轨迹。

2）专利数据挖掘

数据挖掘（Data Mining），是指从大量的、分散的、无规则的数据中发现有效的、新颖的、具有潜在价值的、可被人们识别和理解的模式的过程。数据挖掘技术是一门交叉学科，涉及数据库、统计学、人工智能和机器学习等多个领域，通常需要经过以下几个步骤。

①理解数据和数据的来源（Understanding）。

②获取相关知识与技术（Acquisition）。

③整合与检查数据（Integration and Checking）。

④去除错误或不一致的数据（Data Cleaning）。

⑤建立模型和假设（Model and Hypothesis Development）。

⑥实际数据挖掘工作（Data Mining）。

⑦测试和验证挖掘结果（Testing and Verfication）。

⑧解释和应用（Interpretation and Use）。

如今，数据挖掘已广泛应用于各个领域，其中专利信息由于具有数据量巨大且潜在内容深厚等特点，可通过数据挖掘技术获得深层次的分析情报。专利数据挖掘中常用的是关联分析和聚类分析两种方法。

（1）关联分析。

关联分析用于发现数据库中不同变量之间的关联程度，主要是采用结构化的表现形式对一系列对象、参数、特点之间的相互关系进行分析的方法。

关联规则是形如 $A \Rightarrow B$ 的蕴含式，其中 $A \subset I$，$B \subset I$，并且 $A \cap B = \Phi$（$I = \{i_1, i_2, \cdots, i_m\}$ 是项的集合）。关联规则中有两个规则兴趣度可度量：支持度 s 和置信度 c。其中 support $(A \Rightarrow B) = P(A \cup B)$；confidence $(A \Rightarrow B) = P(B \mid A)$；同时满足最小支持度阈值（min_ sup）和最小置信度阈值（min_ conf）的规则称作强规则。在进行关联规则挖掘时，要求用户预先设定最小支持度阈值和最小置信度阈值，即在挖掘过程中只产生满足这两个阈值要求的强关联规则。

关联规则的挖掘包含两个过程：①找出所有的频繁项集，求出 D 中满足最小支持度 min_ sup 的所有频繁项集；②由频繁项集产生强关联规则，利用频繁项集生成满足最小置信度的所有关联规则。对于上述步骤，最经典的 Apriori 算法适合于最大项目集相对较小的数据集的挖掘。

（2）聚类分析。

聚类分析又称数值分类分析，是一种动态分类的方法，可以把相似的事物归入合适的类别，使同类中的事物尽可能地相似，而类与类之间保持显著的差异。专利聚类分析可以根据处理数据的属性，将专利文献中的著录项划分为一系列有意义的子集。专利聚类分析常采用层次凝聚法和平面划分法两种。

层次凝聚法是将每个文本文件看成一个具有单个成员的簇，计算每对簇之间的相似度，选取具有最大相似度的簇，将这两个簇合并为一个新的簇，此过程反复进行，直到剩下一个簇为止。

平面划分法则是聚类开始时将全部样品作为一类，然后按照某种原则分解成 2 类或 3 类，然后对分解出的各类别再继续分解，直至到达分解的终止临界点，形成层次化的嵌套簇。

通过专利文献的聚类分析，可以了解专利簇中技术信息因素的直接关系，为进一步挖掘专利技术间的关联、寻找技术的空白点提供支持，有助于相关技术领域人员对技术的现状和发展作出正确的评价。

附录 1 专利分析基本流程

附表 1-1 专利分析基本流程

阶段	工作内容	阶段性成果
1. 课题准备	1.1 课题立项 1.2 组建项目组 1.3 制定工作计划 1.4 需求调研 1.5 技术/行业调研 1.6 技术分解	◆立项报告 ◆技术/行业调研报告
2. 数据检索和处理	2.1 确定技术分解表 2.2 选择数据库 2.3 确定检索策略和检索要素 2.4 实施检索 2.5 数据筛选（去噪） 2.6 数据采集和加工 2.7 数据标引	◆技术分解表 ◆检索式 ◆结果数据
3. 专利分析	3.1 选择分析模块 3.2 确定分析方法 3.3 形成专利图表 3.4 专利图表解读	◆专利分析图表 ◆专利分析图表解读
4. 报告制作	4.1 确定报告框架 4.2 完成初稿 4.3 修改和完善 4.4 报告定稿	◆报告初稿 ◆报告终稿
5. 验收与反馈	5.1 项目汇报与培训 5.2 收集反馈意见	◆客户满意度调查表

附录 2 常见专利分析类型和分析模块

1. 专利分析类型

附表 2 – 1 专利分析类型

序号	专利分析应用	对应的专利分析模块
A	研发立项	1.1；1.2；2.2；3.1；3.2；3.3；6.1
B	研发过程	3.2；3.3；4.2
C	专利挖掘	3.1；3.2；5.1
D	产品上市	4.1；4.2
E	诉讼应对	5.2；5.4
F	企业并购、技术合作、技术引进	2.2；3.2；5.2；5.3
G	企业上市前知识产权风险管控	4.1；4.2；6.1
H	产业创新管理决策	1.1；1.2；1.3；2.1；2.2；3.1；6.1
I	技术标准制定	6.1；6.2
J	人才引进	2.2；5.2；5.3

2. 专利分析模块

附表 2 – 2 专利分析模块

一级分类	二级分类	三级分类
1 区域分析	1.1 全球专利宏观分析	1.1.1 全球总体申请趋势分析
		1.1.2 各国研发实力
		1.1.3 各国专利布局
		1.1.4 各国专利申请趋势
		1.1.5 国外企业在华专利布局
	1.2 中国专利宏观分析	1.2.1 国内各地区研发实力对比
		1.2.2 国内各地区申请趋势
		1.2.3 国内各地区专利类型
		1.2.4 国内各地区申请人类型
		1.2.5 国内各地区发明专利授权率
		1.2.6 国内各地区技术转化与引进（转让/许可）
		1.2.7 国内各地区涉及的专利诉讼、质押、无效、复审

续表

一级分类	二级分类	三级分类
1		1.3.1 特定区域研发实力对比
	1.3 特定区域专利宏观分析	1.3.2 特定区域专利申请趋势
		1.3.3 特定区域专利类型
		1.3.4 特定区域专利申请人类型
		1.3.5 特定区域发明专利授权率
		1.3.6 特定区域技术转化与引进（转让/许可）
		1.3.7 特定区域涉及的专利诉讼、质押、无效、复审
2 市场主体分析	2.1 行业与技术背景调研	2.1.1 产业链分析
		2.1.2 市场规模与趋势分析
		2.1.3 国家政策分析
		2.1.4 产业发展 SWOT 分析
		2.1.5 产业发展规划分析
	2.2 专利权人与发明人分析	2.2.1 专利权人专利申请量排名
		2.2.2 专利权人重点产品涉及的专利
		2.2.3 专利权人专利布局地域分析
		2.2.4 专利权人专利申请趋势分析
		2.2.5 专利权人专利被引证情况分析
		2.2.6 专利权人研发团队分析
		2.2.7 专利权人的技术合作（共同申请）
		2.2.8 专利权人的技术引进（转让/许可）
		2.2.9 专利权人涉及的专利诉讼、质押、无效、复审
3 技术分析	3.1 专利技术分支分析	3.1.1 技术生命趋势分析
		3.1.2 技术分解
		3.1.3 分支技术趋势分析
		3.1.4 各国家/地区研发技术倾向分析
		3.1.5 竞争对手技术构成分析
		3.1.6 技术先进性分析

续表

一级分类	二级分类	三级分类
3 技术分析	3.2 重点专利解读	3.2.1 重点专利筛选
		3.2.2 重点专利市场前景分析
		3.2.3 重点专利技术先进性分析
		3.2.4 技术功效
		3.2.5 技术路线图
	3.3 公知公用技术	3.3.1 国内外公知公用技术
4 专利预警	4.1 防侵权分析	4.1.1 防侵权检索
		4.1.2 风险专利对比
		4.1.3 风险专利稳定性分析
		4.1.4 规避策略
	4.2 专利信息跟踪	4.2.1 新公开的专利跟踪
		4.2.2 专利法律状态变化跟踪
		4.2.3 专利布局地域跟踪
		4.2.4 专利诉讼跟踪
5 法律属性分析	5.1 新颖性分析	
	5.2 法律状态分析	
	5.3 权利稳定性分析	
	5.4 宣告无效分析	
6 标准分析	6.1 标准与专利权利范围对比	
	6.2 标准制定对行业发展和市场战略的影响分析	

附录3 检索报告示例
——特定主题专利检索报告

1. 检索类型

特定主题专利检索。

2. 检索主题

吸尘器。

3. 主题概述

吸尘器是利用电机高速旋转，从吸入口吸入空气，使尘箱产生一定的真空，灰尘通过地刷、接管、手柄、软管、主吸管进入尘箱中的滤尘袋，过滤后的空气再经过一层过滤片进入电机循环，以达到清洁目的的设备。

4. 检索策略

4.1 检索主要关键词和国际专利分类号（IPC）

附表3-1 检索要素表

检索要素	概念1	概念2	概念3
	吸	尘	器
	vacuum cleaner, suction cleaner, cleaner, vacuum sweeper, aspirator, dust catcher, dust collector		
同义词	吸收吸取吸入吸抽除真空清洁…… Uptake, absorb, absorb *, suck up, soak up, assimilate, imbibe , draw, suction, inhalation, sucking up, inhale, breathe in, pump...	尘脏土碎屑…… Dust, dirt, debris …	装置装备设备用具机器用品…… Device, equipment, facility, tackle, ma - chine, appliance …
相关概念	表面 地面 …… Surface, floor, ground …	清洁 清理 清扫 …… clean, clear, sweep …	装置 装备 设备 用具 机器 用品 …… Device, equipment, facility, tackle, ma - chine, appliance …
相关IPC	A47L5，A47L7，A47L9，…		

4.2 检索国家或组织

国内外公开的专利文献。

4.3 检索时间范围

2002 年 1 月 1 日 ~2013 年 8 月 17 日（依客户需求）。

4.4 检索资源

incoPat 科技创新情报平台、国家知识产权局、欧洲专利局、美国专利商标局网站等。

5. 检索结果

本检索项目共检索到中国专利 1233 件，国外专利 45025 件。专利详细信息列表如附表 3 – 2 和附表 3 – 3 所示。全部数据详见光盘中的 Excel 表格。

6. 检索及审核人员

检索人员代码：＊＊＊＊。

审核人员代码：＊＊＊＊。

7. 联系人（技术）

×××电话：＊＊＊＊＊＊＊＊。

地址：×××××××。

附表 3-2　中国专利检索信息

项目	内容
专利代理人	陆七；顾红霞
专利代理机构	中原信达知识产权代理有限责任公司
申请(专利权)人地址	韩国首尔 v
省区代码	韩国；KR
国际专利分类号	A47L9/02(2006.01)；B65G51/00(2006.01)；A47L7/00(2006.01)
公开(公告)日	2006.5.03
公开(公告)号	CN1765249A
申请日	2005.3.31
法律状态	授权
发明人	李映佑 郑春勉 柳湖善 南贤植 郑容奎
申请(专利权)人	LG电子株式会社
主权利要求	1.一种复合型吸尘器，包括：具有用于存储灰尘的集灰容器的主体；安装在主体处并产生吸入力的风扇电机；设置在主体下侧的真空清洁头，当吸尘器进行真空清洁时将吸尘吸入所的真空清洁头中；以及安装在真空清洁头处的水清洁头，在水清洁时，该水清洁头用来将清洁水喷洒到待清洁区域上，吸入水清洁完成之后的污水并存储所吸入的污水。
摘要	一种复合型吸尘器，包括：具有用于存储灰尘的集灰容器主体；安装在主体下侧的风扇电机，当吸尘器进行真空清洁时将吸尘头吸入所及真空清洁头中的水清洁头，在水清洁时，该水清洁头用来将清洁水喷洒到待清洁区域上，吸入水清洁完成之后的污水并存储所吸入的污水。本发明提供一种复合型吸尘器，因此能进行用于吸尘的真空清洁又能进行水清洁，从而降低了成本，更便于使用并且易于且存放。
标题	复合型吸尘器
申请号	CN200510100562.15

注：限于篇幅，本样例报告暂不展示全部结果数据。

附表 3 - 3 外国专利检索信息

申请号	标题	摘要	申请 (专利权) 人	发明人	申请日	公开 (公告) 号	公开 (公告) 日	国际专利分类号
13/166,406	NOZZLE ASSEMBLY WITH ONE PIECE BODY	A nozzle assembly for a floor care appliance includes a one-piece body. The one - piece body has a first face and a second face that is opposed to the first face. The first face forms a first cavity while the second face forms a second cavity. A rotary agitator is received in the first cavity. A drive motor is received in the second cavity	DANT RYAN T;STRECI-WILK ERIC J; DOWNEY RICHARD E; PHEGLEY SHANNON D;DANT RY-AN T;STRECIWILK ERIC J; DOWNEY RICHARD E; PHEGLEY SHANNON D	Ryan T. Dant, Richmond, KY (US) ; Eric J. Streciwilk, Danville, KY (US) ; Richard E. Downey, Dan - ville, KY (US) ;Shannon D. Phegley, Danville, KY (US)	Jun. 22, 2011	US2012/ 0324674 A1	Dec. 27, 2012	A47L5/26
⋯⋯	⋯⋯	⋯⋯	⋯⋯	⋯⋯	⋯⋯	⋯⋯	⋯⋯	⋯⋯

注:限于篇幅,本样例报告暂不展示全部结果数据。

图　索　引

图 2 - 1 - 1　第 一 阶 段（1985.4.1 ～ 1992.12.31）产生的专利文献 （8）

图 2 - 1 - 2　第二阶段、第三阶段产生的专利文献 （9）

图 2 - 1 - 3　第四阶段产生的专利文献 （9）

图 2 - 1 - 4　美国专利文献种类 （26）

图 2 - 1 - 5　2001 年 1 月 1 日前美国发明专利申请产生的文献 （26）

图 2 - 1 - 6　2001 年 1 月 1 日后美国发明专利申请产生的文献 （27）

图 2 - 1 - 7　2001 年 1 月 1 日前美国植物专利申请产生的文献 （27）

图 2 - 1 - 8　2001 年 1 月 1 日后美国植物专利申请产生的文献 （27）

图 2 - 1 - 9　欧洲专利文献种类 （35）

图 2 - 1 - 10　1971 年前日本发明专利单行本的演变 （39）

图 2 - 1 - 11　1971 年后日本发明专利单行本的演变 （39）

图 2 - 1 - 12　1971 年前日本实用新型专利单行本的演变 （39）

图 2 - 1 - 13　1971 ～ 1993 年日本实用新型专利单行本的演变 （39）

图 2 - 1 - 14　1994 年日本实用新型专利单行本的演变 （40）

图 2 - 1 - 15　日本外观设计专利单行本的演变 （40）

图 2 - 2 - 1　完整分类号 （52）

图 2 - 2 - 2　日本专利文献中的 FI 分类 （57）

图 2 - 3 - 1　同族专利样例 （75）

图 2 - 3 - 2　专利 US7691961B2 说明书扉页中的专利引文 （79）

图 3 - 1 - 1　专利诉讼检索 （81）

图 3 - 1 - 2　专利诉讼信息 （81）

图 3 - 1 - 3　专利 CN1268263C 引证检索信息 （82）

图 3 - 1 - 4　专利 US6856686B2 的引证关系 （83）

图 3 - 2 - 1　IPC 分类号查询 （87）

图 3 - 2 - 2　检索结果 （87）

图 3 - 2 - 3　全面覆盖原则 （90）

图 3 - 2 - 4　产品结构 （91）

图 3 - 2 - 5　检索式 （93）

图 3 - 2 - 6　检索结果 （93）

图 3 - 2 - 7　Kiffy 单车结构 （94）

图 3 - 2 - 8　检索式示意图 （97）

图 3 - 2 - 9　专利 US7214211B2 单行本扉页 （100）

图 3 - 2 - 10　飞利浦数码空气炸锅 （105）

图 3 - 2 - 11　IncoPat 指令检索 （108）

图 3 - 2 - 12　构建检索式 （108）

图 3 - 4 - 1　国家知识产权局官网链接（119）

图 3 - 4 - 2　专利检索及分析页面（120）

图 3 - 4 - 3　系统常规检索（120）

图 3 - 4 - 4　"申请号"或"公开号"检索项目时联想框辅助输入（121）

图 3 - 4 - 5　"申请人"检索项目时联想框辅助输入"联想"（121）

图 3 - 4 - 6　"发明人"检索项目时联想框辅助输入"刘"（122）

图 3 - 4 - 7　"发明名称"检索项目时联想框辅助输入"吸尘器"（122）

图 3 - 4 - 8　表格检索页面（123）

图 3 - 4 - 9　表格项信息生成对应的检索式（123）

图 3 - 4 - 10　手动编写检索式（124）

图 3 - 4 - 11　检索结果显示（124）

图 3 - 4 - 12　"主权利要求"结果显示（125）

图 3 - 4 - 13　"著录项目"结果显示（125）

图 3 - 4 - 14　"IPC 分类"结果显示（126）

图 3 - 4 - 15　"法律状态"结果显示（126）

图 3 - 4 - 16　"同族"结果显示（126）

图 3 - 4 - 17　专利公布公告首页（127）

图 3 - 4 - 18　专利公布公告高级查询页面（128）

图 3 - 4 - 19　专利公布公告 IPC 分类查询页面（128）

图 3 - 4 - 20　专利公布公告 LOC 分类查询页面（129）

图 3 - 4 - 21　专利公布公告事务数据查询页面（130）

图 3 - 4 - 22　专利检索入口途径 1（131）

图 3 - 4 - 23　专利检索入口途径 2（131）

图 3 - 4 - 24　授权专利数据库检索首页（132）

图 3 - 4 - 25　授权专利数据库快速检索页面（132）

图 3 - 4 - 26　授权专利数据库高级检索页面（133）

图 3 - 4 - 27　专利号检索页面（144）

图 3 - 4 - 28　检索结果列表显示界面（145）

图 3 - 4 - 29　文本型专利全文显示页面（146）

图 3 - 4 - 30　图像型专利说明书全文显示页面（146）

图 3 - 4 - 31　专利申请公布数据库检索首页（147）

图 3 - 4 - 32　美国专利公报浏览首页（155）

图 3 - 4 - 33　选择期号后可进入该期电子公报的浏览界面（155）

图 3 - 4 - 34　类号/小类号浏览界面（156）

图 3 - 4 - 35　专利分类索引浏览界面（156）

图 3 - 4 - 36　授权专利浏览界面（157）

图3-4-37 专利权人索引界面 (157)

图3-4-38 发明人地理索引界面 (158)

图3-4-39 检索结果显示界面 (158)

图3-4-40 美国专利分类别查询途径 1 (159)

图3-4-41 选择目录进入相应界面 (159)

图3-4-42 选择目录后结果显示页面 (160)

图3-4-43 类号前字母"P"可与专利检索数据库进行链接 (160)

图3-4-44 选择释义后进入相应界面 (160)

图3-4-45 选择释义后结果显示界面 (161)

图3-4-46 类号前字母"P"可与专利检索数据库进行链接 (161)

图3-4-47 美国专利分类别查询途径 2 (162)

图3-4-48 美国专利转移检索首页 (162)

图3-4-49 受让人"JUNIPER NET-WORKS"的检索结果列表显示 (163)

图3-4-50 专利号"6493347"的权利转移情况 (164)

图3-4-51 Public PAIR 页面输入"验证码" (165)

图3-4-52 美国专利法律状态检索界面 (165)

图3-4-53 美国专利号"US6469012"检索结果显示页面 (166)

图3-4-54 美国专利交费查询数据库 (167)

图3-4-55 专利授权后第四年缴费情况查询 (167)

图3-4-56 专利授权后第8年缴费情况查询 (168)

图3-4-57 专利具体缴费时间查询 (168)

图3-4-58 专利最近缴费情况查询 (169)

图3-4-59 查找继续数据页面 (169)

图3-4-60 查找专利保护期延长页面 (170)

图3-4-61 授权同时被撤回数据库页面 (170)

图3-4-62 查找申请公布后撤回数据页面 (171)

图3-4-63 专利权转移数据库页面 (171)

图3-4-64 美国专利公布号"US20030139702"专利权转移数据显示页面 (172)

图3-4-65 美国专利公报电子形式显示页面 (172)

图3-4-66 Official Gazette for Patents (173)

图3-4-67 电子版专利公报的检索界面 (173)

图3-4-68 Official Gazette (174)

图3-4-69 2011 年美国公报的"Notices"　（174）

图 3 - 4 - 70　每一期美国公报有许多的
　　　　　　　"Notices" 内容　（174）

图 3 - 4 - 71　日本知识产权网址英文界
　　　　　　　面　（175）

图 3 - 4 - 72　日本专利检索日文界面
　　　　　　　（176）

图 3 - 4 - 73　"特许·实用新案检索"
　　　　　　　界面　（176）

图 3 - 4 - 74　"特许·实用新案公报
　　　　　　　DB"界面　（177）

图 3 - 4 - 75　专利文献浏览全文界面
　　　　　　　（178）

图 3 - 4 - 76　专利文献项目显示界面
　　　　　　　（178）

图 3 - 4 - 77　"特许·实用新案文献番
　　　　　　　号 索 引 照 会" 界 面
　　　　　　　（178）

图 3 - 4 - 78　特许·实用新案文献番号
　　　　　　　索 引 结 果 显 示 页 面
　　　　　　　（179）

图 3 - 4 - 79　日本专利公报检索页面
　　　　　　　（179）

图 3 - 4 - 80　日本专利公报检索结果显
　　　　　　　示页面　（180）

图 3 - 4 - 81　外国公报 DB 页面　（180）

图 3 - 4 - 82　专利检索英文界面
　　　　　　　（181）

图 3 - 4 - 83　PAJ 文本检索界面
　　　　　　　（181）

图 3 - 4 - 84　PAJ 号码检索界面
　　　　　　　（182）

图 3 - 4 - 85　PAJ 检索结果显示界面
　　　　　　　（182）

图 3 - 4 - 86　PAJ 检索结果英文文摘显

图 3 - 4 - 87　PAJ 检索结果文摘详细信
　　　　　　　息　（183）

图 3 - 4 - 88　英文版 IPDL 的主页面
　　　　　　　（184）

图 3 - 4 - 89　FI /F - term Search 页面
　　　　　　　（184）

图 3 - 4 - 90　FI /F - term Search 检索结
　　　　　　　果页面　（185）

图 3 - 4 - 91　"经过情报检索"检索页
　　　　　　　面　（186）

图 3 - 4 - 92　"经过情报检索"号码查
　　　　　　　询检索页面　（186）

图 3 - 4 - 93　"经过情报检索"号码查
　　　　　　　询检索结果页面　（186）

图 3 - 4 - 94　"经过情报检索"范围指
　　　　　　　定检索页面　（187）

图 3 - 4 - 95　"经过情报检索"范围指
　　　　　　　定检索结果页面　（187）

图 3 - 4 - 96　"经过情报检索"最终处
　　　　　　　理查询页面　（188）

图 3 - 4 - 97　"经过情报检索"最终处
　　　　　　　理查询结果页面　（188）

图 3 - 4 - 98　复审信息检索显示页面
　　　　　　　（188）

图 3 - 4 - 99　复审信息检索显示页面
　　　　　　　（189）

图 3 - 4 - 100　复审信息检索结果显示
　　　　　　　 页面　（189）

图 3 - 4 - 101　复审决定快报数据库显
　　　　　　　 示页面　（189）

图 3 - 4 - 102　复审决定、撤销、诉讼
　　　　　　　 判决集数据库显示页面
　　　　　　　 （190）

图 3 - 4 - 103　选择显示语言　（191）

图 3 - 4 - 104　智能检索显示页面　（192）

图 3 - 4 - 105　高级检索显示页面　（192）

图 3 - 4 - 106　分类检索显示页面　（193）

图 3 - 4 - 107　检索结果列表显示页面
　　　　　　　（194）

图 3 - 4 - 108　文献显示页面　（194）

图 3 - 4 - 109　专利文献翻译　（196）

图 3 - 4 - 110　图像格式专利全文显示
　　　　　　　页面　（195）

图 3 - 4 - 111　专利同族显示页面　（196）

图 3 - 4 - 112　专利法律状态信息列表
　　　　　　　显示页面　（196）

图 3 - 4 - 113　专利引用情况显示页面
　　　　　　　（196）

图 3 - 4 - 114　专利文献存储页面　（197）

图 3 - 4 - 115　查询历时设置页面　（197）

图 3 - 4 - 116　查询历时页面　（197）

图 3 - 4 - 117　世界知识产权组织中文
　　　　　　　页面　（198）

图 3 - 4 - 118　世界知识产权组织进入
　　　　　　　专 利 检 索 界 面 方 式
　　　　　　　（198）

图 3 - 4 - 119　世界知识产权组织专利
　　　　　　　界面　（199）

图 3 - 4 - 120　世界知识产权组织专利
　　　　　　　检索与分析界面　（199）

图 3 - 4 - 121　世界知识产权组织专利
　　　　　　　检 索 与 分 析 中 文 界 面
　　　　　　　（199）

图 3 - 4 - 122　世界知识产权组织专利
　　　　　　　检 索 与 分 析 数 据 库
　　　　　　　（200）

图 3 - 4 - 123　专利检索数据库的 4 种
　　　　　　　检索方式　（200）

图 3 - 4 - 124　专利检索数据库四种检

索方式中文界面　（200）

图 3 - 4 - 125　简单检索界面　（201）

图 3 - 4 - 126　高级检索界面　（201）

图 3 - 4 - 127　选择检索语言　（202）

图 3 - 4 - 128　选择检索国家　（202）

图 3 - 4 - 129　高级检索页面布尔逻辑
　　　　　　　检索方式　（202）

图 3 - 4 - 130　表格检索页面　（203）

图 3 - 4 - 131　跨语言检索页面　（203）

图 3 - 4 - 132　跨语言检索结果显示页面
　　　　　　　（204）

图 3 - 4 - 133　专利详细信息显示页面
　　　　　　　（205）

图 3 - 4 - 134　专利全文显示页面　（206）

图 3 - 4 - 135　专利进入国家阶段信息
　　　　　　　（206）

图 3 - 4 - 136　通 知 发 布 后 变 化 信 息
　　　　　　　（207）

图 3 - 4 - 137　专利附图信息　（207）

图 3 - 4 - 138　国际应用现状信息　（208）

图 3 - 4 - 139　印度专利检索页面　（208）

图 3 - 4 - 140　单一字段检索页面　（210）

图 3 - 4 - 141　国际专利分类显示页面
　　　　　　　（210）

图 3 - 4 - 142　组合字段检索页面　（211）

图 3 - 4 - 143　唯一字段、单一字段和
　　　　　　　组 合 字 段 检 索 结 果 输 出
　　　　　　　页面　（211）

图 3 - 4 - 144　同族专利检索结果输出
　　　　　　　页面　（212）

图 3 - 4 - 145　澳大利亚知识产权网站
　　　　　　　（213）

图 3 - 4 - 146　澳大利亚专利检索进入
　　　　　　　界面　（213）

图 3 - 4 - 147　澳大利亚专利检索界面

（213）

图 3 - 4 - 148　快速检索界面　（214）

图 3 - 4 - 149　字段检索界面　（214）

图 3 - 4 - 150　帮助选项　（215）

图 3 - 4 - 151　高级检索　（215）

图 3 - 4 - 152　检索策略和输入格式查看
　　　　　　　（216）

图 3 - 4 - 153　检索结果显示页面　（217）

图 3 - 4 - 154　右上角"Return to search
　　　　　　　results"可回到检索结果
　　　　　　　页面　（217）

图 3 - 4 - 155　下载主要著录项"PDF"
　　　　　　　或"CSV"格式选项
　　　　　　　（218）

图 3 - 4 - 156　Add to MyList 选项　（218）

图 3 - 4 - 157　下载 PDF 全文　（218）

图 3 - 4 - 158　专利全文显示页面　（219）

图 3 - 4 - 159　加拿大知识产权局官网
　　　　　　　首页　（219）

图 3 - 4 - 160　专利检索页面　（220）

图 3 - 4 - 161　简单检索页面　（220）

图 3 - 4 - 162　号码检索页面　（221）

图 3 - 4 - 163　逻辑运算检索页面　（221）

图 3 - 4 - 164　高级检索页面　（222）

图 3 - 4 - 165　"Help"页面　（222）

图 3 - 4 - 166　检索结果显示页面　（223）

图 3 - 4 - 167　文献著录数据显示页面
　　　　　　　（223）

图 3 - 4 - 168　专利法律状态链接方式
　　　　　　　（223）

图 3 - 4 - 169　专利法律状态页面
　　　　　　　（224）

图 3 - 4 - 170　查看或下载文献摘要、
　　　　　　　说明书、权利要求或附
　　　　　　　图　（224）

图 3 - 4 - 171　IncoPat 科技创新情报平
　　　　　　　台页面　（225）

图 3 - 4 - 172　IncoPat 科技创新情报平
　　　　　　　台数据更新说明　（228）

图 3 - 4 - 173　简单检索页面　（255）

图 3 - 4 - 174　高级检索页面　（256）

图 3 - 4 - 175　批量检索页面　（256）

图 3 - 4 - 176　引证检索页面　（256）

图 3 - 4 - 177　法律检索页面　（257）

图 3 - 4 - 178　检索结果列表显示页面
　　　　　　　（257）

图 3 - 4 - 179　检索结果图文显示页面
　　　　　　　（257）

图 3 - 4 - 180　检索结果首图显示页面
　　　　　　　（258）

图 3 - 4 - 181　检索结果深度显示页面
　　　　　　　（258）

图 3 - 4 - 182　检索结果二次检索　（258）

图 3 - 4 - 183　检索结果过滤筛选统计
　　　　　　　（259）

图 3 - 4 - 184　检索结果设置排序方式
　　　　　　　（259）

图 3 - 4 - 185　检索结果分类管理　（260）

图 3 - 4 - 186　专利详细信息　（260）

图 3 - 4 - 187　专利法律信息　（261）

图 3 - 4 - 188　专利附图信息　（261）

图 3 - 4 - 189　专利 PDF 文件　（261）

图 3 - 4 - 190　同族专利信息　（262）

图 3 - 4 - 191　合享价值度　（262）

图 3 - 4 - 192　专利引证信息　（262）

图 3 - 4 - 193　双页显示　（263）

图 3 - 4 - 194　检索历史显示页面　（263）

图 3 - 4 - 195　专利分析　（264）

图 3 - 4 - 196　专利监视页面　（268）

图 3 - 4 - 197　IPC 分类查询页面　（269）

图 3 - 4 - 198　洛迦诺分类查询页面　（269）

图 3 - 4 - 199　申请人查询页面　（270）

图 3 - 4 - 200　国别代码查询页面　（270）

图 3 - 4 - 201　省市查询页面　（271）

图 3 - 4 - 202　CNIPR 中外专利数据库服务平台　（271）

图 3 - 4 - 203　简单检索页面　（273）

图 3 - 4 - 204　简单检索页面　（273）

图 3 - 4 - 205　法律状态检索页面　（274）

图 3 - 4 - 206　法律状态申请号检索结果页面　（274）

图 3 - 4 - 207　专利权转移检索页面　（275）

图 3 - 4 - 208　专利质押保全检索页面　（275）

图 3 - 4 - 209　专利实施许可检索页面　（276）

图 3 - 4 - 210　失效专利检索页面　（276）

图 3 - 4 - 211　热点专题页面　（277）

图 3 - 4 - 212　分析项目列表　（278）

图 3 - 4 - 213　"我的专利管理"页面　（280）

图 3 - 4 - 214　"我的表达式"页面　（280）

图 3 - 4 - 215　"新建定期预警"对话框　（281）

图 3 - 4 - 216　查看定期预警页面　（282）

图 3 - 4 - 217　检索结果页面下方的"定期预警"选项　（281）

图 3 - 4 - 218　专利管理页面　（282）

图 3 - 4 - 219　TotalPatent 全球专利检索数据库　（283）

图 3 - 4 - 220　TotalPatent 全球专利检索数据库数据范围　（283）

图 3 - 4 - 221　表格检索　（285）

图 3 - 4 - 222　高级检索　（285）

图 3 - 4 - 223　语义检索　（286）

图 3 - 4 - 224　"Preview Results"功能　（286）

图 3 - 4 - 225　笔记检索　（287）

图 3 - 4 - 226　列表格式显示检索结果　（287）

图 3 - 4 - 227　全文格式显示检索结果　（288）

图 3 - 4 - 228　分割画面格式显示检索结果　（289）

图 3 - 4 - 229　双页显示检索结果　（289）

图 3 - 4 - 230　批量下载设置页面　（290）

图 3 - 4 - 231　引证地图　（292）

图 3 - 4 - 232　DWPI 数据库字段　（296）

图 3 - 4 - 233　快速检索页面　（298）

图 3 - 4 - 234　检索结果显示页面　（300）

图 3 - 4 - 235　图表分析页面　（301）

图 3 - 4 - 236　引证图分析页面　（302）

图 3 - 4 - 237　专利地图分析页面　（302）

图 3 - 4 - 238　专利预警　（303）

图 3 - 4 - 239　Orbit 专利平台首页　（304）

图 3 - 4 - 240　运算符说明　（305）

图 3 - 4 - 241　通配符说明　（305）

图 3 - 4 - 242　一般检索页面　（305）

图 3 - 4 - 243　关键字检索页面　（306）

图 3 - 4 - 244　分类检索页面　（306）

图 3 - 4 - 245　姓名/名称检索页面　（307）

图 3 - 4 - 246　号码、日期和国家检索页面　（307）

图 3 - 4 - 247　法律状态检索页面　（308）

图 3 - 4 - 248　其他检索项态检索页面
　　　　　　　　（308）

图 3 - 4 - 249　集合检索页面　（309）

图 3 - 4 - 250　集合检索页面　（309）

图 3 - 4 - 251　专利号检索页面　（310）

图 3 - 4 - 252　引用与被引用检索页面
　　　　　　　　（310）

图 3 - 4 - 253　引用与被引用图表显示
　　　　　　　　（311）

图 3 - 4 - 254　检索结果列表　（311）

图 3 - 4 - 255　权利要求比较　（312）

图 3 - 4 - 256　专利详细信息　（313）

图 3 - 4 - 257　技术概念分析　（313）

图 3 - 4 - 258　法律状态　（313）

图 3 - 4 - 259　法律状态时间轴　（314）

图 3 - 4 - 260　基本版可用分析模板
　　　　　　　　（315）

图 3 - 4 - 261　高级版可用分析模板
　　　　　　　　（315）

图 3 - 4 - 262　我的列表或工作文件
　　　　　　　　（316）

图 3 - 4 - 263　Alert 检索通知功能
　　　　　　　　（316）

图 3 - 4 - 264　保存检索式　（317）

图 4 - 3 - 1　专利引证模型　（334）

表 索 引

表2-1-1 中国专利编号规则 (8)

表2-1-2 发明专利申请公布标识代码变迁 (8)

表2-1-3 发明专利审定公告标识代码变迁 (9)

表2-1-4 发明专利授权公告标识代码变迁 (10)

表2-1-5 实用新型专利申请公布标识代码变迁 (10)

表2-1-6 实用新型专利授权公告标识代码变迁 (10)

表2-1-7 外观设计专利申请公布标识代码变迁 (10)

表2-1-8 外观设计专利授权公告标识代码变迁 (10)

表2-1-9 中国专利申请编号 (12)

表2-1-10 1985～1988年中国专利文献编号 (13)

表2-1-11 1985～1988年中国专利文献编号样例 (13)

表2-1-12 1989～1992年中国专利文献编号 (14)

表2-1-13 1989～1992年中国专利文献编号样例 (14)

表2-1-14 1993～2010年3月中国专利文献编号 (14)

表2-1-15 1993～2010年3月中国专利文献编号样例 (15)

表2-1-16 2010年4月至今的中国专利文献编号 (16)

表2-1-17 2010年4月至今的中国发明专利文献编号样例 (17)

表2-1-18 2010年4月至今的中国实用新型专利文献编号样例 (17)

表2-1-19 2010年4月至今的中国外观设计专利文献编号样例 (18)

表2-1-20 中国香港特别行政区专利文献编号体系 (18)

表2-1-21 中国澳门特别行政区专利文献种类 (19)

表2-1-22 中国澳门特别行政区专利文献编号样例 (20)

表2-1-23 中国台湾地区2003年5月以前的专利编号 (21)

表2-1-24 中国台湾地区2003年5月以后的专利编号 (21)

表2-1-25 中国专利文献号检索实例 (22)

表2-1-26 美国专利文献类型标识 (27)

表2-1-27 美国专利申请编号系列码及对应年份 (29)

表2-1-28 美国专利申请编号系列码 (30)

表2-1-29 美国专利文献编号 (31)

表2-1-30 美国专利文献号检索实例 (32)

表 2 - 1 - 31　欧洲专利文献类型标识
　　　　　　　（35）

表 2 - 1 - 32　欧洲专利文献编号　（37）

表 2 - 1 - 33　欧洲专利检索实例　（38）

表 2 - 1 - 34　日本专利文献类型标识
　　　　　　　（40）

表 2 - 1 - 35　日本纪年与公元年换算关
　　　　　　　系　（42）

表 2 - 1 - 36　日本专利申请编号样例
　　　　　　　（42）

表 2 - 1 - 37　日本发明专利文献编号样
　　　　　　　例　（43）

表 2 - 1 - 38　日本实用新型文献编号样
　　　　　　　例　（44）

表 2 - 1 - 39　日本专利检索实例　（45）

表 2 - 2 - 1　ECLA 分类　（55）

表 2 - 2 - 2　F - term 分类　（58）

表 2 - 2 - 3　"个人使用的扇子"术语表
　　　　　　　（70）

表 2 - 2 - 4　对各种材料加工的食品和
　　　　　　　嗜好品的分类　（74）

表 2 - 3 - 1　简单同族专利　（75）

表 2 - 3 - 2　国内同族专利　（76）

表 2 - 3 - 3　内部专利族　（76）

表 2 - 3 - 4　仿同族专利　（77）

表 3 - 2 - 1　相关度较高的 3 篇专利文
　　　　　　　献　（87）

表 3 - 2 - 2　检索要素　（92）

表 3 - 2 - 3　案例一专利侵权风险检索
　　　　　　　结果及判断　（95）

表 3 - 2 - 4　专利侵权风险检索结果及
　　　　　　　判断　（98）

表 3 - 2 - 5　专利 US7214211B2 检索要
　　　　　　　素　（103）

表 3 - 2 - 6　专利 US7214211B2 相关专

利文献　（104）

表 3 - 2 - 7　空气炸锅检索要素　（107）

表 3 - 4 - 1　51 个检索字段的字段代码
　　　　　　　及字段名称　（134）

表 3 - 4 - 2　38 个高级检索字段　（147）

表 3 - 4 - 3　美国专利转移检索入口字
　　　　　　　段　（163）

表 3 - 4 - 4　三种检索方式的选择
　　　　　　　（216）

表 3 - 4 - 5　IncoPat 科技创新情报平台
　　　　　　　专利数据收录范围　（226）

表 3 - 4 - 6　逻辑运算符说明　（228）

表 3 - 4 - 7　截词符说明　（229）

表 3 - 4 - 8　位置运算符 w 检索说明
　　　　　　　（229）

表 3 - 4 - 9　位置运算符 n 检索说明
　　　　　　　（230）

表 3 - 4 - 10　范围检索字段　（230）

表 3 - 4 - 11　字段代码说明　（231）

表 3 - 4 - 12　号码格式说明　（249）

表 3 - 4 - 13　专利分析模板　（264）

表 3 - 4 - 14　专利分析模板选择　（266）

表 3 - 4 - 15　CNIPR 中外专利数据库服
　　　　　　　务平台数据范围　（272）

表 3 - 4 - 16　分析图形列表　（277）

表 3 - 4 - 17　分析项目详细信息
　　　　　　　（279）

表 3 - 4 - 18　TotalPatent 逻辑运算符说
　　　　　　　明　（284）

表 3 - 4 - 19　TotalPatent 截断符（！）和
　　　　　　　通配符（＊）说明
　　　　　　　（284）

表 3 - 4 - 20　图表类型　（291）

表 3 - 4 - 21　原始专利信息字段
　　　　　　　（293）

表 3 - 4 - 22　运算符及截词说明
　　　　　（296）

表 3 - 4 - 23　3 种分析模块的不同
　　　　　（314）

表 4 - 3 - 1　技术生命周期测算参数
　　　　　（325）

表 4 - 3 - 2　重点专利常见评价指标

　　　　　（331）

附表 1 - 1　专利分析基本流程　（336）

附表 2 - 1　专利分析类型　（337）

附表 2 - 2　专利分析模块　（337）

附表 3 - 1　检索要素表　（340）

附表 3 - 2　中国专利检索信息　（342）

附表 3 - 3　外国专利检索信息　（343）

参 考 文 献

［1］国家知识产权局专利局专利文献部．专利文献与信息检索［M］．北京：知识产权
出版社，2013.

［2］杨铁军．专利分析实务手册［M］．北京：知识产权出版社，2012.

［3］孟俊娥．专利检索策略及应用［M］．北京：知识产权出版社，2010.

［4］肖沪卫．专利地图方法与应用［M］．上海：上海交通大学出版社，2011.

［5］HUNT D. Patent Searching：Tools and Techniques［M］. John Wiley & Sons,
Inc. ,2007.